共生の思考法

異なる現実が重なりあうところから

The Art of Thinking for Living Together:
Where Different Realities Overlap

Shiobara Yoshikazu
塩原良和

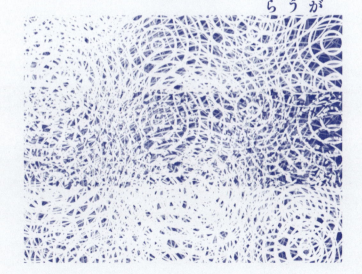

明石書店

装幀　北尾崇 (HON DESIGN)

謝辞

本書が構想され書かれた経緯については序章で述べているが、私の授業を履修してくれたすべての大学生・大学院生にまずは感謝の気持ちを伝えたい。そして私の仕事に大きな影響を与え続けてきたメルボルン大学教授のガッサン・ハージ氏、その著書『オルター・ポリティクス』を共に邦訳した仲間たち、同書に引き続き本書の編集担当をお引き受けいただいた明石書店の遠藤隆郎さん、そして本書の原型となった原稿や研究発表に貴重なご意見を賜った皆様に、深く御礼を申し上げたい。

本務校の慶應義塾大学には、本書の執筆を可能にした快適な研究環境と豊かな教育機会を提供していただいたことに感謝する。二〇二三年度に在外研究で滞在し、本書の初稿をそこで書き上げたモナシュ大学日本研究センターの皆様にも、そのご高配に御礼申し上げる。本書はほとんどの部分が書下ろしであるが、巻末の初出一覧に記載した拙稿の一部も大幅に修正したうえで活用した。転載を許諾していただいた方々に感謝したい。なお本書の土台をなすのは科研費をはじめ、私が長年にわたりいただいてきた助成金による研究成果の蓄積である。記して御礼申し上げたい。

私の家族、とりわけ一〇歳の一人娘に本書を捧げる。娘とその同世代の人々が生きていく世界が、いまよりも良いつながりで満ちた場所であることを願ってやまない。そのために本書が少しでも役立つなら、それに勝る喜びはない。

二〇二五年一月

塩原良和

共生の思考法——異なる現実が重なりあうところから

†目次

共生の思考法——異なる現実が重なりあうところから

序章　共生を「リコールする」ために

私が大学院で社会学を学びはじめた一九九〇年代半ば、日本では外国人住民の人口が増加し、「多文化共生」を推進する必要性が研究者や支援者のあいだで広く認識されはじめていた（吉富二〇〇八）。それから三〇年ほど経過した二〇二四年現在、日本社会における事実上の移民としての外国人住民に関する実証的研究の成果は確かに蓄積してきた。では、「多文化共生の理論」はどうだろうか。大学院で私が学んだ規範概念や分析的フレームワークから、何らかの大きな刷新があったのだろうか。もちろん、三〇年前の理論をそのまま使うこと自体が悪いわけではない。しかしこの間、日本や世界のあり方や社会が直面している課題への認識が変わっているのであれば、多文化共生の理論もまた刷新しないわけにはいかないのではないか。本書は、日本における多文化共生をめぐる理論的視座につきまとう停滞感を払拭するための蟻の一穴を開けてみたいという、やや大それた動機から書かれている。

とはいえ、同業の研究者からの評価ばかり気にして本書を書いたわけでもない。これまで上梓してきた『共に生きる』（塩原 二〇一二b）、『分断と対話の社会学』（塩原 二〇一七b）と同じように、本書は私が慶應義塾大学法学部政治学科などで担当した講義（主に二〇一八〜二〇二四年度）の内容をもとに、大学学部生を主な読者と想定して書かれている。現代世界の変動という大きな視座のなかで多文化主義／多文化共生をめぐる諸概念を再考することで、読者が現代社会における共生の現状とオルタナティブを考えるうえで有益な発想の転換、すなわち「共生の思考法」を提示することを目的としている。わかりやすい文章を心掛けつつも、単に既存の研究や理論を紹介する入門書を超えた、他の研究者の引用にも耐える論を世に問うことを目指したが、それに成功しているかどうかは読者の判断に委ねるほかはない。

第1章で述べるように、日本における多文化共生を分析する理論的フレームワークは、私が「リベラルな福祉多文化主義」と総括したものであり続けてきた。もっとも、日本の「多文化共生」を、英語圏における「多文化主義（multiculturalism）」の一類型とみなすことには異論もある（Shiobara 2020）。しかし本書でも検討されるように、「統合」「インターカルチュラリズム」（第2章参照）といった他の輸入された概念を適用して多文化共生を論じたとしても、それは大筋ではリベラルな福祉多文化主義の枠内に留まるものでしかない。まさにそれこそが、多文化共生の理論的考察に閉塞感をもたらしてきたのだ。本書の前半ではこの多文化共生の理論的限界を批判的に考察していく。第1章と第2章では、現代日本における多文化共生の政策や言説を批判的視座から分析し、論点を導きだす。それはマジョリティ国民としての「日本人」とエスニック・マイノリティとしての「外国人」を二項対立的に構築し、前者の優位性を隠蔽してきた同化主義としての多文化共生のあり方に他ならない。続く第3・4章では、この二項対立の前提となる「日本人」というカテゴリーの社会的構築のあり方について分析する。それをもとに、第5章で同化主義としての多文化共生の不可能性を検証し、その帰結として生じる、多文化共生のもつ排外主義としての側面を第6・7章で明らかにする。本書前半での考察をあらかじめ総括するならば、人々のあいだに社会化された所与の「価値観」が存在し、それによって維持されているマジョリティ中心の社会秩序がすでにあり、それをマイノリティが「共有」することで社会的「調和」が保たれる、という「symbiosis としての共生」のイメージが暗黙の前提になっていることこそが、多文化共生を規範的・分析的・実践的に「生き／行きづまらせている」のである。

社会科学の概念としての「共生」は海外から輸入された学術用語ではないが、生物学の用語である"symbiosis"の訳語としての「共生」が、比較的早い時期から転用されてきた（鈴木 二〇一三：一）。そこには、生物どうしの生態系における緊密な関係性というイメージが反映されていた（金 二〇〇五）。この「symbiosis としての共生」というイメージは今日に至るまで、多文化共生をめぐる議論に多大な影響を与え続けている。そのことの問題性を私が明白に意識したきっかけは、ある授業での学生との対話だった。多文化共生について討論していたとき、その学生が「強者が弱者から一方的に利益を享受する関係も、『共生』と呼ばれるのですよね」と発言した。もちろん日本の中等教育の生物の授業では、こうした「片利共生」はおろか、一方に利益があり一方に害を及ぼす「寄生」もまた共生（symbiosis）の一種だと教えられる（市野川 二〇一三：一五一－一五二）。それゆえ社会学における「共生」の議論は、そこに関わるすべてが利益を受ける「相利共生」のみをもっぱら想定した「きれいごと」であるかのように、その学生には思えたのかもしれない。

草創期の社会学が生物学的発想から影響を受けたのは確かだが、生物学の用語としての"symbiosis"をもって人間どうしの関係性を表現することに比喩以上の意味はない。その後の社会学の発展のなかでは、人間どうしの自由で対等な関係を当事者たちの同意のもとに構築していくという課題とともに共生という言葉は語られてきた（前掲書：一五二－一五五）。「symbiosis としての共生」という発想を乗り越えるという課題も、アカデミズムにおいてはずっと以前から指摘されていた（第11章参照）。にもかかわらず、現在でもそれは社会通念として大きな影響力をもっている。このことを、単なる無知やレトリックの問題として見過ごすべきではない。それは「搾取」「支配」「差別」「排除」などと呼びうる社会関係が、「共生」と言い換えられて正当化され、持続している可能性を示しているからである。

こうして、私はそれまで漠然と感じていた「symbiosis としての共生」というモデルのもつ問題性を自覚し、それを乗り越える方法を本格的に考えはじめた。このモデルは「価値観を共有しなければ共生できない」という自明の前提として今日の多文化主義／多文化共生をめぐる議論に影響を与え続けており、それに囚われている限り共生など決して実現しないのだということ、それゆえ別様《オルタナティブ》な共生への「発想の転換」が必要なのだということを読者に納得してもらうために、本書の前半は書かれている。

そして本書の後半では、「symbiosis としての共生」モデルに代わるオルタナティブな共生のための「発想の転換」が模索される。第8・9章ではまず「移動（mobility）」という概念に注目する。そして「定住」しているマジョリティの人々にとっての他者であるはずの「難民」「移民」が、実はマジョリティの人々自身の現実と重複し、つながっていることを論証する。これらの章で強調される発想の転換は、共生とは私たちがいまいる場所に留まって誰かを受け入れ、統合・同化させることではないということだ。そうではなく、共生とは私たち自身が、他者との境界線を越えてその先に進んでいく実践なのである。これを本書では、「共生の越境論的転回」と名づけている。

それに対して第10章以降で強調される発想の転換は、共生とはいまはまだ存在しない理想の状態ではなく、すでに私たちが（非‐人間を含むさまざまな他者とのつながりのなかで）それを生きており、これからも生きていかざるを得ない「現にここに存在している」プロセスなのだということである。これを本書では「共生の存在論的転回」と呼んでいる。「内なる他者」の存在への気づきによって日本人／外国人の二分法的発想が無効化されうること、私たちがいますでに「他者の現実」を生きていることを認識したうえで、オルタナティブな共生の構想を存在論的に探求していく。そこでは「人間どうしの共生」のみを論じ、「人間と非‐人間を含めたモノ・コトとの共生」というもうひとつのイシューを等閑視しがちであった従来の社会学的な共生観にも異議が申し立てられる。私たちが生きているこの「人新世」の時代では、従来「自然との共生」として語られてきた人間以外の生き物／モノ・コトと人間との関係性が危機に瀕しており、それを根本的に再考しなければ人間どうしの共生の前提条件も崩壊してしまう。多様な人々や物事が共生できる世界をどう構想し、それに向けて私たち自身をどのように変えていくのか。終章では、そのためのつながりを活性化する、広い意味での「政治」のあり方を模索する。

以上のように、本書ではいわゆる「多文化主義／多文化共生」論の範囲を超え、社会構成主義、ナショナリズム、同化主義、白人性／日本人性、レイシズムとマイクロアグレッション、無意識のバイアス、排外主義と非-人間化、「生きづらさ」とプレカリティ、アクターネットワーク理論と多自然主義、人新世や気候変動、アナキズムなど、学際的かつ多様な論点が扱われている。こうなった理由のひとつは、本書の原型となった大学での講義の進め方にある。そうした授業の大半で、実は事前に講義ノートを準備していなかった。まず学生にさまざまなトピックについてグループ討論をしてもらい、その見解や主張をプレゼンテーションしてもらったうえで、学生への応答としての講義ノートを準備し、次の回で講義を行った。その結果、当初予定していなかった論点や概念が次々と講義ノートに書きこまれていった。それは私にとって、ひとりひとりの顔を必ずしも思い浮かべられるわけでもない多数の学生たちとの数年間にわたる対話から生まれた「集合的創造性」（松田編 二〇二一）の経験であった。*1

その講義ノートをもとに本書の草稿を執筆する際、私が仲間たちと共に邦訳したガッサン・ハージの『オルター・ポリティクス』（ハージ 二〇二二）に大きな影響を受けた。ハージは現代世界における「批判的思考」の衰退を憂い、その復興を説く。それは、「かつてそうであった」「いまそうである」現実を再考することで、「いまはそうではないが、そうでありうる（オルタナティブな）」複数の現実を模索する知的作業であり、それを希求する想像力である。本書はそうした批判的視座をもって「共生」のあり方を社会学的に再考する「批判的社会学」の試みである（第1章参照）。もちろん次章で紹介するように、本書と同様の批判的かつ理論的な視座で「（多文化）共生」を論じた日本語の業績には、私自身が関わった著作や翻訳も含め、確かな系譜がある。本書ではそこに人類学や社会心理学などの隣接領域の知見を含む新たな成果を反映させることで、共生概念の批判的社会学による刷新を試みる。とりわけ既存研究の多くは「人間どうしの共生」と「人間と非‐人間との共生」を区別して考える発想を暗黙の前提にしていた。本書ではハージやブルーノ・ラトゥールなどの議論を援用しつつ、この二分法を脱構築することで、人新世といわれる時代にふさわしい共生の概念を模索していく。

ただし、本書は即効性《インスタントな》のある問題解決方法や具体的な政策提案を意図した著作ではない。むしろ目指したいのは、そのような提案を構想したり、その妥当性について評価する際の前提となっている発想の転換である。すなわち、オルタナティブな共生のあり方を考えることを可能にする「思考法」を提案することである。それは共生という概念を「リコールする」試みだともいえる。ハージはラトゥールを参照しつつ、「リコールする」という言葉を「私たちが過去に成し遂げたことを守っていくためにそれを忘れずにいる感覚」を「呼び覚ます」という意味と、そのような過去の成果に

＊1　こうした本書の執筆過程につながってくれたすべての学生のみなさんに感謝したい。特に慶應義塾大学法学部政治学科二〇二四年度春学期「社会変動論Ⅰ」ではそれまでの授業とは異なり、脱稿直前の本書の草稿の一部をそのまま講義ノートにして講義を行い、多くの学生から熱心で鋭い質問やコメントをいただくことができた。

不十分な点があるとわかったときに、その成果をすべて否定するのではなく、再検討してより効果的なものにするために「回収して修理する」という二重の意味で用いる（ハージ二〇二二：二七九）。こうした「リコール」に取り組むにあたり、次章で論じる「マスキュラーなネオリベラル多文化主義」という近年の潮流のなかで、移民や外国人を主流社会のマジョリティ国民にとっての「道具」とみなす発想の影響力が強まっていることに注目したい。それは、他者との「飼いならし」の存在様態とハージが名づける関係性である。

飼いならしの存在様態とは、私たちにはもっともなじみのあるものであり、人間の周囲を道具化することに囚われてしまった――蹂躙され尽くしたわけではないことを強調する必要はあるが――世界のことである。それは、もっぱら功利主義的な目的のために支配されるべき対象とみなされるような他者性《アザーネス》を生み出す。物理的・象徴的な価値の抽出の論理が、この世界にはびこっている。……あらゆる差異は、二項対立の形態をとる。人間‐動物、男‐女、白人‐黒人といったように。自己と他者の境界は、他者に対していかにして主権を独占し、あるいは維持するかという問題によって占められている。（ハージ二〇二二：二九九）

自分たちにとって役立つ道具として他者を飼いならすというこうした存在様態が、近現代における私たちの他者への思考を非常に強く拘束してきたことは間違いない。そして多文化主義や、日本において多文化共生などと呼ばれる他者との関係性も、この「飼いならし」の存在様態に基づく

「経済ベース」の論理に過度に傾斜したことで、オルタナティブな現実を提起する力を失ってしまった。にもかかわらず、他者との飼いならしの関係性は不可避なものではなく、私たちはそれに「蹂躙され尽くしたわけではない」。私たちは現に、単に自分にとって役立つかどうかというだけではないやり方でも、他者と関わっているからだ。そして他者との関係性のあり方が飼いならしの関係性に侵食され過ぎたと感じたとき、私たちはその関係性を「リコール」しようと試みる。本書では、他者の飼いならしという関係性に過度に依存した共生理念を「リコール」するための発想の転換を提案していく。他者との道具的な関係性自体を全面的に退けることはできないし、その必要もないのかもしれない。しかし、そうではない関係性に光を当てて私たちの共生の現実《リアリティ》を構成しなおすことも、きっとできるはずだ。

第1章　多文化主義／多文化共生の批判的再考に向けて

1――社会変革としての「多文化主義」の終焉？

広義の多文化主義は「国民社会の内部における文化的に多様な人々の存在を承認しつつ、それらが共生する公正な社会を目指す理念・運動・政策」と定義される（塩原二〇一二a：八六〇）。しかし代表的な多文化主義国家だとされているオーストラリアの人類学者ガッサン・ハージは、多文化主義はこの社会をより良いものへと根本的に変革していく推進力をもはや失ってしまい、せいぜい対症療法的な、傷口につける絆創膏のようなものに成り下がってしまったという（ハージ二〇二二：五）。ハージは一九九〇年代末に、白人性研究・（入植者）植民地主義批判の立場からの先駆的なオーストラリア多文化主義批判を展開した（ハージ二〇〇三）。国家による多文化主義（公定多文化主義）はマジョリティ白人国民を優位とする社会構造の維持を前提に、マイノリティの文化的・民族的差異を管理するための統治の手法であり、根本的にはナショナリズムの変種に過ぎない、というハージのラディカルな批判の前提にはしかし、それでも多文化主義は社会変革への駆動力を有しているという楽観があった。しかし二〇〇〇年代末になると、彼はもはや「ありうべき別の《オルター》あり方を模索する政治《ポリティクス》」への展望を多文化主義に見出すことができなくなった。同時期、より保守・中道的な立場からの「多文化主義の終焉」論が欧米の言論界で盛んに提起されたが、よりラディカルな立場のハージもまた多文化主義の可能性を見限っていた（塩原二〇二二）。

もっとも国際比較上では、オーストラリアは依然として世界に冠たる多文化主義国家だとみなされている。Multiculturalism Policy Index（MPI）という代表的な国際比較指標では、オーストラリアは移民・難民に対する多文化主義政策（移民多文化主義）の充実度では一位の常連である。[*1] 比較的知られたもうひとつの国際比較指標であるMigrant Integration Policy Index（MIPEX）でも、オーストラリアは二〇一四年から一九年にかけてスコアを下げているが、依然として上位一〇か国に含まれている。[*2] 確かに一九九〇年代後半のジョン・ハワード保守連合政権の成立以降、オーストラリ

＊1　Multiculturalism Policy Index ウェブサイト（https://www.queensu.ca/mcp/immigrant-minorities/mapping-the-index-im）二〇二四年一〇月八日閲覧。
＊2　Migrant Integration Policy Index ウェブサイト（https://www.mipex.eu/key-findings）二〇二四年一〇月八日閲覧。

アの多文化主義政策はさまざまな面で後退・変質してきた（塩原二〇一七a）。しかしハージの診断はあくまでも「社会変革」への推進力、つまり、より良い、オルタナティブな社会への展望を、そこに見出すことができるかどうかという観点からの評価だと理解するべきである。

オーストラリアは一九七〇年代に、先進諸国のなかでいち早く多文化主義を国家規模で導入した国のひとつである。本書はオーストラリア地域研究の専門書ではないが、ここでは同国でのその後の経緯を概観することで、日本の「多文化共生」を含む後発の多文化主義の理念や政策の変容を社会変動論的に理解するための視座を抽出してみたい。一言でいえば、それは「リベラルな福祉多文化主義」から「マスキュラーなネオリベラル多文化主義」への変容という視座である（塩原二〇一二b）。[*3]

2――リベラルな福祉多文化主義

移民・少数民族・先住民族などのエスニック・マイノリティはしばしば、近代国民社会の形成・再構築過程において自らの文化やアイデンティティに対する尊厳を奪われ、経済・社会的に不利な立場に置かれてきた。そのような状況は、文化・アイデンティティにおける承認のはく奪によって正当化され再生産されてきた。それゆえエスニック・マイノリティに対する公正な経済・社会的資源の再配分と、彼・彼女たちの文化やアイデンティティの適切な承認・尊重に同時に取り組む必要がある（フレイザー 二〇〇三：一九-六二）。したがって経済・社会的な公正さのみを重視するそれまでの社会的シティズンシップ、すなわち経済的福祉や安全の享受、社会的遺産や文化的生活の享受を国家に要求する権利（マーシャル・ボットモア 一九九三、大澤ほか 二〇一四：二四八）の発展だけでは、エスニック・マイノリティを公正に社会的包摂することはできない。それゆえ一九八〇年代以降の先進諸国では、エスニック・マイノリティの社会的シティズンシップの前提として、彼・彼女らの民族的自己決定や文化的差異の承認を追求する動きが強まった。それは彼・彼女たちが国民国家のなかでマイノリティとなった歴史的経緯に配慮した、集団ごとに差異化された「多文化的シティズンシップ」の承認を意味した（大澤ほか 二〇一四：二五〇-二五一）。そして自由民主主義国家において、エスニック・マイノリティの文化的差異の承認とアイデンティティの自己決定の権利は、個人としての自由や権利の保障を基本とするリベラリズムの政治体制と両立する限りにおいて認められるようになった。これがウィル・キムリッカのいう「リベラルな多文化主義」である。もちろん、エスニック・マイノリティによる自己決定や文化的承認の要求が政府によって全面的に受け入れられることは少ない。しかし人権理念や文化相対主義の浸透とともに、自由民主主義国家における彼・彼女らの文化的差異の承認への要求を政府が全面的に拒絶することも困難になった。その結果、多くの先進諸国ではマイノリティの運動と政府とのあいだの一定の妥協を経て、リベラルな多文化主義

＊3 以下、本章の第二節から第五節までは塩原（二〇一二b）の一部を改稿したものである。

が「公定多文化主義」として制度化されていった（Fleras 2009; キムリッカ二〇一二：二一七–二四九、ヴィヴィオルカ二〇〇九：九九–一二七）。

移民に対する公定多文化主義は、彼・彼女たちを国民社会に公正に統合するためのさまざまな施策を展開する。キムリッカはそれを以下のように列挙する。すなわち、①積極的差別是正措置、②議会での移民集団への一定の議席の確保、③移民集団の歴史的・文化的貢献を再評価する歴史・国語教育、④移民集団の宗教上の祝日に配慮した勤務体系の見直し、⑤移民集団の信仰に配慮した服装規定の見直し、⑥反人種差別教育プログラムの採用、⑦職場や学校での反差別規定の採用、⑧警察や医療現場における文化的多様性を学ぶ研修の義務化、⑨メディアにおける民族的偏見の規制、⑩各民族集団の文化的行事や学問研究への公的助成、⑪成人移民への英語教育の機会の提供、および一部公共サービスの移民の母語による提供、⑫移民の子どもたちへの二言語教育の提供、あるいは英語での中高等教育に向けた移行措置としての、一部の初等教育段階における母語教育の導入である（キムリッカ二〇一二：二三〇–二三二）。これらの政策のうち社会的シティズンシップに関わるものを、福祉国家体制を前提とした民族・文化的差異の承認を伴う移民の公正な社会統合を目指す政策群としての「福祉多文化主義」と呼ぶことができる。この福祉多文化主義のもとでは、エスニック・コミュニティとして制度化された文化的・人的凝集性が支援施策の資源として活用される（塩原二〇〇五：四一–七九）。

「リベラルな福祉多文化主義」は、（それが「多文化主義」と呼ばれるかどうかにかかわらず）先進諸国のエスニック・マイノリティ政策の標準的なモデルとなった（キムリッカ二〇一八）。ただし移民に対する多文化主義としては二〇〇〇年代以降、後退している国家もある。とはいえ、それはリベラルな多文化主義の終焉を必ずしも意味しない。二〇一〇年代前半に欧米諸国の政治家などが移民・難民政策における「多文化主義の失敗」を喧伝したが、そこで多文化主義に代わるものとして提案されたのは反動的な排外主義や同化主義というよりは、文化的多様性の承認という理念自体は堅持しながら、「リベラルな価値観」をより重視しようとする政策の方向性であった（Joppke 2017: 43-75）。同時期の日本の「地域における多文化共生」理念に影響を与えたインターカルチュラリズム（第2章参照）も、そのひとつであった（Shiobara 2024）。

キムリッカによれば、リベラルな多文化主義はリベラル・ナショナリズムとともに「リベラルな文化主義」を形成する（キムリッカ二〇一二：五九）。それは自由民主主義体制の維持を前提としたうえで、文化的差異の公正な承認のためのエスニック・マイノリティの権利保障とナショナルなシティズンシップの両立を目指す（前掲書：五五－七〇）。その意味で、それはエスニック・マイノリティの権利獲得の重要性を強調する「権利ベース」の倫理である。にもかかわらず、リベラルな多文化主義はマジョリティ国民のナショナリズムを前提としている。つまり公正な統合を目指すといっても、何が「公正」なのかを決めるのは、結局のところマジョリティ国民の意志を反映した世論と政府である（ハージ二〇〇三：二四四－二四七）。それゆえ公定多文化主義による移民への権利承認はマジョリティ国民の優位性を揺るがさない範囲に留まり、マジョリティの既得権益を保障する社会構造や制度を変革してまで対等な関係が目指されることはない（モーリス＝スズキ二〇〇二：一四二－一六六、フレイザー二〇〇三：一九－六二）。しかも実際には、リベラルな福祉多文化主義は必ずしも権利ベースの倫理だけでは正当化されない。多くの国民社会において、移民への多文化主義は望ましい理想だからということ以上に、その国家の経済的「国益」を追求する手段としてしばしば推進されてきた。これは公定多文化主義を正当化する「経済ベース」の論理である。

とはいえ、公定多文化主義がマジョリティ国民の優位のもとに経済ベースの論理を露骨に推進することは、移民の自己決定の保障と差異の承認という権利ベースの倫理によって抑制されてきた。このバランスが保たれることが、公定多文化主義のリベラルな福祉多文化主義としての展開を支えていた。それを大きく揺るがせたのが、一九九〇年代以降のグローバリズム／ネオリベラリズム[*4]の世界的な影響力拡大と福祉国家理念の正当性の低下であった。

3——ネオリベラルな例外化とシティズンシップからの例外状態

武川正吾によれば、男性の賃金労働者の完全雇用によって得られた財源によって社会保障を維持することを目指したケインズ型福祉国家は、こうした制度を国家政府が管理できるという前提、とりわけ資本や労働の移動を国民国家が管理可能であるという前提によって担保されていた（武川二〇一二：四六－四七）。しかしグローバリゼーションによってこうした前提は揺らぎ、さらにネオリベラリズム／グローバリズムの影響力が高まると、各国政府は資本の国外逃避や産業の空洞化を避けるために法人税率の引き下げ、企業が負担する社会保障費の削減、それに伴う公共支出の削減を進めざるを得なくなる。また労働者や消費者の保護、国内産業の保護、過当競争の抑制などのために実施されてきたさまざまな規制が、市場原理を妨げるという名目で緩和・撤廃される。こうして福祉国家は「グローバリズムの社会政策」と武川が呼ぶ再編圧力にさらされる（武川 二〇〇七：八一－八八）。

一方、フォード主義と福祉国家の時代には、個人は内的な自己統制能力のある自発的な主体として規律化されていた（フレイザー 二〇一三：一六四－一六八）。しかしミシェル・フーコーによれば、ネオリベラリズムは社会の内部に、「企業」という統治のあり方を普及させることで個人を「企業家」としての「ホモ・エコノミクス」へと再構成しようとする（フーコー 二〇〇八）。こうしてアイファ・オングのいう「規律、効率、競争という市場原理に応じて自己を管理するよう誘導する、自由な個人の統治を導く概念」としての「ネオリベラルな統治性」が、人々の意志と行為を拘束する（オング二〇一三：二〇）。そこにおいて個人は、自らが行った市場における選択の結果を引き受けることを強

＊4　デヴィッド・ハーヴェイはネオリベラリズムを「強力な私的所有権、自由市場、自由貿易を特徴とする制度的枠組みの範囲内で個々人の企業活動の自由とその能力とが無制約に発揮されることによって人類の富と福利がもっとも増大する、と主張する政治経済的実践の理論」と定義した（ハーヴェイ二〇〇七：一〇）。また本書ではグローバリズムを、世界が単一のグローバル市場に包含され、国民国家の政治的権威が低下することで「ボーダーレス化」し、そのなかで人々が自由な経済競争に参加すること（「フラット化」）が、人々の生活全般を大きく変えていくことを不可避であり、なおかつ好ましいものとみなす主張と定義する（Lemert *et al.* [eds.], 2010: 204-205）。

いられる（フレイザー 二〇一三：一七四-一七五）。そのために、個人の「自己責任」において必要な人的資本を身につけることが目指される。こうして日常や労働の場で、市場の動きに「スピード感」をもって対応するために、自己責任によって絶えず「自己啓発」していかなければならない、というネオリベラルな統治性のもとに人々は規律化される。その結果、その時々の状況の変化に即応できる「柔軟性（フレクシビリティ）」が重視されるようになる（前掲書：一七七）。

こうした社会政策の再編と自己責任規範の影響力の拡大は、リベラルな福祉多文化主義の基盤を揺るがしていく。福祉多文化主義は、移民を国民社会に労働力として編入する際、社会的シティズンシップとその前提としての多文化的シティズンシップを承認するという過程を重視していた。しかし福祉国家理念の退潮と、それによって弱体化する社会的連帯を補完するために政治的に動員される保守・排外主義的ナショナリズム（ハージ 二〇二二：二九〇）による批判に対抗するために、「多文化主義は国益に資する」という「経済ベース」の正当化の論理が強調され、それに基づく移民受入れの選別性の強化が進められた（小井土編 二〇一七）。その結果、「技術移民」「グローバル・エリート」あるいは日本政府の用語では「高度外国人材」などと呼ばれる「（政府や企業にとって）望ましい」とされる「グローバル・マルチカルチュラル・ミドルクラス（Global Multicultural Middle Class: GMMC）」[*5]が優先的に導入されていった。これはしばしば、国外からの資本・技術・人材の導入によってグローバル市場での競争力を向上させるための規制緩和を伴う（町村 二〇一五）。これをアイファ・オングは「ネオリベラルな例外化（例外としての新自由主義）」と呼んだ（オング 二〇一三）。

ネオリベラルな例外化としての移住労働者の選別的受入れの強化は、より根本的には、国民国家におけるシティズンシップの様式の変容を促すことになる。ニコラス・ローズはネオリベラリズムに親和的なシティズンシップ観を、個人が自己責任のもとに自己研鑽・自己投資に努めて企業活動に積極的に参加することを前提とする「アクティブなシティズンシップ」と表現した（Rose 1999: 165-166）。こうした見方は、個人はある特定の領域（国家）に帰属することで権利を付与され義務を負う市民になる、という従来の領域的なシティズンシップ観から遊離している（McNevin 2011: 64）。ネオリベラリズムを推進する政府や企業にとって望ましい人々は、どんな国籍や文化であろうと、ときには自国籍保持者をさしおいてまで「歓迎される」、アン・マックネヴィンのいう「ネオリベラルな市民」（前掲書：61）なのである。それはGMMCの側からみれば、投資や仕事や家族を移住させるといった手段によって、さまざまな国民国家のなかから負担を回避し利益を最大化できる国家を選んで一時的に帰属するという「フレクシブルなシティズンシップ」が可能になることを意味する（Ong 1999: 112）。これを、従来のシティズンシップ（市民性）が前提としていた領域的均質性を超越しているという意味で「超-市民」としてのシティズンシップと呼ぶことができるかもしれない。超-市民としてのGMMCは、政府からさまざまな優遇措置を得る。しかしその代わり、彼・彼女たちは自らの生活を自己責任で全うするように求められる。それを受け入れるからこそ、彼・彼女たちは領域的なシティズンシップに基づく市民に課せられた義務を一部免除される。たとえば社会

＊5　GMMCについては塩原（二〇一五）で理論的検討を加えた。

的シティズンシップの基盤である納税の義務においてすら、優遇・租税軽減措置が適応される場合もある（Urry 2014; McNevin 2011: 46-53）。

一方、ＧＭＭＣの快適なビジネス・生活環境を維持するためにも「必要とされる」半熟練／下層サービス業に従事する移住労働者は、高度に管理された出入国管理制度の枠組みに基づき導入される。こうした制度では、移民を労働力として受け入れつつも、その労働者／市民としての権利（永住や職業・居住地選択、家族呼び寄せの権利など）が制限されることが多い。それによって導入される移住労働者には、その国の水準よりも不安定な雇用条件が適用されることも少なくない。こうして社会的下層に位置づけられる移住労働者が増加するが、ネオリベラリズムにおいては貧困層の自律性を制限する社会政策が採用される傾向があり、結果的に移住労働者の権利はさらに制限されていく（塩原 二〇一七ａ：一五一－一六三）。つまりこうした移民たちは、二級市民、すなわち十全なシティズンシップをもたない「半－市民」として扱われることになる（Cohen 2009）。

こうした「歓迎される／必要とされる」移民の導入と表裏一体となって、もうひとつの「例外化」が進行する。すなわち政府や企業にとって「望ましくない／必要ではない」とされた人々が、シティズンシップそのものからの例外として物理的・社会的に排除・放置されるのである。ジョルジョ・アガンベンのいう「例外状態」（アガンベン 二〇〇七）は、非正規滞在者や庇護申請者の処遇に顕著に現れる。収容された外国人に対する暴力や人権侵害が頻発している日本の入管収容施設も、その例外ではない（第７章参照）。当局はしばしば非正規滞在者や庇護申請者の流入を抑止するために彼・彼女たちの存在を「犯罪者」として表象し、「安全保障問題化」する（キムリッカ 二〇一八）。その結果、「非‐市民化／非‐人間化」（第7章参照）された彼・彼女たちは領域的シティズンシップが適用されない空間に排除されるか、地域社会において法的庇護を十分に受けられないまま放置される（Johnson 2014: 1-12）。*6 このように、ネオリベラルな例外化とシティズンシップからの例外状態により、従来の社会政策の前提となっている領域的シティズンシップ概念は、超‐市民、半‐市民、非‐市民へと制度的に分断されていく。

4――コミュニティを通じた統治と放置

一方、人々の日常実践のレベルでは、加速し続ける資本主義に対応できるフレクシブルな自己を、自己責任でスピード感をもって実現しなければならないという「新しい個人主義」（Elliott and Lemert 2006）の強迫観念が強化されていく。そのような強迫観念に抵抗しようとする際、人々の拠り所となりうるのは、人々の時空間的自律性（「ゆとり」と「居場所」）を維持する主要な社会的装置として

*6 エスニック・マイノリティ向け社会政策にはしばしば、ネオリベラルな例外状態を社会のなかに普及させ「常態化」させるための「社会実験」としての意味合いが込められる。すなわち、それらはマジョリティ国民を包含する政策として「全国展開」されうることに留意すべきである（塩原二〇一七a：一五七‐一五八）。

のコミュニティである。[*7] しかしそれもまた、ネオリベラルな「改革」の対象となっていく。

コミュニティへのネオリベラルな介入には、ふたつのあり方がありうる。ひとつは、人々にネオリベラルな統治性を浸透させる手段として、住民どうしの互助組織としてのコミュニティを活用することである。先述のように、福祉国家におけるコミュニティは行政による社会的シティズンシップ保障の手段として制度化されていた。ローズが指摘するように、この制度化された「コミュニティ組織」（第2章参照）の多くはネオリベラリズムの台頭とともに民営化され、その多くが非営利組織によって担われるようになった（Rose 1999: 167-176）。それは同時に、人々がネオリベラルな統治性に基づいて自己管理を行い、市場における自らの価値を高める能力開発の努力を惜しまないように動機づけるために活用される。これをローズは「コミュニティを通じた統治」と呼んだ（前掲書：176）。

移民による互助や地域社会における支援の制度化を通じて公共サービスを提供してきたリベラルな福祉多文化主義も、コミュニティを通じた統治の側面を強めている。とりわけ二〇一〇年代以降の西欧諸国やオーストラリアでは、（しばしば行政から「アウトソーシング」された）コミュニティ組織によるサービスや支援と引き換えに、主流社会の「中核（core）」をなす「リベラル」な価値観を、移民が「共有」するように「強要」する「マスキュラー・リベラリズム」の傾向が顕著になっている（第2章参照）。それは、リベラルで中核的な価値観とされるものを共有しているかどうかを、移民が制度的・日常的に「テスト」される場面を必然的に増加させる（第4・5章参照）。制度的には、移民が市民権（国籍）やビザを取得する際の講習や試験が義務づけられる。日常においては、移民たちはレイシズムやマイクロアグレッション（第5章参照）の経験を通じて、マジョリティ国民と価値観を共有しているかどうか「テスト」される。その結果、価値観を共有できないとされた人々は、国内社会の共生を守るという名目で物理的・社会的に排除されていくことになる。

一方、政府によって「不法」や「偽装」とみなされる非正規滞在者や庇護申請者などは、制度化されたコミュニティへの編入を拒絶され、生存の権利を十分に保障されないままその外部に「放置」されることがある。日本やオーストラリアでは、こうした人々は原則として抑留施設に収容されてきたが（全件収容主義）、オーストラリアでは二〇一〇年代前半、庇護申請者を十分な公的支援のないままに地域社会に滞在させるという措置が「安あがり」な抑留手段として活用された（塩原二〇一七a：七七-九五）。今日の日本における非正規（「不法」）滞在者の入管収容施設からの仮放免措置（第7章参照）も、非正規滞在者の救済というよりも彼・彼女たちのコミュニティへの放置として機能している側面がある。

＊7　コミュニティの定義については第2章参照。

5――「地域における多文化共生」から「外国人材との共生」へ

このように先進諸国における移民に対する多文化主義政策・理念の変容は、リベラルな福祉多文化主義の成立と後退、それに代わるマスキュラーなネオリベラル多文化主義の台頭という大きな流れとして描き出すことができる。後者は、グローバリズムの社会政策と自己責任規範、ふたつの「例外化」によって分断されたシティズンシップ、コミュニティを通じた統治と放置、「リベラルで中核的な」価値観の共有の強要と、その「テスト」を通じた排除、といった特徴をもっている。もちろん実際には、各国の多文化主義政策には個別の動向と独自性があり、ここで行ったのはその大雑把な共通要素の抽出でしかない。それでも、こうした社会変動論的視座に基づいて日本の多文化共生施策を再考することで、その問題性を明確にすることができる。

日本社会の文脈において、「多文化共生」という理念には少なくとも一九九〇年代以来の来歴があるが、総務省を中心に「地域における多文化共生」として施策化されたのは二〇〇六年のことである。それは当初から、外国人住民の受け入れを通じた地域社会の活性化をひとつの眼目とした施策であった。ただし「地域における多文化共生」は、リベラルな福祉多文化主義としては十分に発展しなかった。総務省が主管する地方自治体施策として導入されたため、明確な「国民」統合理念に基づく体系的な全国施策としての整備が立ち遅れたという事情もあった。多文化共生施策の主な担い手はあくまで地方自治体、およびそれと密接な関係にある各地の国際交流協会（地域国際化協会）そしてＮＰＯやボランティアと想定されていた。その結果、中央政府が本来責任を負うべき外国人住民への公的支援や公共サービスの多くが十分なリソースもないままに、地方自治体や地域社会・市民社会にアウトソーシングされる状況が続いた。

その反面、支援の「現場」中心に動いてきたという意味では、日本における外国人住民支援の主要な部分は「草の根」の活動であるともいえる。ただしその支援現場においては、オーストラリアなどの公定多文化主義政策で起こった移民コミュニティ組織の制度化を伴うエンパワーメントは十分に進まなかった。そのため「日本人／外国人」を明確に区別したうえで「外国人に日本人と同様に生活させてあげる」パターナリズムとしての支援という論理が、多文化共生の理念や施策のうちに温存されることになった。しかも「多文化」共生と銘打っているのにもかかわらず、事実上の移民としての「生活者としての外国人」の文化的・言語的差異を公的に承認・保障するための施策が極めて貧弱なままとなった。それを端的に表しているのが、外国人住民やその子どもたちへの日本語保障が強調される一方で、彼・彼女らの母語・母文化の保障には消極的な政府の姿勢であった（塩原 二〇二二）。

二〇一〇年代には、欧米における「多文化主義の失敗」論の隆盛（Joppke 2017: 43-75）に呼応し、インターカルチュラリズム（インターカルチュラル・シティ）の理論や施策を導入することで多文化共生の公式理念・施策の刷新を目指す動きも見られた（山脇・上野編 二〇二二）。それは多文化共生言説の背後にあるとしばしば批判されてきた、先述したようなパターナリズムの構図を乗り越えようとする試みであり、二〇二〇年の総務省「地域における多文化共生推進プラン（改訂）」にも反映されている。そこでは多文化共生はSDGs（Sustainable Development Goals）の掲げる多様性の「包摂」の理念を体現したものだとされ、「生活者としての外国人」は日本人に支援される存在としてだけではなく、日本の地域社会の主体的な担い手としても位置づけられた（Shiobara 2024）。

一方、「地域における多文化共生」は二〇一〇年代後半には、日本政府が推進する地方創生施策のなかでも強調されるようになった。その流れは二〇一八年末に初めて策定された「外国人材の受入れ・共生のための総合的対応策」にも引き継がれた。それは同時期に創設された在留資格「特定技能」と連動し、日本政府が専門・熟練労働力以外の外国人労働者を公式に受け入れるための基盤整備の一環であった。しかしその一方で「地域における多文化共生」理念は総合的対応策において、新たに提唱された「外国人材を適正に受け入れ、共生社会の実現を図ることにより、日本人と外国人が安心して安全に暮らせる社会」を意味する「外国人との共生社会」という理念の下位に位置づけられ、それを補完するものとなった。

本書執筆中の二〇二四年時点で、「外国人との共生」施策は「外国人」を日本の（とりわけ地方部の）経済社会と産業の発展に役立つ「人材」とみなし、その「活用」を徹底するという志向をますます強めている。その結果、二〇二〇年の改訂版「地域における多文化共生推進プラン」で目指された、外国人をただ「日本（人）の役に立つかどうか」だけで評価することなく、主体性をもった社会の対等な一員として承認していこうとする方向性は、日本政府の外国人政策においては周縁化されてしまっている。むしろ日本人／外国人の二分法の論理が強化され、日本（人）に経済・社会的に貢献しうる「外国人材」のみを包摂すると同時に、コスト／リスクだとされた外国人を排除する「共生のための排除」の論理が強調されている（塩原 二〇二二）。その結果、難民認定申請者や非正規滞在者を「不法」「偽装」とスティグマ化し国外退去を促進する、あるいは十分な支援をせずに仮放免措置によって地域社会に「放置」する、という日本政府の姿勢は堅持され、二〇二三年の出入国管理及び難民認定法（入管法）改定によってさらに強化された（第7・8章参照）。そして、そうした「非-市民」としての難民認定申請者・非正規滞在者と、日本政府が二〇一〇年代以降、在留資格取得や就労などにおけるさまざまな優遇措置（規制緩和）を設けることで導入を促進してきた「超-市民」としての高度外国人材、そしてやはり二〇一〇年代に急増し、居住地選択や転職、在留期間や婚姻、家族呼び寄せといった権利が制限・禁止されている「半-市民」としての外国人技能実習生などとのあいだで、シティズンシップの分断が深まっている。日本で生活の基盤を築いた人々に許可されるもっとも安定した在留資格であるはずの「永住者」ですら、二〇二四年六月の入管法改定によって不安定な「半-市民」としての側面が強化されることになった（第7章参照）。

6――ダイバーシティの礼賛と自己責任論

ここまで、主に移民・難民を中心としたエスニック・マイノリティを社会的に包摂する理念としての多文化主義と、その日本版としての多文化共生の理念を批判的に検討してきた。ところで、エスニシティだけではなく障がいやジェンダー・セクシュアリティ、貧困や格差、年齢といったさまざまな「ダイバーシティ」を多文化主義に含めて議論すべきだという主張は以前からある。近年の日本でも、移民（外国人）との共生とは別の文脈で、ＳＤＧｓやダイバーシティ理念といった文脈で「共生」の大切さが語られている。「みんな違って、みんないい」という、個々人がもつ違いを互いに尊重し、社会として包摂していこうというダイバーシティ礼賛が真正面から否定されることは、めったにない。

こうして「礼賛」されるダイバーシティはしばしば、個人のもつ「個性」と同一視される。私たちみんなが個性をもっているのと同じ意味で、マイノリティもまた「個性」としての差異をもっているのだから、等しく「尊重」され、「包摂」されるべきだということになる。そのような個人化された差異の包摂の主張にはもちろん、マイノリティの社会的承認にとって有益な側面もある。しかしそれだけが強調されてしまえば、ある社会で「弱者」とされる人々がそれぞれの歴史的・社会的・政治的背景のなかで被ってきた、マジョリティが決して経験してこなかった特別な困難が無視・軽視されがちになる。その結果、自分たちの経験の特殊性を強調する「弱者」たちの主張や要求が「みんな多様なのに、あの人たちだけが特別扱いされるのはおかしい」という反発を招き、「お前だけが苦しいのではなくみんなが苦しいのだから、身勝手な自己主張で私たちに責任転嫁をせず、自分たちでなんとかしろ」という自己責任論を引き起こしてしまう。「みんな多様だよね」という決まり文句が、より弱い立場にある人々の主張やニーズを否定し、現存する差別や不公正を隠蔽し助長する帰結をもたらしうる（第６章参照）。

それゆえ、こうしたダイバーシティ礼賛がますます人口に膾炙しているからといって、マイノリティと位置づけられる人々への不公正や排除といった問題が改善されつつあると考えるのは早計である。もちろん、過去に比べてそうした人々へのあからさまな差別や排除が少なくなった側面はあるだろう。だがマイクロアグレッションや「回避的レイシズム」(第5章参照)といった、マジョリティが自らの加害者性を認識することが難しいかたちでの差別や排除が存在することにも注意する必要がある。また岩渕功一は、社会的な豊かさの増進としての多様性／ダイバーシティの包摂には個人化された社会文化的差異の経済的生産性を新自由主義的に管理するという側面もあり、それを無批判に礼賛することで経済的な生産性に資さない差異に由来する不平等や不正義を放置・隠蔽してしまいかねないと指摘する(岩渕 二〇二一)。

7――批判的社会学の射程とオルタナティブな共生の探求

ここまで述べてきたような、「多文化共生」を社会的不公正やマジョリティによるマイノリティの支配を隠蔽し正当化するイデオロギーとして批判する研究の系譜はこれまでにもあった(Shiobara 2024)。たとえばテッサ・モーリス゠スズキは、二〇〇〇年代初頭の日本における多文化共生のスローガンが事実上の移民としての外国人住民、そして先住・少数民族としてのアイヌ・琉球の人々といったマイノリティとマジョリティ日本人との権力関係を隠蔽し、マジョリティの権益としての

「国益」のために マイノリティを動員することを結果的に正当化していることを看破し、それを「うわべの多文化主義（コスメティック・マルチカルチュラリズム）」と呼んだ（モーリス゠スズキ 二〇〇二）。その後もリリアン・テルミ・ハタノや岩渕功一、馬渕仁、河合優子、そして私自身らが、「うわべの多文化主義」としての日本の多文化共生言説の側面を実証的に批判してきた（植田・山下編 二〇〇六、岩渕編 二〇一〇、二〇二一、Iwabuchi et al. (eds.) 2016; 馬渕 二〇一〇、馬渕編 二〇一一、河合編 二〇一六、Kawai 2020; 塩原 二〇一二b、Shiobara 2020）。同様の視点から樋口直人や髙谷幸らも、多文化共生の理念や政策の皮相な「異文化理解中心主義」的側面を批判し、それが在日コリアンなどのエスニック・マイノリティを標的としたレイシズム・ヘイトスピーチに直面した際の限界を指摘した（Higuchi 2014; 樋口 二〇二〇、髙谷編 二〇一九）。本書も、このような批判的多文化共生研究の系譜に連なるものである。しかし同時に、従来の多文化共生論の限界を乗り越えた、オルタナティブな共生のあり方を構想するための発想の転換を提案することも目的としている。

ハージは、ラディカルな変革を志向する社会科学的議論における「批判的社会学」と「批判的人類学」というふたつの「伝統」の存在を指摘する（ハージ 二〇二二：八七－一四五）。この両者は、学問領域としての社会学と人類学の区別に必ずしも対応しない。前者は「私たちが気づいているかどうかにかかわらず、私たちにすでに因果的な影響を及ぼしていると考えられる社会的な力や社会関係（階級関係、ジェンダー関係など）を明らかにする」ことで、そうした力や関係がもたらしている不正義に「抵抗する政治」を後押しする。それに対して後者は、私たち自身のなかに他者性、すなわち「私たちがいまそうであるものではない、別のものでありうる可能性」を見出すことによって、

「私たちが自身の中に眠っている、ある種の社会的な力や潜在能力に気づき、覚醒させるように促す」。それにより、私たちがいま現在囚われている社会構造の外部にある「ありうべき《オルター》別のあり方を模索する政治《ポリティクス》」を探求することができるようになる。

　ハージは、自身も大きな影響を受けたピエール・ブルデューの議論を批判的社会学の、そしてブルーノ・ラトゥールの議論を批判的人類学の、それぞれ典型として参照する（ハージ二〇二二：一三五）。確かに、ブルデューの学術研究が彼自身の社会正義に関する信条と深く結びついていることはよく知られており、それが彼の議論にさらなる価値をもたらしていることも間違いない（Elliott 2022）。一方、ラトゥールはブルデューをはじめとする既存の社会学者が「社会的なるもの」の存在を自明の前提としていることを問題視し、ブルデューに代表されるフランス批判社会学の社会還元主義的傾向を批判した（ラトゥール二〇一九b）。しかし同時に、ラトゥール自身も認めるように、ラトゥールは社会学者としても知られている。つまりハージは学問領域としての社会学と人類学の違いを強調しているのではなく、それぞれの学問において特徴的な批判的思考の傾向を述べているのであり、誰もが批判的社会学と批判的人類学のいずれか、あるいは両方のやり方で思考することができるとする（ハージ二〇二二：九七）。

　社会学的な批判的多文化主義／多文化共生論は、多様性／ダイバーシティの推進という美名の背後に隠されてきたマジョリティ「日本人」とマイノリティの権力関係と、温存され、ときに強化されてきたマジョリティによるマイノリティへの暴力や搾取の関係を浮き彫りにしてきた。このような「うわべの多文化主義」としての日本の多文化共生への批判的社会学は、二〇二〇年代の今日でも依然として有効であり必要である。むしろ先述したように、「地域における多文化共生」から「外国人との共生社会」へと日本政府のスローガンが変遷し、「外国人材の活用」による「国益」の追求がより強調されるようになりつつある今日、こうした視点は一層重要性を増している。

しかしその一方で、ハージは世界各地の反資本主義・反レイシズム・反植民地主義といった「抵抗の政治」が根本的な弱点を抱えていると指摘する（前掲書：一八）。「抵抗の政治」は、抵抗する側が不正義を忘却せずに抵抗し続けることを要請する。しかし忘却せずに抵抗し続けることは、抵抗する人々の人生のすべてにとって、その人たちが抵抗している不正義の存在が前提になってしまうことを意味する。その結果、抵抗すること自体が自己目的化し、抵抗する側と支配する側との共依存の関係が発生しがちになる（前掲書：二六六‐二七六）。批判的社会学の思考は私たちの生活に遍在している支配‐被支配の関係や権力関係を露わにしてきたが、それがもたらす共依存から脱し、その関係の外部に私たちが出ていくための思考法を必ずしも示してはこなかった。そこで重要になるのが批判的人類学の思考である。

それは、こうした権力関係を忘れ去ることでも、ごまかすことでもない。そうではなく、そうした権力関係の外部から、そうした権力関係の超克へとつながる、異なったやり方で遂行される権力との関係性が可能となる空間を見出すことである。（ハージ二〇二二：三五一）

批判的人類学の思考は、抵抗する側がいままさに囚われてしまっている支配‐被支配の不公正な権力関係ではない「何か別のもの」としての現実を生きる可能性を探求する。それは抵抗する側が、自分たちが抵抗している不正義の存在を「ふさわしいとき、ふさわしいあいだだけ」忘れるという戦略、すなわちハージのいう「レジリエンスの実践」を行うことでもある（ハージ 二〇二二：二七三–二七五）。それにより、抵抗することに人生と身体を支配されずに抵抗することが可能になる。

自分を社会学者だと思っている（少なくとも人類学者とは思っていない）私自身は、批判的人類学の思考の重要性を強調するハージの主張を、社会的諸変数の連関の実証的分析から構造的不正義を明らかにすることの意義を踏まえたうえで、社会学的研究もオルタナティブな社会のあり方を模索する想像力を育んでいくべきだ、というメッセージとして受け止めている。そのメッセージへの応答として書かれたのが本書である。従来の多文化共生、あるいはダイバーシティ礼賛の言説への批判的検討の先に、どのようなオルタナティブな共生が構想できるのだろうか。本書ではこの問いをさまざまな側面から探求していきたい。

第2章 同化とは、分断でもある
――同化主義としての「共生」(1)――

1――同化は、不可避である

前章で述べた批判的社会学の視座から多文化主義／多文化共生を考察する際に、多文化主義／多文化共生と同化そして同化主義の関係に注目することが重要である。一般に同化主義は、多文化主義や多様性の尊重、社会的包摂といった「共生」の理念が克服すべき対象とされている。しかしこれから論じるように、多文化主義／多文化共生や多様性の擁護といった理念や実践にも、主流社会における支配的な価値規範にとって望ましいあり方での同化を促す側面がある。そうした意味で、「共生」の制度や実践にはマジョリティのマイノリティに対する同化主義が必然的に伴う。

だからといって、共生という理念そのものが「良くないこと」であるといいたいわけではない。

そうではなく、同化主義を伴わない「共生」のあり方を模索すべきだし、それは可能である、ということを本書では論じていきたい。とはいえ私が強調したいのは、同化主義を「行うべきではない」ということではない。念のためいっておけば、私はマイノリティに対する同化主義を「悪い」イデオロギー／政策／実践だと考えている。しかし良い悪い以前に「同化主義」はそもそも「不可能」なのだ、ということを第5章で論証する。だがそのためにはまず、社会現象としての「同化」は「不可避」なのだ、ということから説明しなければならない。

■同化と同化主義

同化主義（assimilationism）と同化（assimilation）を概念的に区別することから始めよう。同化は、ある社会集団／状況における「決まったやり方」に合わせて自分自身のやり方を変えるように促す「同調圧力（conformity）」（サンスティーン 二〇二三）の結果として起こる変化である。ただし同調圧力はどのような人間に対しても向けられるものだが、同化は定義上、マジョリティにマイノリティが同調することである。すなわち本書でいう同化とは、マイノリティが「マジョリティのやり方」を理解し、それに基づいて行為できるようになることを意味する。実際にそのように行為するとは限らず、あくまでもその能力をもつということである。ここでいう「マジョリティのやり方」には、公的領域において制度化され、明確に示されて一定の範囲で受け入れられているもの（法や政策など）もあれば、道徳・常識・文化・言語・習慣、あるいは、私たちが「読むこと」を求められるその場の「空気」のように、制度化も明示もされておらず、文脈や相手によって変化しうる、共同体・私的領域における相互行為の様式も含まれる。また特定の個人や組織によって意図的につくられた「決まったやり方」もあれば、特定の誰かが定めたわけではない場合もある。

それに対して、社会的過程としてのマイノリティの同化が、マジョリティの価値規範として確立した状況を本書では同化主義と呼ぶ。すなわち、同化主義とはマイノリティの人々がマジョリティの社会（主流社会）に何らかの意味で同化することを望ましいとみなす価値規範や、それに基づいて同化を促す理念や政策である。

移民の同化過程を説明する古典的な社会学理論は、二〇世紀前半の米国におけるシカゴ学派の研究を端緒に発展してきた（永吉 二〇二一：九－一〇）。それらの研究では「移民は世代を経るなかで、受け入れ社会と文化やアイデンティティを共有していき、両者の間に差異がなくなっていくと考えられていた」（前掲書：九）。一九～二〇世紀の米国における「アングロ・コンフォーミティ」あるいは「アメリカ化」（ゴードン 二〇〇〇：九三）のような、移民や先住・少数民族といったエスニック・マイノリティがマジョリティの人々とあらゆる面で同じになることを自明視し理想とするこうした古典的な同化観は、少なくとも二〇世紀半ばまで多くの先進諸国で大きな影響力をもっていた。そこでは、マイノリティがマジョリティと「同じになるはずだ」という社会的過程としての同化予測と、マイノリティはマジョリティと「同じになるべきである」という価値規範としての同化主義は明確に区別されていなかった（南川 二〇一六：五六－六六）。

第二次世界大戦後の米国における同化理論の発展に大きく貢献したひとりが、社会学者のミルトン・ゴードンである。ゴードンは同化過程を多次元的なものとして整理したが、そのなかでも、移民が主流社会の教育や仕事などの主要な制度、友人関係や団体などに参加していく「構造的同化」を鍵概念とみなした（永吉二〇二一：九）。そして構造的同化は移民の文化的同化やアイデンティティの変容とは区別され、構造的同化が起こることで後者のような同化も促進されるとした（ゴードン二〇〇〇：六六－六七、七五）。

■同化の多次元性

同化を同化主義と区別し、また「すべてにおいて同じになるはずである／べきである」という通俗的な同化（主義）観から抜け出して、同化には多様な次元がありうることを前提とすれば、マイノリティのマジョリティへの同化はむしろありふれた社会現象だと考えることができる。どのような社会であっても、マイノリティは主流社会に何らかの意味で同化する。考えてみればこれは当然のことで、主流社会の規範や制度、法をある程度理解し、順守しなければ、つまり構造的に同化しなければ、マイノリティはそもそも社会生活を営むことができない。またゴードンが指摘したように、マジョリティ側があえて移民を同化させようとしなくても（つまり、同化主義政策を推進しなくても）、世代が交代するにつれてマイノリティ集団の言語・文化・帰属意識の同化は進行していく（前掲書：二三八）。これは移民集団には特に当てはまるが、少数・先住民族集団の場合でも、主流社会からの文化的影響をほとんど受けずに長期的に存続している集団は、少なくとも先進諸国においては非常に例外的である。ゴードンも一九六〇年代の米国生まれの移民二世が「一部の例外を除いて、それぞれの階級に見合ったアメリカ固有の文化に向かって、事実上完全な文化変容（必ずしも構造的同化につながらないが）を果たすべく、不可逆的な道を進んでいる」とみていた。そのうえで彼は、こうした移民二世たちが、自分の親たちのもっている文化に対して疎遠となり、否定的な評価をもつようになる傾向を指摘した。そして移民支援の実践において、子どもたちが親たちの文化の価値を肯定的に評価できるように促す重要性を主張した。「これは〔移民二世の〕文化変容プロセスを遅らせることには決してならない。むしろアメリカ文化と対峙したり、両親と自分を同一視したりする際に、子どもたちに健全な心理的基盤を与えるものとなる。とはいえもちろん、実用的な英語力の習得を促すことを忘れてはならない。というのもこれは、適度なアメリカ生活への適応に欠かせないものだからだ」（前掲書：二三八、〔 〕は引用者）。

それゆえ、おそらく一般的な通念とは異なり、国民国家における移民の受け入れのあり方をめぐって論点とされるべきなのは、「同化しているか、していないか」ではなく、「どのように同化しているか」なのである。移民の同化に関するゴードン以後の研究は、移民自身の経済・文化・社会関係資本のあり方や、彼・彼女らを受け入れる社会の構造や制度、そしてマジョリティの人々の意識のあり方に応じて、移民の同化過程が異なることを明らかにしてきた（永吉二〇二一：九－一〇）。米国の社会学者アレハンドロ・ポルテスらは、次のように主張する。

……しかしながら、現実にはその〔同化の〕プロセスはそれほど単純なものでも、必然的なものでもない。第一に、移民たちも、かれらを受け入れるホスト社会も、均質なものではない。たとえ同じ国から来た移民たちでも、社会階層、到着の時期、世代などによってそれぞれ異なることはよくある。……移民がどのような時期にやって来たか、また移民がどのような文脈で受け入れられたかによって、かれらはまったく正反対の異なった状況に直面し、かれらがたどる同化の方向もさまざまな異なった結果へと導かれる。

（ポルテス・ルンバウト二〇一四：九八‐九九、〔　〕は引用者）

ポルテスらは米国の移民を対象にした大規模調査の結果を分析し、それをもとに「分節化された同化（segmented assimilation）」理論を提唱した。それによれば、移民第二世代のホスト社会への同化のあり方は、親である移民第一世代の人的資本、その移民家族の構成、そしてホスト社会への移民集団の編入様式（mode of incorporation）によって、ある程度まで規定される。このうち編入様式は、政府の移民受入政策のあり方、ホスト社会の移民受入れに対する姿勢、そして同胞エスニック・コミュニティによる支援のあり方によって構成されている。こうした要因の違いにより、第二世代の文化変容と親世代との関係のあり方は次のような複線的なものとなる。第一に、移民家族の子どもたちが親よりも先にホスト社会の言語を習得し、それと同時に親の祖国の言語や文化を喪失した場合、世代間の葛藤や親子間の地位や役割の逆転が起きやすくなる。これは「不協和型文化変容」と呼ばれる。第二に、親子がほぼ同じ速さでホスト社会の言語や文化に適応していくのが「協和型文化変容」であり、親に教育達成や語学力、経済力などの人的資本が十分にある場合に起こりやすい。第三に、「移民家族の親子がともに十分な規模と多様な制度を有する同国人のコミュニティにしっかりと埋め込まれており、そのコミュニティが移民家族の文化面での変化を減速することで、両親の母国の言語と規範の一部を保持することを促進する場合」に起こるのが「選択型文化変容」であり、世代間の葛藤が相対的に少なく、第二世代はバイリンガルになる傾向がある。これらの文化変容のあり方に、移民第二世代の教育達成や社会的上昇移動を阻害するホスト社会におけるレイシズム、二重労働市場、対抗的な下位文化といった要因が影響することで、移民第二世代が階層的に「上昇同化」するか「下降同化」するか、それとも二文化主義的なあり方で同化するかが決まってくるという（ポルテス・ルンバウト二〇一四：九七－一三八）。

この「分節化された同化」モデルは日本の社会学にも広く紹介され、それに依拠した外国人住民・移民第二世代に関する実証的研究も行われている（渡戸ほか編二〇一七、清水ほか二〇二一）。ただしポルテスらのモデルには批判もあり、行為者のもつ資本と合理的選択、それらを制約する制度の影響を重視する「新しい同化理論」も有力なモデルとして提起されている（永吉二〇二一：一一－一四、山野上二〇二二、山本二〇二四：三五）。しかし本書にとって重要なのはこれらの理論モデルのどれがより実証的に妥当かということではなく、同化にはさまざまな次元があることがいずれのモデルにおいても前提となっていることである（永吉二〇二一：一四）。しかもそこでは、「上昇同化」や「二文化主義（多文化主義）的同化」などが「望ましい」同化とされる一方で、「下降同化」あるいは対抗文化（いわゆる「アンダークラス」）への同化は「望ましくない」と価値づけされている。実は、こうした「望ましくない同化」とは、「社会的排除（労働市場や制度、または日常生活において財や権限、社会関係から締め出されること）」（塩原二〇一七b：一〇二）という概念で説明される状況とほぼ同じである。すなわち、主流社会に対するある種の同化が、実質的には排除を意味することがありうる。それゆえ同化は「社会的包摂（個人が自分が望むだけ、あるいは必要なだけ、同じ社会に住む他者と労働などの社会的活動を通じて結びつくことができ、そうした関係によって財や権限を得られている状態）」（前掲書：一〇二）という、社会的排除の対をなす概念とも異なっている。すなわち、仮にマイノリティがマジョリティと「同じになった」からといって、それだけではマイノリティがマジョリティに「受け入れられた」とはいえない、ということである。

2――ふたつの「望ましい同化」

同化自体は不可避の社会現象であるが、マイノリティのマジョリティ社会への同化には、マジョリティ社会の側からみて「望ましい同化」と「望ましくない同化」がある。このように考えれば、多文化主義はエスニック・マイノリティを同化させせないのではなく、マジョリティ側からみて望ましいあり方での同化を促すひとつのあり方なのだといえる。この意味で、多文化主義は価値規範としての同化主義の側面をもつ。もちろん、何がマジョリティにとっての「望ましい同化」なのかは政府や時代、社会によって異なるだろう。しかし前章で概観したリベラルな福祉多文化主義では、「多様性のなかの統一」といったスローガンによって望ましい同化のあり方が表現されることが多い。そしてそこには、以下のふたつの規範が含まれている。

■文化多元主義とリベラル・ナショナリズム

第一に、マイノリティがその社会の「公的」な規範に一定程度同化していることを「望ましい同化」とみなす規範である。この「公的」な規範はしばしば中立で「リベラル」なものだとみなされているがゆえに、これは前章で述べたリベラル多文化主義の規範と呼応する。

この価値規範は、主に米国で一九世紀末から発展してきた「文化（的）多元主義（cultural pluralism）」の理念を原型としている。それは「公的領域と私的領域を区分し、公的領域における中立性を前提としたうえで、私的領域における自由な選択の結果として、エスニックな帰属意識やその維持を位置づける」。そして米国においては、「公的領域」だとされるのは憲法、法、民主的制度、民主主義の価値観などである（南川 二〇一六：九一）。先述したように、ゴードンは米国での移民の同化は不可逆的なものだと考えていたが、彼・彼女らにホスト社会への同化を強制することは望ましくなく、さまざまなエスニック集団が自身の文化や同胞との社会関係を維持しようとする希望を民主主義の観点から認めるべきだと考えていた。その観点から、彼は文化多元主義を同化モデルのひとつとして位置づけた。「文化的多元主義の予測される目標は、エスニック文化の伝統を継承しうるだけの下位社会の隔離を維持し、同時に、アメリカの市民生活に必要な標準的責任の遂行を妨げないようにすることである。……こうした状況ならば、エスニシティは集団的アイデンティティの重要な一断面となり、一方では、うまくすれば偏見や差別を解消もしくはほとんど目立たない程度にまで縮小できるだろう」（ゴードン 二〇〇〇：一五〇‐一五一）。

米国ではその後、この文化多元主義を批判的に乗り越えようとする政治潮流として、「公的領域」

や「共通文化」が文化的中立であるというフィクションに異議を申し立て、集団間の文化的差異の承認とエンパワーメントをより重視する「アメリカ型多文化主義」が唱えられるようになった（南川二〇一六：九七‐一一七）。しかし米国以外の国家では、文化多元主義はしばしば多文化主義と同義とされていた。たとえば一九七〇年代にカナダとともに他の先進諸国に先駆けて多文化主義政策を導入したオーストラリアでは当初、多文化主義と文化多元主義というふたつの言葉はほぼ互換的に用いられていた（塩原二〇〇五）。もっとも各国の多文化主義的な政策は一様ではなく、公的領域におけるエスニック・コミュニティ（とりわけ先住・少数民族）の集合的権利をある程度承認する公定多文化主義もある（関根二〇〇〇）。だがその場合でも前章で指摘したように、現代世界における公定多文化主義のモデルは、文化的多様性の擁護と両立するかたちでナショナル・アイデンティティを再構築することを通じて国民的連帯や相互信頼を醸成し、それによって福祉国家と民主主義を維持していこうとする「リベラル・ナショナリズム」（齋藤二〇〇八：四〇）を基盤としている。

リベラル・ナショナリズムにおいては、あくまでもマジョリティ民族集団の制度や文化が、その国家の国民の結束を維持するために共有されるべき共通の基盤だとされる。そのうえで、リベラル（liberal）で中核的（core）な価値観（value）を基軸にマジョリティ文化をマイノリティ文化に対してより寛容な方向に変容させ、熟議民主主義的な対話を通じてマイノリティの人々にそれを共有してもらうように呼びかけることが目指される（齋藤二〇〇八：四七‐五六、安達二〇一三：六七‐七四）。こうして、共有されるべきナショナルな文化はマジョリティ民族集団に固有のエスニック的な要素を極力除外したもの、すなわち「価値観」として表象されるようになる。前章でも言及したように、この「価値観の共有」は、欧州において二〇〇〇年代から叫ばれはじめた「多文化主義の失敗」をめぐる論争の焦点でもあった。

ただし実際には「リベラルで中核的」とされる価値観にも、その国家のマジョリティ国民に固有の文化要素が混入することは避けられない。たとえば、マジョリティ国民の言語を「公用語」「国語」として習得することが無批判に要求されたり、社会的な諸制度がマジョリティ国民の宗教的伝統や慣習に基づくことが自明視されたり（キリスト教が多数派の国家においてキリスト教の習慣に基づいて学校や職場の祝日が定められているなど）、マジョリティ国民の習慣に基づいて「公共の福祉に反しない」衣食住の文化実践の範囲が事実上決められている（マジョリティの伝統的料理を自宅で調理する際の臭いは問題にならず、「エスニック料理」の臭いだけが「近所迷惑」とされるなど）といったことである。あらゆる国民国家における「公共文化」は、文化的に中立・普遍的ではありえない。

このことは「リベラルで中核的な価値観の共有」を求めることが、マジョリティ国民のエスニック文化に比較的近い文化をもつ人々を受け入れ、差異が比較的大きい人々を排除することを正当化するように結果的に機能する可能性を示唆する（齋藤 二〇〇八：四七–四九、安達 二〇一三：七五–七八）。実際、リベラル・ナショナリズムに基づくコミュニティの結束が強調された二〇〇〇年代の英国では、イスラム過激主義者とみなされた人々はしばしば社会的包摂の対象外とされた。こうした人々は西洋の自由民主主義国家の「リベラルで中核的な価値観」とは相容れず、彼・彼女たちの文化を過剰に擁護する多文化主義は「並行生活」を生み出し、国民の結束を揺るがす存在とみなされがちであった（安達 二〇一三）。そして二〇一〇年代以降の欧米において、イスラム教の価値観を自由民主主義的な価値観とは相容れないものと規定したうえで、前者を過剰に擁護するものとして多文化主義を批判し、その国家の「リベラルで中核的な価値観」の「共有」を新規移住者に「強要」することで国家の結束を維持することを強調する「マスキュラー・リベラリズム」と呼ばれる主張が目立つようになった（Joppke 2017）。

■統合とインターカルチュラル政策

ところでリベラル・ナショナリズムもナショナリズムである以上、「国益」に資するかどうかを望ましさの基準にする傾向がある。それが「多様性のなかの統一」における「望ましい同化」のふたつめの含意である。すなわち、マジョリティにとっての社会的リスクやコストを減少させつつ、マイノリティの人的資源としての価値を高め、マジョリティに利益をもたらすような同化を「望ましい」とみなす傾向である。これはリベラルな福祉多文化主義の「福祉多文化主義」としての側面と関係する。

先進諸国で実施されてきた移民受入政策にはエスニック・マイノリティの社会的排除（＝望ましくない同化）とその次世代への影響を防ぐための公共政策の充実という側面があり、それはしばしば「統合（integration）」政策などとも呼ばれてきた。移民統合政策には同化主義的な意味合いが濃いものから多文化主義的な側面が強いものまで多様な類型があるが、移民の文化的多様性を承認しつつ、マジョリティにとって望ましいかたちで移民を経済・社会的（構造的）に同化させようとするという点で共通している（近藤 二〇一九：三〇–三三）。近藤敦は、こうした欧州の統合政策と日本の多文化共生政策との類似性を指摘している（前掲書：三三二−三三五）。また近藤や山脇啓造らは、移民統合政策のひとつとして欧州において提唱された「インターカルチュラリズム」あるいは「インターカルチュラル・シティ」政策を日本の多文化共生政策のモデルとして重視する（近藤 二〇一九：四三−五一、山脇・上野編 二〇二二）。欧州の移民政策の文脈におけるインターカルチュラリズムとは、文化的出自や人種にとどまらず、セクシュアリティや信仰といったさまざまな差異を越えた交流と対話を通じた人々の相互変容によって人々が結びつきつつ、差異に対してより開かれた社会を構築するという理念である（Cantle 2012: 141-175）。一方、インターカルチュラル・シティ政策とは「移住者やマイノリティを含む都市住民が生み出す文化的多様性を、脅威ではなくむしろ好機と捉え、都市の活力や革新、創造、成長の源泉とする」プログラムである（山脇・上野編 二〇二二：一八）。ちなみにオーストラリアにおいては、統合政策とは多文化主義が本格的に導入される以前の一九六〇年代に実施された移民定住支援政策を意味した。それは移民第一世代の文化的多様性やエスニック・コミュニティの凝集性の維持を承認し、それを前提とした定住支援を実施しつつ、第二世代以降の主流社会（英国−アイルランド系白人社会）への文化的・構造的同化を促す政策であった（関根 一九八九）。

近藤や山脇らは同化（主義）政策とインターカルチュラリズム／インターカルチュラル・シティ政策を区別し、前者が文化的同化と経済・社会的（構造的）同化の両方を促すのに対し、後者はマイノリティの文化的差異を承認・保護しながら経済・社会的な包摂を進めるものとしている（山脇・上野編 二〇二二：一九−二〇、近藤 二〇一九：四三−四四）。また、インターカルチュラリズムやインターカルチュラル・シティ政策としての統合政策には多文化主義政策との共通点もあるが、多文化主義が差異の権利を強調するあまり国民社会を分断するという批判を考慮し、統合政策ではマイノリティの人々との相互作用によるマジョリティ社会側の変容も想定されていることが強調される（近藤二〇一九：四四-四五）。しかし先述したように近年の同化理論は同化概念の多次元性を強調し文化多元主義の規範と共存するものであり、マイノリティ-マジョリティ間の変化の双方向性も同化過程の一部だとされる（永吉二〇二一：七）。こうした双方向性はオーストラリアなどでは公定多文化主義の理念として一九九〇年代から強調されている（塩原二〇〇五）。それゆえ、こうした観点から同化（主義）政策と統合政策、そしてリベラルな福祉多文化主義としての公定多文化主義を明確に区別することは難しい。むしろインターカルチュラリズム／インターカルチュラル・シティ政策や統合という理念も、主流社会に利益をもたらす「望ましい同化」のあり方を社会福祉や公共サービスを通じて追求する方向性を公定多文化主義と共有しているとみなすべきである。

3——同化としての参加

このように「多様性のなかの統一」はあくまでもマジョリティにとって「望ましい」マイノリティの同化を志向する理念である。だがそうだとしても、古典的な同化観に基づく露骨な同化主義に比べればマイノリティにとっても「望ましい」目標になりうる。そしてマジョリティによる「多様性のなかの統一」がマイノリティによっても望ましいものになるためには、マイノリティ-マジョリティ間の双方向的な働きかけが重要となる。それはすなわち、マイノリティの主流社会への「参加」が促進されることを意味する。その意味で、参加もまた同化の一過程である。

永吉希久子らは日本における「移民の統合」を「移民が日本社会の主要な制度に参加する過程」と定義する。そのうえで、「社会経済的統合（教育、職業的地位、賃金の面での地位達成）」、「社会的統合（「マジョリティ日本人との」社会関係の形成）」そして「心理的統合（精神的な健康、日本への帰属意識、永住意図）」の三つの下位概念に類型化している（永吉二〇二一：七）。このうち社会経済的参加という意味での統合は、教育制度、労働市場、社会保障制度における移民の公正な扱いの担保と、不平等の世代的再生産の抑制であると一般化できる。

一方、永吉らは社会的統合を、移民の主流社会へのコミュニティ・レベルでの参加として概念化している。この文脈での「参加」とは移民に対するマジョリティ側からの差別や排除の減少と、マイノリティ－マジョリティ間の相互交流の活発化を意味する。そうであれば、差別や排除をなくすためにマイノリティの人々が主流社会に働きかけること、すなわち「市民社会（civil society）」への参画が、マイノリティの社会的参加には含まれる。つまりマイノリティの主流社会への社会的統合には、行政に対するアドボカシーや提言、アクティビズムといった広義の「政治参加」が含まれることになる。たとえばオーストラリアでは、反差別や多文化共生に関する移民・先住民族コミュニティやその支援者による行政への提言やマジョリティ側への啓発といった活動はさかんに行われており、社会的参加と政治参加を厳密に区別することは困難である（「政治社会的参加」）。一方、日本では外国籍者の選挙権・被選挙権が認められていないが、在日コリアンをはじめとする外国人住民やアイヌ民族・琉球民族などによる市民運動や、外国人支援団体や当事者のアドボカシー活動は存在している（上村ほか編二〇一三、風巻・金二〇二三）。

マイノリティの政治社会的参加がマイノリティ－マジョリティ間の人的交流の活発化と、社会のさまざまなレベルでの意思決定過程へのマイノリティの関与の増大を意味するのであれば、それが達成されるのはマイノリティにとって望ましい状況である。ただしマジョリティとのコミュニティ・市民社会での相互交流の機会が制度的・形式的に保障されていることは、マイノリティの主流社会への政治社会的参加の必要条件ではあるが十分条件とはいえない。マイノリティの政治社会的な参加を実質的に確保するためには経済・社会的な不平等をなくし、コミュニティ・市民社会における人々の自律に向けた意思決定過程にマイノリティの人々が実質的に参画できるようにする必要がある（フレイザー二〇〇三：一一八－一二二）。

たとえば日本の町内会や自治会は、その地区や集合住宅の住民であれば形式的には参加資格を得られる。しかし家計が苦しく時間的な余裕のない住民、障がいを抱えた住民、日本語が十分に話せない住民にとっては、それだけでは十分ではない。彼・彼女たちが活動に参加して自分の意見を表明できるようにするための配慮が行われ、彼・彼女たちの参画を妨げている物理的・制度的な障壁が取り除かれることによってはじめて、実質的な参加の平等が確保される。これはナンシー・フレイザーが参加の平等が可能になる第一の条件として挙げた「物質的資源の配分は参加者の自律と『発言権』を保証するようなものでなければならない」（客観的条件）に相当する（フレイザー・ホネット二〇一二：四三）。だがこうした障壁が解消されたとしても、ある住民が町内で軽蔑されていたり、偏見をもって見られていたりしたら、町内会や自治会に実質的に参加することは難しい。それゆえフレイザーが挙げた参加の平等の第二の条件である「制度化された文化的価値パターンがすべての参加者に対して等しい尊敬を表現し、社会的評価を得るための平等な機会を保証する」こと（相互主観的条件）が目指されなければならない（前掲書：四三）。

フレイザーが述べるように、マイノリティの参加の平等にはその客観的条件と相互主観的条件の双方からアプローチしていくことが必要である。すなわちマイノリティの公正な経済社会的参加を促すということが、コミュニティ、市民社会、企業、議会といったさまざまな領域に存在するマイノリティにとっての差別や「ガラスの天井」を解消し、社会的上昇移動と意思決定過程への参画、すなわち政治社会的参加を促すことと同時に進行されなければならない。そのような努力をせず、ただ形式的な機会の平等のみを保障して放置すれば、マイノリティの政治社会的参加が不完全なまとなるだけではなく、経済社会的参加も妨げられてしまう。その結果、不協和型文化変容や下降同化が発生し、マジョリティにとって望ましくないかたちでのマイノリティの同化が進行し、マジョリティにとっての社会的リスクやコストが高まる。

それゆえ、もしマジョリティ側がマイノリティを経済・社会的に自分たちにとって望ましいかたちで同化／統合させたいのであれば、マイノリティの政治社会的同化、つまり社会的意思決定の主体としてのマイノリティの政治社会的参加を推進しなければならない。そのような参加の平等の推進のためには形式的な平等のみを保障するだけでは不十分であり、合理的配慮やアファーマティブ・アクションといったかたちで、マイノリティを少なくとも一時的には「特別扱い」することが必要になる。

だが逆説的なことに、そのようなマイノリティへの特別扱いは、マジョリティ国民側からはむしろマイノリティに特権を与えることで主流社会の同化／統合を妨げ、社会を「分断」させるものだとして、しばしば非難の対象とされてきた。先述した「多文化主義の失敗」論はまさにそのような主張であった。ポルテスらは一九九〇年代から二〇〇〇年代初めの米国で台頭した移民に対するアファーマティブ・アクションへの反発が、「予言の自己成就」（第4章参照）として機能する可能性を危惧していた（ポルテス・ルンバウト 二〇一四：四五七‐四八八）。すなわち、多文化主義的な施策が国民社会を分断させるという批判によって後退することでマイノリティの政治・経済・社会的な排除がむしろ深刻になり、それが社会的なコストやリスクを増加させることによってマジョリティ国民のマイノリティに対する排外主義が一層活発化するという負の連鎖が生じる可能性がある。つまり多文化主義が社会を分断させるという主張そのものが、社会を分断する原因となりうるのである。

4――コミュニティの不足と過剰？

移民などのマイノリティが特定の場所に集住し、マジョリティ国民の統制が及ばない独自の閉鎖的なコミュニティを形成しているというのが「社会の分断」の典型的なイメージである（ハージ 二〇〇三）。しかしこれまで述べてきたように、同化を多次元なものととらえれば、マイノリティが主流社会に何らかの意味で同化することは不可避である。それゆえ一般通念に反し、分断とはマイノリティが主流社会に同化／統合されていない状況のことではない。それはマイノリティがマジョリティからみて「望ましくない」あり方で同化していることによって、マジョリティの人々からの憂慮や敵意の対象となっている状況である。

とはいえ、マジョリティが憂慮の対象とみなしている人々が、実際に「望ましくない」あり方で同化しているとは限らない。マイノリティとマジョリティの「分断」が顕在化したものとして表象されることが多いのが、マイノリティが一定の場所に「集住」している状況である。日本でも、外国人居住者が多く集まる集合住宅（いわゆる「団地」）に注目が集まっている。こうした各地の「外国人集住団地」の存在は一九九〇年代から知られるようになり、一部の団地での外国人住民と日本人住民のあいだのトラブルや意思疎通の不足、（体感）治安の悪化といった「分断」状況がメディアによって報道されるようになった（山本 二〇二四：六九‐七〇）。このような場所では、外国人どうしが固まってコミュニティを形成し、日本人住民と分断している、と描写されることがしばしばであった。

外国人集住団地として知られる埼玉県川口市のUR芝園団地の自治会の事務局長を二〇一七年から務めてきた岡崎広樹は、こうした想定に違和感を表明する。住民人口の過半数が外国籍であり、その大半が中国人というこの団地では、確かにゴミの分別収集や不法投棄、家庭騒音、路上駐車、ペットの無断飼育、そして言語や生活習慣の違いなどに起因するトラブルが存在している。しかし芝園団地が外国人集住団地として知られはじめた二〇一〇年代に比べれば、二〇二〇年代初めには状況は落ち着いており、見学に訪れた者が、「特段荒れた様子も」ない「何ら変哲のない団地だな」

とがっかりして帰っていく様子が見られるという（岡崎二〇二二：四－六）。岡崎が取材に訪れた、UR大島六丁目団地（東京都）、県営いちょう上飯田団地（神奈川県）、UR知立団地（愛知県）、UR笹川団地（三重県）の自治会や住民支援団体関係者も、過去の一時期はトラブルが多発したとしても、現在は比較的トラブルも少なく、住民は「共存」していると異口同音に述べた（前掲書：九〇－一七〇）。

そもそも、地域コミュニティでトラブルや犯罪を起こすのは外国人だけではない。外国人集住団地に長く住んできた住民も、これまでさまざまな「日本人」がトラブルを起こしてきたのを見てきた。にもかかわらず、外国人住民が増加すると一部のマスメディアがそれをセンセーショナルに報道し、それに乗じてネット右翼やヘイトスピーチ集団の誹謗中傷が住民の不安を煽るようになる。その結果、そこに住んでいる人々のあいだですら、外国人を「迷惑な隣人」と感じる人々が出てくる（前掲書：四八－五〇）。

諸外国における実証研究でも、移民の増加が地域の犯罪を増加させるという固定観念には裏付けが少なく、むしろ移民が増加することで犯罪率が減少する場合もあることが示されている。そうした研究をまとめた永吉によれば、第一に移民自身が犯罪を起こしやすいことを示す調査結果は少なく、むしろ移民は犯罪を起こしにくいことを示す調査結果もある。第二に、移民が増加してその地域の状況が変化することで、その地域において犯罪が起きやすくなることを示す調査結果も少なく、逆に移民が増えた地域では犯罪が起きにくくなることを示す調査結果のほうが多い。この第二の傾向を説明するため、永吉は次のような仮説を紹介している。地域コミュニティが衰退して住民どうしの結びつきが弱まることが犯罪を増加させることは、実証研究で確かめられている。それに対し、移民の増加は人口を増加させ、産業の発達や雇用機会を生み出すことで地域コミュニティを活性化させる。その結果、その地域における犯罪が減少する可能性がある。あるいは移民自身が移住先で形成するコミュニティにおいて、強い家族・親族のネットワークや宗教的な倫理観が維持され、それに基づいて住民（特に若者）の行動をコミュニティの構成員が監視しあうことで結果的に犯罪が抑制される可能性がある（永吉二〇二〇：一三三－一四八）。

移民と犯罪の関係についての実証研究の知見は日本ではまだ少ないが、二〇〇〇年代半ば以降、外国籍住民の数は大幅に増加したにもかかわらず外国人刑法犯の検挙件数・人数、および外国人住民の総数に占める割合は大きくみれば減少傾向にある。*1 それゆえ少なくとも、外国人の増加が犯罪を増加させているとはいえない。とはいえ、永吉が指摘したようなエスニック・コミュニティの強い絆が移民の犯罪を抑制するメカニズムが働いているかどうかは検討の余地がある。日本では外国人住民の同胞エスニック・コミュニティが強固に形成されている事例は少ないことと、外国人住民が同化する対象である現代日本社会全体で、程度の差はあれコミュニティの脆弱化が問題になっていることがその理由である。

ただし現代日本に生きる私たちが、そのようなコミュニティの「不足」を常に感じながら生きているのかといわれれば、そうとは限らない。コミュニティへの帰属感覚をそれほど強く感じていないが、特に困ることもなくむしろそれがふつうだと思って生活している人も多い。それに対して、高齢者や貧困家庭、若者の引きこもりといった「孤立」が社会問題化するとき「コミュニティの不足」が語られる。とりわけ団地での高齢者の孤立や孤独死の問題は「無縁社会」といったフレーズとともに注目されてきた（NHK「無縁社会」プロジェクト取材班編 二〇一〇）。つまり外国人集住団地の状況を憂慮する言説のなかでは、「私たち日本人のコミュニティ」は「不足」しているのに対して、「移民／外国人のコミュニティ」は「過剰」であるという構図が暗黙の前提となっている。そのため「彼・彼女たち」だけが結束しているように見えることが、「コミュニティが分断される」という不安を「私たち日本人」のあいだに引き起こしている。

一方、岡崎は、芝園団地でも他の団地でも程度の差こそあれ、「日本人住民と外国人住民の共生」以前に、そもそも日本人住民どうしや外国人住民どうしが「共生」していないのでは、という課題を見出す。日本人どうし、外国人どうしも「見知らぬ隣人」なのであり、世代や入居時期、ライフスタイルの違いによって互いに疎遠になり、利害関係の違いから小さな集団に分断している。

＊1　外国人による刑法犯の検挙件数・検挙人員は、二〇〇五年の四万三六二二件（一万四七八六人）をピークにその後減少傾向に転じ、二〇二三年には一万五五四一件（九七二六人）であった。また二〇二三年の来日外国人（日本にいる外国人から特別永住者、永住者などを除いた者）の刑法犯の検挙件数一万四〇件の罪名のうち、強制性交等・強制わいせつは二・六％、強盗は〇・八％、殺人は〇・五％であった。また刑法以外の特別法犯については二〇〇四年をピークに二〇一二年まで減少したのちに緩やかな増加傾向に転じ、二〇二三年では八〇四八件（五七九九人）となった。外国人の特別法犯の罪名の大半は入管法違反である（法務総合研究所 二〇二四：二三八-二四一）。なおこの間、在留外国人（二〇一二年以前は外国人登録者）の総数は二〇〇四年の約一九七万人から二〇二三年には約三四一万人へと増加している。出入国在留管理庁ウェブサイト（https://www.moj.go.jp/isa/policies/statistics/toukei_ichiran_touroku.html）二〇二四年一二月二四日閲覧。

……仮に日本人住民と外国人住民とを「分断」していると表現する。その場合は、日本人住民同士も「分断」している。さらに、外国人住民同士も「分断」している。つまり、芝園団地の住民同士は「分断」している。そう表現しなければ、芝園団地の実態を現すことができない。
(岡崎 二〇二二：一八七)

同じ団地に住んでいるだけで、外国人がひとつの「エスニック・コミュニティ」としてまとまっていると思い込むのは、同じ地区に住んでいるだけで日本人がひとつの「日本人コミュニティ」としてまとまっていると思い込むのと同じように、幻想なのである。にもかかわらず団地に外国人住民が住みはじめると、「日本人」と「外国人」がそれぞれ同質的に認識されたうえで前者のコミュニティが不足し、後者のそれが過剰であると表象され「両者の『共生』を築こうとすることが前提になる」(岡崎 二〇二二：一八八)。

5――統治とエンパワーメントのはざまで

このような岡崎の主張は、日本以外の先進諸国における先行研究の知見とも共通している。実際、ある地域において移民の「集住」が問題視されるとき、マジョリティ国民が帰属するコミュニティと、移民が形成するエスニック・コミュニティが確固として存在することが自明視されたうえで、後者の「過剰」が問題視され前者への「統合／同化」のあり方が問われることが多い（ハージ二〇〇三）。しかし私自身も日本やオーストラリアの大都市近郊の移民・外国人集住地域を調査した際にしばしば経験してきたが、こうした都市化された地域では、マジョリティ側にせよマイノリティ側にせよ「コミュニティ」とは何なのかを特定すること自体が決して容易ではない。

■「コミュニティ」と「コミュニティ組織」

コミュニティという概念は多様であるが、本書では坂倉杏介らの議論を援用し「人々が何らかの集団に属しており、その人々が何らかのかたちで集団全体に寄与しているという状態」と広く定義しておく（坂倉ほか二〇二〇：一六）。この意味でのコミュニティは日本語では「共同体」と訳せるが、それが地理的な基盤を伴うと「地域社会」と呼ばれることが多い。コミュニティは社会学の古典的な概念における「第一次集団」「ゲマインシャフト」といった親密な共同性を基盤とするが、特定の目的のために形成される「アソシエーション」などと呼ばれる関係にもこうした共同性は含まれているため、厳密に区別することはできない。地域社会の共同性に根差しつつも、特定の目的のもとに制度化された組織は「コミュニティ組織」と呼ばれるが、コミュニティはインフォーマルでパーソナルな人間関係としても出現する（前掲書：一二一－一二三、一二九－一六八）。

マイノリティであれマジョリティであれ、こうした多様なコミュニティにひとつも帰属していない、という人は例外的であろう。物理的に「引きこもり」状態にある人ですら、インターネット上のバーチャル・コミュニティにしばしば帰属している。大半の人々は、リアルであれバーチャルであれ、学校、職場、近隣、趣味、友人関係など、複数のコミュニティに同時に帰属している。しかし同時に、どれか特定のコミュニティだけで私たちの生活が完結してしまい、そこでの緊密な人間関係だけが人生のすべてであるような状況も考えづらい。しかもそれぞれのコミュニティの境界は相互浸透的であり、ある観点からはそれぞれ別個のコミュニティに見えても、別の視座からみればそれぞれのコミュニティはつながっていることも多い。それをわかりやすく示しているのが、ソーシャル・ネットワーク・サービス（SNS）上のコミュニティであろう。SNSで私がつながっている人は、私の知らない他の人ともつながっているが、その人が思わぬかたちで私が知っている人ともつながっていたりする。私たちが別個の「コミュニティ」として経験している人間関係は、他の視座からみれば、より広い範囲において「ネットワーク」としてつながっている（第12章参照）。

私たちの人間関係がこのようなネットワークなのだとすると、それが完全に閉じられて外部と分断している状況のほうが例外的なのだといえる。日本語がうまく話せない外国人住民は、日本人の隣人とのつきあいが希薄かもしれない。しかし、親しい日本人の友人や隣人、職場の同僚はいないかもしれないが、同じ経済システムのなかで働き、同じ行政制度によって統治され、同じ社会サービスを享受している人々のあいだにつながりが間接的にでさえまったく存在していない状況は考えにくい。SNSコミュニティと同じように、ある視座からみれば別々のコミュニティに見えても、他の視座からみればネットワークとしてつながっている可能性もある。一方、同じ言葉を話せるすべての在日外国人が互いに親しくつきあっているとは限らない。仲が良い同胞もいるだろうが、同郷出身でも不仲な人、SNSでつながっているが会ったことがない人、知らない人も多いに違いない。同じ国・地域出身で近くに住んでいても、世代が違えばコミュニケーションもうまくいかないかもしれない。その一方で、インターネットやSNSを通じて母国やほかの国々に住む人々と緊密かつリアルタイムにつながっていることも多い（Hage 2021; 山本 二〇二四：一七二−一八六）。

いずれにせよ、私たちは自分がどのようなコミュニティに帰属しているのかを、絶えず意識しながら生活しているわけではない。私たちがコミュニティへの帰属を意識し、それが「不足している」と感じるのは、日常生活において何らかの不便さ（「生活しづらさ」）を経験するか、自らの人生に「生きづらさ」（第6章参照）を感じているときであることが多い。そのようなときに求められるコミュニティは、より制度化ないし組織化された、エリック・クリネンバーグがいう「社会関係資本が育つかどうかを決定づける物理的条件」としての「社会的インフラ」（クリネンバーグ 二〇二一：一八）としての機能をあわせもつコミュニティ組織である。先述した岡崎も、コミュニティ組織としての芝園団地自治会の事務局長として、大学生のボランティアなど外部の人々とも協働しながら自身の住む団地の課題を解決し、外国人住民を含めた住民どうしの「接点」を増やしていく「隣近所の多文化共生」を推進する取り組みを行ってきた（岡崎 二〇二二）。芝園団地に限らず、全国各地の自治体での外国人住民支援において社会的インフラとコミュニティ組織の必要性が強調され、その創造とマネジメントが試みられている（総務省 二〇二〇）。

■同化か、エンパワーメントか

二〇〇六年に総務省が「地域における多文化共生推進プラン」を発表し、外国人住民支援・多文化共生施策の整備が開始された当初から今日まで、実際に事業を遂行する際には「公民協働」すなわち行政によるNPO・ボランティア団体などへの協力依頼や事業委託が前提となってきた。しかもその場合の「公」の担い手の多くは地方自治体であり、その管轄下にある国際交流協会（地域国際化協会）のような公益法人や公立学校であった。先述してきたように、移民の主流社会への参加を促すことには、マジョリティにとって「望ましい」マイノリティの同化を促す側面がある。とはいえ行政によるこうしたコミュニティ組織の制度化と動員には外国人住民自身をエンパワーメントする側面もあり、同化主義として一概に批判するべきではない。大学教員である私自身も、自分の授業を履修してくれた大学生たちとともに、外国につながる子ども・若者に対する日本語・学習支援や地域の居場所づくりの取り組みを二〇〇七年頃から続けてきた（第10章参照）。にもかかわらず、まさにその実践のなかで痛感してきたことだが、私たち自身の「多文化共生の実践」が目指す外国につながる子ども・若者の社会参加とエンパワーメントの促進と、それが彼・彼女たちが日本社会へと、私たち自身が「望ましい」と考えるあり方で同化するように促す側面を明確に区別するのは、極めて難しい。そして後者の観点からみれば、コミュニティ組織、学校、NPOなどが連携し実践される、地域社会を舞台とした外国人住民支援が第1章で述べた「コミュニティを通じた統治」でもあることを否定できない。オーストラリアの多文化主義政策で行われてきたのと同様に（塩原二〇一七a）、それはコミュニティを制度化して施策に組み込むことを通じて、マイノリティをより「望ましい」あり方で同化させようとする側面をもつ。

愛知県豊田市にある日系ブラジル人集住地区で七年間に及ぶフィールドワークを行った山本直子

は、このようなコミュニティを通じた同化主義的な統治としての地域や学校での多文化共生の取り組みが、日本社会側にとっての「望ましい同化」とは逆の帰結をもたらしうることを示した。山本の研究では、日本語の不自由な「かわいそうな外国人」に日本語を教えてあげさえすれば、外国人は日本人と「対等」になることができ、その後は「自己責任」で生活していける、といった「善意」の支援が、外国人と日本人の居住地の分離や外国人の強制的同化への支持、日本語習得を過度に重視した結果としての外国人児童生徒の教育機会のはく奪や排除、その結果としての第二世代の子ども・若者の自己肯定感の低下や周縁化を生み出す連関が描き出された（山本 二〇二四）。もちろん、移民第二世代の若者のなかには「グローバル人材」の重要性を強調する言説を活用することで社会的上昇移動を果たす事例もある。しかしそのような少数の成功事例が、多文化共生施策の欠陥を自己責任論で隠蔽する結果にもなりうることを山本は懸念する（前掲書：二二三－二二四）。

山本が見出した「多文化共生施策の欠陥」とは、「『違いを認め合う』『対等な立場』などといった理念を提示しつつも、実際には、『支援してあげる』というような日本人の目線からの一方通行的な視点、パターナリズムが内在しており、その結果、支援者と被支援者の間に不均衡な権力関係が成り立ったり、異なる文化を持つ人々に同化を強いたりするという問題」であった（前掲書：二二四）。本章では多文化主義や多文化共生がマジョリティにとっての「望ましい同化」をマイノリティに促す理念や施策であることを明らかにしてきたが、山本が主張するように、そのような「善意」の施策がマイノリティの尊厳や権利を侵害してしまうのは、それがマジョリティ優位の関係性のもとに、マイノリティの参加を十分に促進しないままマジョリティの視点に基づいて行われてしまうときなのである。それでは日本において、そのような関係性と視点はどのようにして成立し、維持されているのか。この問いに答えるため、次章以降、日本におけるマジョリティ性としての「日本人性」の形成とその帰結について考察を進めていく。

第3章 日本人とは誰のことか(1)
——「日本人」の社会的構築——

1——社会構成主義と認知的視座

前章までで論じてきたように、現代日本における多文化共生理念・施策が実際に意味するのはたいてい「日本人」による「外国人」への支援や交流の取り組みである。そこでは「日本人／外国人」の区別が前提とされ、日本人が外国人に「支援してあげる」ことで外国人が日本に同化でき、日本人と「対等な立場」で日本で暮らしていけるようになるというパターナリズムの構図が自明視されている。日本人と外国人の「異文化交流」も、このような構図のもとで語られている場合が多い。本章ではこのような暗黙の想定を改めて批判的に検討し、それを相対化する思考法を提起する。そのために「日本人／外国人」の二分法が前提としている「日本人」という概念そのものを問いなおすことから始める。それは「日本人とは誰のことか」という問いを探究することである。

その探究は、「日本人」が社会的に構築されたカテゴリーだということの確認から始まる。この場合の社会的構築とは、日本人というカテゴリーが実在することが自明視されていくプロセスである。こう述べたからといって、日本人が存在しないといっているわけではない。日本人は、もちろん存在する。しかし、いま仮に世界中の人が記憶喪失になったとしたら、それまで日本人と呼ばれていた生命体は依然としてそこに存在するだろうが、「日本人」は世界から消えてなくなる。つまり日本人が存在するためには、「日本人」というものが存在するのだということを前提として世界をみる見方、すなわち現実感覚《リアリティ》が作り出されて再生産され続ける必要がある。

よく知られているように、ピーター・L・バーガーとトーマス・ルックマンは「現実《リアリティ》」を「われわれ自身の意志から独立した一つの存在をもつと認められる現象（われわれは〈それらを勝手に抹消してしまう〉ことはできない）」と定義し、人々は広い意味での知識によって「その現象が現実的なものである」ことを確証すると論じた（バーガー・ルックマン二〇〇三：一）。現実は私たちの主観的な意識の志向に応じて多元的に経験されるが、そのなかでも「日常生活の現実」は自明なものとして秩序づけられている。日常生活の現実は言葉を通じて他者と共有され、間主観的な現実となる。やがて、それは他者との相互作用を通じて類型化、制度化、歴史化され、正当性を付与されて次の世代の人々に社会化されていく。こうしてある社会秩序が、人々にとってのあたりまえの現実として経験されることになる（前掲書）。だが、それはあくまでも知識や相互作用の制度化・社会化を共有する人々のあいだでの「あたりまえの現実」なのであって、異なる制度化や社会化を経験してきた人々とも共有されるとは限らない。

バーガーとルックマンの議論は、のちに「社会構成主義／社会構築主義（social constructionism）」と呼ばれる視座に影響を与えた（千田 二〇〇一：一‐二）。[*1] 社会心理学者のケネス・J・ガーゲンによれば、それは社会学をはじめ心理学、言語学、哲学、政治・社会思想といったさまざまな学問領域で、ポストモダニズムの影響も受けつつ台頭してきた研究潮流であり、そこに共通する基本的な主張は以下のように要約できる。

私たちが「現実だ」と思っていることはすべて「社会的に構成されたもの」です。もっとド

＊1 social constructionism の代表的な提唱者のひとりであるケネス・J・ガーゲンの著作の邦訳では、social constructionism は「社会構成主義」、social constructivism は「社会構築主義」と訳されている（ガーゲン・ガーゲン 二〇一八：一五）。千田有紀によれば、constructivism は主に認知心理学で使用されてきた概念であり「なにが『現実』として見えるのかは、その生物学的有機体に備わった固有の器官の働きによって決定されるとする立場である」。それは生物学的ないし社会・文化的本質主義を温存する点で constructionism とは異なっている（千田 二〇〇一：一四‐一五）。ただし従来の文献では、social constructionism が「社会構築主義」と訳されていることも多い（平・中河編 二〇〇〇、上野編 二〇〇一）。本書が依拠する日本における国際社会学の文脈でも、人種・民族・エスニシティの social construction は「社会的構築」と訳されてきた。それゆえ本書では「構成」と「構築」という日本語を厳密に区別せず、social constructionism を「社会構成主義」、social construction を「社会的構築」と訳し分ける。

ラマチックに表現するとしたら、そこにいる人たちが、「そうだ」と「合意」して初めて、それは「リアルになる」のです。（ガーゲン・ガーゲン二〇一八：二〇）

そしてガーゲンは、社会構成主義の四つのテーゼを次のように提示する（ガーゲン二〇〇四：七一－七六）。第一のテーゼは「私たちが世界や自己を理解するために用いる言葉は『事実』によって規定されない」、すなわち、言語は世界をありのままに記述するのではなく、無限の記述の可能性のなかからひとつの記述のされ方が存在被拘束的に選び取られて「事実」として構成されていくというものである。

第二のテーゼは「記述や説明、そしてあらゆる表現の形式は、人々の関係から意味を与えられる」。この「関係」には人と人のあいだだけではなく、人と自然（非‐人間）との関係も含まれ、また文化や歴史を通じた他者との関係性も含まれる。こうした関係性のなかで行われるさまざまな相互作用によって、人々にとって世界は理解可能な「現実」になる。

そうだとすると、私たちが事実や現実だと考えている物事に基づいて形成されている制度や文化、伝統などの正当性が揺らいでしまうことになる。しかし実際にはそれらは「人々が共に意味を生成していく絶え間ないプロセス」、すなわち合意のプロセスによって維持されうる。それは同時に、ある現象を表す新しい言葉や解釈、表現を生み出すことで制度や文化、伝統の自明性を揺るがし、それによって現実を変革できる可能性を示唆している。これが第三のテーゼ「私たちは、何かを記述したり説明したり、あるいは別の方法で表現したりする時、同時に、自分たちの未来をも創造している」であり、このような言葉のあり方をガーゲンは「生成的言説」と呼んでいる。

だからといって、過去の伝統や既存の規範をすべて否定する必要は必ずしもない。以上のテーゼが含意するのは、既存の事実、伝統、価値とされているものを自明の前提とすることはできない、ということに過ぎない。それゆえ「自分が持っている前提を疑問視し、『明らかだ』とされているものを疑い、現実をみる別の枠組みを受け入れ、さまざまな立場を考慮してものごとに取り組む姿勢」すなわち「反省／省察（reflexivity）」が重要となる。こうしてガーゲンは第四のテーゼとして「自分たちの理解のあり方について反省することが、明るい未来にとって不可欠である」を掲げている。

ガーゲンは社会構成主義の研究プログラムを①いまは自明視されている概念や定義の形成の系譜の分析、②そのような概念や定義が人々をカテゴライズしていくあり方の分析、③概念や定義が社会・文化的に構造化されていくあり方の分析に大別する（前掲書：九五–九六）。後述するように「日本人」という概念は、特定の人々を日本人という「人種」「民族」「国民」としてカテゴリー化するものだが、こうした集団のカテゴリー化のあり方も社会的構築という観点から把握されてきた。ネイション（nation）を人々による「想像の共同体」であるとしたベネディクト・アンダーソンの定義が、その代表的なものである（アンダーソン 二〇〇七）。ロジャース・ブルーベイカーはこのような近代主義・構築主義的な議論に心理学・認知人類学的研究を接合した、人種・ネイション・エスニシティに関する「認知的視座」を提唱する。

要するに、認知的視座が示唆するのは、人種・エスニシティ・ネーションは世界における事物ではなく、世界についての見方であるということである。人種・エスニシティ・ネーションは自分自身を理解し、同定する方法であり、自分の問題や苦境を理解する方法であり、自分の利害関心を同定する方法であり、自分の行為を方向づける方法である。また他の人々を承認し、同定し、分類する方法であり、同一性と差異とを解釈する方法であり、彼らの行為を「コード化」し、理解する方法でもある。それらは社会的知識を表象し組織化するテンプレートであり、社会の比較や説明を明確化するフレームであり、気づかれるのか気づかれないのか、有意味なのか無意味なのか、記憶されるのか忘却されるのかを振り分けるフィルターなのである。

（ブルーベイカー 二〇一六：二六〇-二六一）

ブルーベイカーのいう認知的視座とは、社会構成主義と対立するものではない。後者が人種・民族・エスニシティが社会的に構築されたものであることを強調するのに対し、前者はそれらが人々の認知的カテゴリーとして構成されていく過程に注目している。その意味でブルーベイカーは、人種・ネイション・エスニシティは「存在論的現実ではなく、認識論的現実なのである」と主張する（ブルーベイカー 二〇一六：二五八）。しかしこれまで述べたように、人々の知識や言葉は、それが人々のあいだの相互作用を通じて構造化・制度化されて次世代へと継承されることを通じて現実となる。その意味で、以下で検討されるのは「日本人」という認知的カテゴリーが構築され、制度化され、再生産されることによって存在するようになる過程である。

2――ネイションとしての国民／民族

さて、まずは読者のみなさんに「日本人とは誰のことか」考えてみてほしい。

そう言われて、いまみなさんは「日本人」について考えたはずだが、その際「日本国民」「日本民族」「日本人種」のうちのどれを思い浮かべただろうか。もちろん、このうちのどれかを選択するのが正しいということではない。認知的視座からいえば、国民、民族、人種という概念を相互に厳密に区別することはできない（ブルーベイカー 二〇一六：二六二―二六三）。ここで確認すべきは「日本人」は、国民、民族、人種のいずれのカテゴリーとしても想像されることがありうる、ということである。

英語の race の訳語としての「人種」が日本で一般的に使われるようになったのは明治維新以降である。また一八七〇～八〇年代の自由民権運動の時期には、「国民」という日本語がネイションを表す語として使用されるようになった。一方、「民族」という日本語が概念として確立していくのはやや遅れて、日清戦争や日露戦争が起こり、日本による台湾や朝鮮の植民地支配が開始され、「日本人」としてのナショナル・アイデンティティが普及していった時期である（河合 二〇二三：五三―六〇）。それゆえ「国民」と「民族」は、いずれもネイションという概念と不可分である。つまり「日本国民」「日本民族」という言葉にはナショナリズムが含意されている。

この場合のナショナリズムとは、ネイションに帰属しているという意識・感情であるとともに、ネイションの自律・自決を求める政治・社会・文化的運動でもある（塩原二〇一七b：一一二）。一般にナショナリズムは、次のような諸側面をもつ。第一に「思想」すなわち言語化・体系化された政治的信念としてのナショナリズムであり、第二に、「意識・感情」すなわち人々の帰属意識（アイデンティティ）としてのナショナリズムであり、第三に「感覚」すなわち人々の意識や感情の基層にある内面化されたハビトゥス（所与の特定の環境のなかで習得され、身についたものの見方、感じ方、ふるまい方）としてのナショナリズムである（前掲書：一一二−一一三）。政治運動や社会現象としてのナショナリズムでは、これらの側面が絡み合いつつ、ときに矛盾したかたちで表出される。「日本国民」「日本民族」という意味で日本人という言葉を日常的に用いているからといって、その人が思想的な意味でのナショナリズムを主張しているとは限らないし、ナショナル・アイデンティティを意識しているとも限らない。だが少なくともその人は、日本人というネイションが存在するという「ものの見方」すなわち現実感覚を可能にするハビトゥスを内面化しているとみなすことは可能である。

もちろん法律的には、日本の国籍（nationality）をもつ人が日本国民である。しかしネイションとしての「国民」は単に同じ国籍をもつ人々というだけではなく、ある国家の領域に住む人々が普遍的で法的な権利・義務・メンバーシップ、すなわちナショナルなシティズンシップを共有する状態として想像される。このような「シビック・ネイション」は、人権や自由、民主主義的な価値観と強く関連づけられる。それゆえ、出自や文化にかかわらず平等な自由と責任をもつ人々の集合体としての「市民」が集まってできたネイションという側面が強調される。

一方、日本語の「民族」はドイツ語の「フォルク（Volk）」概念に影響を受けており、多くの場合、特定の場所（風土）に根付いた文化的・歴史的要素を共有した人々として本質主義的に想像される（河合二〇二三：五七-六〇）。本質主義とはこの場合、あるネイションの構成員であれば必ず共有している、時空を超えた所与で不変の要素がある、という発想のことである。すなわち、ある土地において支配的である「エスニックな」文化・伝統を不変で所与のものとして共有した人々が国家主権をもっている状態がネイション（エスニック・ネイション）である、という含意である。

シビック・ネイションにしろエスニック・ネイションにせよ、そのナショナルな価値観ないし本質を共有していないとみなされた人々は、国籍を保持している場合ですらナショナルな共同体から象徴的に排除される。それはたとえば日本において「非国民」と呼ばれて弾劾されてきたのが、常に日本国籍をもっている人々であったことからも明らかである（外国人は「非国民」とは呼ばれない）。つまり認知的視座からみると、日本のパスポートを持っているというだけで日本国民とみなされるわけではなく、ナショナルな価値観を「共有」していると認められることで、はじめて日本国民として「認定」される（第4章参照）。その意味で、「日本国民」も社会的に構築されたカテゴリーである。

もっとも、ここでいうシビック・ネイションとエスニック・ネイションの区別はあくまでも理念型であり、実際の国民国家では、両者の要素は必然的に混在する（大澤ほか二〇一四：一九四-一九六）。それゆえ日本語の「国民」と「民族」も、前者がシビック、後者がエスニックと明確に区別されて用いられているわけではない。たとえば次章で検討する「日本人の国民性」という概念は、実際にはエスニック・ネイションとしての日本人の文化・民族的特殊性という意味で用いられる。

3——本質化と人種化

アンソニー・スミスは、エスニック・ネイションが前近代から続く「エスニー（エトニ）」（エスニック・コミュニティ）を原型として形成される側面を強調した（スミス 一九九九）。彼の理論的立場は「エスノ・シンボリズム」と呼ばれ、アンダーソンやエリック・ホブズボウム、エルネスト・ゲルナーらに代表される、ネイションが資本主義や産業化を通じて形成された側面を強調する「近代主義」の立場とのあいだで一九八〇年代頃に論争が行われた（吉野 二〇〇五：四四－四九）。ただしスミスは、近代主義と対立する本質主義ないし「原初主義」の立場をとっていたわけではなく、むしろ自説を近代主義と両立しうるものとみなしていた。スミスによれば、エスニーとは名前、神話、歴史的記憶、文化、特定の場所との絆などを共有しているという連帯感によって結びつけられた集団であるが、そうしたエスニーの諸要素が国家や支配集団によってシンボルとして動員され再生産されることによってネイションは永続性をもつ。前近代にもいくつかの民族国家（ethnic state）が存在し、そこから近代国民国家へと発展していく場合もあったが、近代以降に世界に広まったナショナリズムはそうした潮流を決定的なものにした。スミスによれば、ネイションが存続するためにはエスニックな核（エスニー）を必要とするが、もしそうした核がないとすれば、ネイションは「都合のよい確信できる過去を発見し、それを再構成することによって」「エスニックな核を『ふたたびつくりださ』なければならない」（スミス 一九九九：二四九）。つまり吉野耕作が述べたように、「近代主義的視点とエスノ・シンボリズム的視点はいずれも自己完結的ではなく、歴史の諸側面を多元的に理解するうえで補完的」なものである（吉野 二〇〇五：五二）。すなわちエスノ・シンボリズムはネイションの社会的構築性を認めたうえで、ネイションが前近代のエスニーと結びついて想像される側面をネイションやナショナリズムが人々の意識や感情を深く規定する理由として強調したものである。

ブルーベイカーのいう認知的視座は、近代主義とエスノ・シンボリズムを含む構築主義的なアプローチと原初主義的なアプローチをも両立可能にする。すなわち、ネイションやエスニシティを研究者が所与で不変なものとして扱う「分析的本質主義」を採用するのではなく、「人種・エスニシティ・ネーションのカテゴリーを『自然化』し、『本質化』するきわめて一般的な傾向が人間の認知的性向の基礎にある」ことに着目し、そうした「当事者の原初主義」を分析することが認知的視座によって可能になる。「実際のところ原初主義的説明において、エスニシティを自然な所与であり変化しないものとして扱う真の原初主義者は、研究者ではなく当事者なのである」（ブルーベイカー 二〇一六：二六四–二六六）。

このように、ネイションに「本質」は存在しないにもかかわらず、ナショナリズムは人々のあいだにネイションを「本質化（essentialization）」させることを通じて、人々を動員する力を生み出す。それだけではなく、私たちがネイションを自分にとっての「本質」の一部として想像することで、私たちの世界観やものの見方、すなわち現実感覚そのものがナショナリズムを前提として構成されていく。これはウルリッヒ・ベックらが「方法論的ナショナリズム」と呼んだ状況である。ベックは規範的ナショナリズムと方法論的ナショナリズムの区別を強調し、後者をナショナリズムに関する「社会科学的な観察者の分析の視座に、ナショナルな視点の境界線、カテゴリー、秩序観念、変数が無批判に受容されている」状況であるとした。そして方法論的ナショナリズムに囚われている限り、国民国家の存続と重要性が分析の暗黙の前提になってしまうことを批判した（ベック二〇〇八：六四-七二）。こうした方法論的ナショナリズムは研究者だけではなく、日本を含めた国民国家に生きる多くの人々の現実認識のあり方に影響を与えている。松村圭一郎が指摘するように、今日の日本に住む多くの人々は国家の存在を自明視し、国家が存在しなければ自分たちは生きることができないと信じ込んでいる（松村二〇二一）。しかも多くの場合、そのように信じ込んでいることを意識すらしていない。そしてその国家が国民国家（nation state）である以上、ネイションの存在と必要性も私たちの現実感覚にとって自明の前提となっていく。

エスニック・ネイションとしての日本人はしばしば、日本人であれば時代を超えて誰しもが共有している所与で不変の文化要素があるという想定、すなわち文化本質主義的な現実感覚に基づいて想像される。そして、この本質化のプロセスは私たちが「人種」と呼んでいる社会的カテゴリーの構築にも深く関わっている。よく知られているように、一九世紀から二〇世紀半ばに影響力をもった、人間を生物学的根拠に基づいて「人種」に分類し、その優劣を説明しようとする「科学的レイシズム」は第二次世界大戦後に否定され、私たちが「人種」とみなしている人口集団が社会構造として構築されたものであることが周知されるようになった（ラッタンシ二〇二一、梁二〇二〇、河合二〇二三）。もちろん、ある特定の人口集団に特徴的な生物学的特質は存在しうる。だがそれは多くの場合、私たちが「人種」とみなしている集団の境界とは厳密に一致せず、集団間の差異よりも集団内の差異のほうが大きい。ある個人や集団間の差異が生物学的要因に由来するのか文化的・社会的要因に由来するのか、また、どちらがどの程度影響しているのかを厳密に判定するのは容易ではない。

個体としてのヒトとヒトとのあいだにはそもそも、無数の差異がある。しかし、たとえば血液型は人種の指標にならないことが多いが、肌の色はそうなることが多い。つまり、ヒトのあいだに無数にある差異のなかから特定の種類の差異が歴史的経緯のなかでたまたま本質化され、ある集団と別の集団を区別する指標として機能するようになる。そして、いったん人種的差異として認識されれば、それは人々に内面化され次世代へと再生産され、社会構造や制度がそれを前提として構築されていく。こうして科学的には意味がないはずの人種という概念が社会的に構築され、それによって他者との差異が本質化されていく過程は「人種化（racialization）」と呼ばれる（ラッタンシ二〇二一）。人種化とは、ある人種集団が存在するということを自明視する認識枠組みに基づき、私たちが他者との差異を「人種の違い」として解釈する結果、人種の存在を現実として経験することである。私たちは生物学的な意味で客観的に実在する人種によって自己と他者を区別するのではなく、自己と他者を分断することを正当化するために差異を恣意的に動員して、自己や他者を人種化している（梁二〇二〇：七一-七四）。つまり人種というカテゴリー化は、「私たちが誰で、世界をどう体験するのか」を規定している（エバーハート二〇二〇：一三）。そして私たちが自身に内面化された人種概念に基づいてさらなる人種化を行うことで、人種という現実が再生産されていく。この人種化が他者への差別や排除を引き起こすとき、それはレイシズム（racism）と呼ばれることになる。

梁英聖はレイシズムを、他者を人種化し人種差別行為に人々を駆り立てていく権力と定義する（梁 二〇二〇：八八）。そのような権力はしばしば個々人の意識や行為から切り離され、構造化・制度化される（ディアンジェロ 二〇二一）。そしてレイシズムの言説・イデオロギーとしての側面と制度・構造としての側面は相互に依存している。すなわち「人種に関する意味が社会的・個人的に実践されることで特定の現実が作られ、同時にそのような現実が人種に関する意味を支える」（河合 二〇二三：一二一－一二二）。この人種化は必ずしも、生物学的な差異に基づいて行われる必要はない。レイシズムが人種化する差異は恣意的に選択されるものであり、一般的に「文化」と理解されるような差異であっても、それが所与で不変のものとして本質化されれば生物学的な差異と同じ機能を果たすことができるからである。その意味で民族やエスニシティは、「生物学的な要素を取り除いた後の『人種』」なのである（前掲書：四三）。それゆえ「日本には『日本人』と目に見えて異なる『人種』に属する人々は（ほとんど）いないから、日本には人種差別はない（大きな問題ではない）」という通俗的な主張は無意味である。また人々が人種についてまったく意識せず、自分が差別をしているとは思っていない状況においてすら、歴史的・社会的に制度化され構造化されたレイシズムは作用している。それゆえ、人種の違いには科学的根拠はない、人種の違いなど存在しないと人々が信じていて、人種という言葉すら忘れられているような社会においても、レイシズムは存続することができる。

実際、疑似科学としての古典的な生物学的レイシズムがほぼ否定されてからも、「新しいレイシズム」「文化的レイシズム」「差異的レイシズム」などと呼ばれる、「文化的」だとされる差異を本質化／人種化するレイシズムが先進諸国で台頭してきた（ラッタンシ二〇二二、梁二〇二〇、関根一九九四、ヴィヴィオルカ二〇〇七）。そのようなレイシズムはしばしば、「われわれ」が占有すべきだとされる空間から人種化された他者を排斥する排外主義の形態で表現される（Shiobara 2019）。多くの場合、そのような空間は国民国家の領域と同一視され、排外主義的ナショナリズムとして顕在化する（ハージ二〇〇三）。第6・7章では日本における排外主義的ナショナリズムの活性化のメカニズムを検討するが、それは同時に、人種化されたカテゴリーとしての「日本人」が支配的であるべきナショナルな空間としての「日本」からマイノリティを排除しようとするレイシズムでもある。

4——血統ナショナリズム

エティエンヌ・バリバールが看破したように、そもそもナショナリズムが創出されるためには人種概念が不可欠であった（バリバール・ウォーラーステイン一九九五：一三〇－一六一）。アンダーソンはネイションを「想像の共同体」と呼んだが、バリバールにいわせれば、ネイションだけではなく社会制度によって再生産されるすべての共同体は「想像の共同体」として実在している。そして国民的共同体は実際には「民族（people）」として想像される。しかし（その核となるエスニーが存在していたとしても）、民族はあらかじめ存在するわけではなく、創出されなければならない。この「虚構的エスニシティ」は、国民国家によって言語と人種が人々のあいだに自然化（本質化）されることによって創出される。ただし言語は本来、人々がそれを学ぶことで共有することが可能なものである。それゆえ言語共同体と国民共同体の境界を一致させるために、人種という「排除の原理」が必要とされる。そしてこの人種共同体としての国民共同体は部族的関係や血統によって結びついたものとして想像されている。こうして自らのネイションに含まれる人々は、「血のつながった」同胞として想像されることになる（河合 二〇二三：四一‐四二）。

現代日本においても、「血（血統）」という概念が国民／非国民の境界線の社会的構築に重要な役割を果たしている。これによって「日本人」とそれ以外の人々の境界を規定するナショナリズムのあり方を、宮島喬は「血統ナショナリズム」と呼んだ（宮島 二〇二二：六二）。第二次世界大戦前までの大日本帝国における家族国家イデオロギーは、天皇を「族父」とし、その「赤子」としての臣民が血族として結びついたものとして「日本民族」を想像するものであった。そして日本民族は日本が植民地化した周辺の諸民族との混血を繰り返しながら人種的に統合された「日本人種」でもあり、そのなかでももっとも進んだ「大和民族」が「純日本人」として、アイヌ、琉球、台湾、朝鮮半島などの、文明の進歩から取り残された「準日本人」（あるいは家族としての国家における「養子」）である周辺諸民族を啓蒙し導くという論理によって植民地支配が正当化された（河合 二〇二三：六〇‐六三、小熊 一九九五）。

敗戦によって植民地を失った第二次世界大戦後の日本では、「大和民族」「日本民族」という表現は戦前の軍国主義的ナショナリズムを想起させるものとして避けられるようになり、代わりに「日本人」という呼称が使われるようになった。それには戦前の日本社会との断絶と戦争責任の忘却を促す側面もあった。一九五二年四月のサンフランシスコ講和条約の発効とともに、当時日本国内に住んでいた旧植民地出身者は日本国籍を喪失して「外国人」となり、そのうちの朝鮮半島出身者とその子孫は「在日コリアン」などと呼ばれるようになった。そしてアイヌ民族や琉球の人々は、日本人にすでに同化した存在だとみなされた。こうして高度経済成長に伴う「一億総中流化」とも相まって、日本は同質的な「単一民族社会」であるという言説が強化され、多くの日本人の自己認識に大きな影響を与えてきた（河合二〇二三：六五‐七一）。

この「単一民族神話」という現実感覚《リアリティ》の影響力は今日でも依然として根強いが、にもかかわらず日本人の多くは自分自身を何らかの「民族」に属しているとは考えていない。河合優子はこの逆説を、次章で分析する「日本人論（日本文化論）」言説が強調した文化本質主義によって日本人が「文化集団」とみなされるようになったため、「民族」について意識することなく「日本人」の同質性を想像することが可能になったからだとする（前掲書：六六‐六八）。

現在の日本でも、「日本人の血」あるいは「日本人のＤＮＡ」といった表現が日常生活やメディアのなかで用いられることは多い。この場合の「血」や「ＤＮＡ」は多くの場合、実際の血液や遺伝子そのものを指しているのではなく、生物学的な差異を用いたメタファー（隠喩）である（吉野一九九七：一四四‐一四八）。「日本人の血」「日本人のＤＮＡ」などと表現するとき、私たちは明らかに人種としての「日本人」に言及している。だがもちろん、日本人全員が実際に血縁関係にあるわけではない。また個体としてのヒトのＤＮＡは、さまざまな地域や時代に住んでいた祖先のＤＮＡを受け継いでいるという意味で、本質的に雑種的なものである（ラッタンシ二〇二二）。クローンなどの例外を除けば、人間の遺伝情報はひとりひとり異なっていると同時に、全人類は最初に出現したホモ・サピエンスのDNAを受け継いでいる単一の種でもある。だが「日本人の血」「日本人のDNA」などと言うとき、私たちは通常そのようなことは気にしない。それは「血」「DNA」といった表現が人種のメタファーとしてだけではなく、家族や祖先から継承されていると想像された「文化」や「伝統」のメタファーとしても理解されているからである。つまり「日本人の血」は「遺伝的特徴を指し示すサインではなく、『彼ら』らしさに対する『我々』らしさをめぐる心理的反応を鋳型にはめるために歴史的に醸造され社会・文化的に創造されたシンボルである」（吉野一九九七：一四七）。それにより人種と民族（文化・伝統）が表裏一体なものとして「日本人」が想像されることになる。

一方、「ハーフ」「ダブル」「ミックス」「国際児」などと呼ばれる国際結婚家庭に生まれ育った人々が「日本人の血筋」を問われる場面では、文化・伝統のメタファーではなく文字通りの意味で、両親に「日本人種」ではない人が含まれているかどうかが問題とされる。かつての米国において黒人をカテゴリー化する際に用いられた「一滴の掟」（河合二〇二三：九〇-九一）のように、先祖にひとりでも「日本人種」ではない人が含まれているかどうか、ということが問題にされることもある。だが佐藤祐菜によれば、現代日本における「ハーフらしさ」は、身体的特徴をはじめ、服装、「バイリンガル（あるいは、日本語が得意ではないこと）」、しぐさやアクセント、名前、海外在住経験などのさまざまな指標によっても規定される（Sato 2021）。それゆえ「血筋」としては「ハーフ」であったとしても、「ハーフらしくない」とみなされる場合もあれば、「血筋」としては「ハーフ」ではなくても「ハーフ」とみなされる場合もある（Sato 2025）。佐藤や下地ローレンス吉孝が述べるように、「ハーフ」や「混血」は実体的な人口集団というよりは、「日本人」と「外国人」というカテゴリーとの関係のなかで歴史的・社会的に構築されてきたカテゴリーなのである（下地 二〇一八）。そして「ハーフ」「混血」というその呼び名がまさに示唆しているように、こうしたカテゴリー化のあり方自体が「日本人」の境界を規定する血統ナショナリズムに大きな影響を受けていることは否定できない。

「日本人らしくない／日本人ではない」と有徴化（＝本質化／人種化）された人々には、否定的な偏見（スティグマ）がしばしば付与される。先述したように、「日本人」は「人種」「民族」「国民」という三つのカテゴリー化の連関として想像される。それゆえ「日本人らしくない／日本人ではない」という有徴化においても、「日本人種／日本民族／日本国民らしくない／ではない」という様式が交錯する。たとえば三世以降の在日コリアンのように、第三者からみれば外見はもとより文化的・言語的にも日本人とほとんど差異はない人々も、日本国籍を保持していなければ日本国民ではない外国人として扱われる。彼・彼女らが帰化して日本国籍を保持したとしても、自らの民族的ルーツへのこだわりを表明すれば、日本人としての民族的アイデンティティを共有していないよそ者として排斥されることがある。一方、「ハーフ」と呼ばれる人々の一部のように、人種的に日本人とは異なるとされる外見である場合、日本国籍をもっていたとしても「日本人らしくない／ではない」とみなされることがある（下地 二〇二一）。逆に日本の国籍や民族的アイデンティティを有している人でも、「日本人らしくない」見た目をしていると「ハーフ」「外国人」とみなされることもある（Sato 2025）。

かつての琉球王国の末裔としての意識をもち、現在は日本国民である沖縄・奄美出身の人々のなかには、彼・彼女たちが「ヤマトンチュ（本土の人々）」などと呼ぶ人たちと文化的・出自的に異なる「ウチナーンチュ」であるという自己意識を比較的強く抱いている人もいる（上村ほか編 二〇一三）。また日本の先住民族として政府から承認されているアイヌの人々は、自らの祖先の土地（アイヌモシリ）を植民地化してきた人々（「日本人」）を、「和人」「シサム」「和民族」などと呼ぶことがある。しかし、そのように呼ばれる側、つまり自分を「ただの日本人」だと思っている人は、しばしばそのように呼ばれることに違和感や嫌悪感を示すという（北原 二〇二三：一三八 - 一三九）。そうした「日本人」たちからみれば、自分たちは「ふつうの人」であり、自分たちを異なった名前で呼ぶ彼・彼女らこそが、同じ日本国籍であったとしても「人種」「民族」的には「ふつうではない」人だからである。

5——「ふつうであること」とマジョリティ日本人

■ノーマリティとしての日本人性

現代の日本人は確かに、「日本人種」と「日本民族」が交錯した血統ナショナリズムの影響を受けている。また日本のパスポートを持っている人は、それを見れば自分の「日本国籍」を確認できる。にもかかわらず、日本人の多くは自分たちが特定の人種や民族、国民であると普段から考えているわけではない。「日本人とは誰のことか」と問いかけられたときには人種、民族、国民といったカテゴリーを連関させて回答しようとするが、自分自身については「ただの日本人」だと思っている。つまり多くの日本人がもっともリアリティを感じるのは、おそらく「日本人種」でも「日本民族」でも「日本国民」でもなく、「日本人」というカテゴリー化である。この場合「日本人であること」とは、「人種」「民族」「国民」といった言葉で説明されるまでもない「ふつうのこと」として経験される。そしてそのような「ふつうの日本人」が他者と出会ったとき、その他者を「日本人種／民族／国民かどうか」ではなく、「日本人かどうか」という観点から自分の同胞であるか判断する。

その際の強力な判断基準となるのが、その人が抱いている「日本人らしさ」についての固定観念である。ここでいう「日本人らしさ／日本人性（Japaneseness）」とは、欧米における「白人性（Whiteness）」研究に触発された概念である（松尾 二〇一〇）。この場合の白人性とは、その人が「白人種」とみなされる身体的・文化的要因をもつことだけを意味するわけではなく、米国のような社会において「白人である」とみなされることが有する意味と、それがもたらす社会的・制度的特権、すなわち「白人至上主義（白人中心主義）」を形容する概念である（ディアンジェロ 二〇二一）。

白人中心の社会において、自分が白人であることに疑いをもたず、他者からも白人として認識されている人は、自分のことを「ふつう」だと考えることができる。「ふつうであること」、すなわち「ノーマリティ（normality）」とは、特殊な属性をもった人間だとみなされないこと（「無徴〔標〕性」）

である（藤川 二〇〇五：一〇-一二）。逆に、「白人らしくない」とされる何らかの差異をもつとされた人々（「非-白人」）は、特殊な人々として有徴化される。そのような特殊性にはしばしば否定的なバイアスが付与され、非-白人に不利益をもたらす（エバーハート 二〇二〇）。なぜなら、レイシズムによって白人が有利になるように制度化された社会構造が「ふつうである」とみなされることで、白人のノーマリティは白人の特権を隠蔽・温存するように機能するからである。「ふつうである」ということは、この場合、自分の生き方やふるまい方が「ふつうではない」とみなされないことを意味する。このとき「ふつうである」とみなされた人は、当人が自覚していなかったとしても、「ふつうではない」人に対して権力を行使しうる立場に位置づけられる。その人自身は何もやり方を変えなくてもよいのにもかかわらず、相手のほうがやり方を自分に合わせて「ふつうに」変えてくれるような同調圧力がその場に働くからである（塩原 二〇一二b）。すなわち「ふつうである」と承認されることは、他者に自分にとっての「ふつう」のふるまいを強要するのを正当化する「象徴暴力」を潜在的に有することを意味する（ブルデュー・パスロン 一九九一）。自分たちの社会では人種差別は過去のものとなり、私たちは特定の人種ではなく自由で平等な個人なのだから、いまだに差別の被害を訴えている人々は特殊な変わり者か、むしろ本人のほうに問題があるのだ、という論理で白人特権を擁護しようとする「人種なきレイシズム」あるいは「象徴的／現代的レイシズム」（河合 二〇二三：一二九-一三一、一九六-一九九）もまた、こうした象徴暴力が行使されるあり方のひとつである。

日本社会における日本人性にも、白人社会における白人性と同様の機能がある。日本人性が日本社会において無徴化されているがゆえに、多くの日本人は自分自身を「民族」や「人種」として想像することができない。彼・彼女たちにとって自分自身は無徴な「ふつうの人」であり、特定の「民族」や「人種」、そして「外国人」として有徴化されるのは、「日本人らしくない」マイノリティのほうである。この日本人としてのノーマリティが、日本社会において日本人を特権化している（松尾二〇一〇：一九三−一九五）。

■特権としてのマジョリティ性

人種が社会的構築物である以上、誰が白人／日本人とみなされるかも時代や状況によって変化する。ハージによれば、白人中心の社会では白人であることが「自然化」され、自他ともに何の問題もなく白人だと認められる人々を除いた人々のあいだで、より「白人らしく」みなされることで白人特権を獲得しようとする白人性蓄積競争が起こる。つまり、白人性は白人中心的な社会構造であると同時に、その構造のなかでのみ実体化し、人々が獲得できるようになる文化／象徴資本（白人性資本）でもある。ここでいう文化資本ないし象徴資本とは、階層的卓越化や権力闘争の資本として動員可能な文化要素（慣習、感性、価値規範、知識、教養、言語、学歴や資格など）や、しばしばそこから発生する威信や名誉などを意味する。そして、白人中心の国民社会において白人性資本とはナショナルな文化／象徴資本でもある（ハージ二〇〇三：一一一−一三二）。オーストラリアのような白人中心の国家で白人であるとみなされることは、その社会の「ほんとうの（authentic）国民」であるとみなされやすくなるということを意味するからである。白人性を生まれつき（自然に）もっているとみなされる人々（白人貴族）は、まさに「生まれついての（自然な）国民」として、「努力して国民らしくならなければならない人々」に対して自らを卓越化する。

このように、白人性とは白人中心の国民社会におけるナショナルなマジョリティ性（majority-ness）のあり方を、日本人性とは日本人中心の国民社会におけるナショナルなマジョリティ性のあり方を、それぞれ形容する概念である（塩原 二〇一二b、河合 二〇二三：二三七–二四二）。マジョリティとはその国民社会におけるノーマリティを生み出す文化資本・象徴資本を比較的多く所有している人々のことであり、そのような資本が比較的欠落しているため「ふつうではない」という社会的位置に固定化され、有徴化されてしまう人々がマイノリティである。もちろん社会内部における他者との関係性によって、何が「ふつう」であるかは変わる。しかも人々は社会のなかで複数の他者と関係性を取り結んでいるため、ある関係性のなかではマジョリティである人物が、他の関係性においてはマイノリティであるということが起こりうる。たとえば日本社会において、ある人の性的指向がシスジェンダーではなかったり、何らかの障がいをもっているとされれば、その人は「ストレート」「健常者」との関係においてマイノリティに位置づけられる。にもかかわらず、その人が日本人だとされる両親から生まれ、日本で生まれ育って日本語を母語とし、日本国籍をもっているならば、外国人の親をもち、日本文化や日本語を後から習得し、日本国籍をもたない人に対してマジョリティと位置づけられることになる。

また日本人性とは、誰がどの程度「日本人らしい」とされるかを左右する文化／象徴資本のことでもあり、それを比較的多く保有する人が日本における人種的／民族的／国民的マジョリティとしての「日本人」として位置づけられる。日本人が中心の社会において、「日本人らしいこと」は人種的／民族的／国民的な意味で無徴な「ふつうであること」を意味する。日本人が「ふつうに」有利になるように日本社会は構造化されているが、それが「ふつうのこと」として自明視されることで、マジョリティ特権としての日本人特権が維持される。そして「単一民族神話」という言説は、日本人が特権をもつように構成されているこうした現実《リアリティ》を強化し、再生産する機能を果たしている。

ただし「日本人らしさ」は必ずしも人種・民族的な差異だけに左右されるわけではない。本書では「マジョリティ日本人」を交差的《インターセクショナル》（第10章参照）に定義している。すなわち「人種」「民族／文化」「国籍」といった面でその人を「日本人らしく」見せる文化／象徴資本を比較的多く保持したうえで、性的指向の面で「ストレート」であり、障がいという面で「健常者」であり、世代的に「高齢者」ではなく、社会階層的に「中流」である、などとみなされやすい資本を十分に備えている人、すなわちあらゆる意味で「ふつうの日本人」とみなされやすい人のことを「マジョリティ日本人」と呼ぶことにする。

この定義が示唆しているのは、「マジョリティ日本人」とはあくまでも理念型であり、程度の問題であるということである。いかなるときでも「ふつう」である人、つまり本質的にマジョリティである人など実在しない。その人がマジョリティであるかマイノリティであるかは、その場面における他者との関係性に応じて変化する。本書では「マジョリティ日本人」を構成するセクシュアリティ、ジェンダー、障がい、階層といった交差性に、可能な限り留意して考察を進めたい。そのうえで次章では、人種・民族／文化・国籍という観点から、その所有者をより「ふつうの日本人」らしく見せる文化／象徴資本、すなわち日本人性資本がどのように形成されてきたのかについて考察する。それを定義し、強化してきたものこそ、第二次世界大戦後の日本で強い影響力を保ち、「単一民族神話」を維持する機能を果たしてきた「日本人論（日本文化論）」言説なのである（河合 二〇二三：六六－六七）。

第4章 日本人とは誰のことか(2)
——マジョリティ性と「テストする権力」——

1——日本人論言説と文化ナショナリズムの消費

前章で述べたように、第二次世界大戦の敗戦により「日本民族」という言葉の使用が避けられるようになるに伴い台頭してきたのが、日本人は「単一民族」であるという「神話」であった。「民族」という言葉を使わなかったとしても、それは日本人というネイションの「本質」としての「日本文化」の共有を前提とした「文化ナショナリズム」という側面をもっていた。それが端的に表象されたのが「日本人論（日本文化論）」と呼ばれる一連の言説である（吉野 一九九七）。もちろん「日本人とは何か」という主題そのものは、少なくとも江戸時代以来、多くの知識人によって論じられてきた。しかし第二次世界大戦以後の日本では、こうした日本論はマスメディアを通じて急速に普及してひとつの社会現象となり、自らを日本人だと考える人々の自己認識のあり方や世界観、すなわち現実感覚《リアリティ》に大きな影響を与えるようになった（杉本・マオア 一九九五：二一八）。

この日本人論言説の問題性に早くから注目して批判的検討を行ったのが、オーストラリアを拠点としていた社会学者・日本研究者の杉本良夫とロス・マオアである。彼らは戦後の日本人論のひな型を戦前の和辻哲郎、柳田國男、有賀喜左衛門らの日本国民文化論に見出し、そのような議論が前提としていた、「日本」という社会をひとまとめにし、同じようにひとまとめに一般化された「西洋」と比較して論じるという構図が、丸山眞男、川島武宜、大塚久雄らの民主化理論、富永健一のアメリカ型近代化理論などへと継承されたとした。そこにルース・ベネディクトの『菊と刀』を筆頭に、ジェームズ・アベグレン、ロバート・ベラー、ロナルド・ドーアなど、第二次世界大戦後の代表的な日本国外の日本研究者の見解が影響を与えた。そして一九七〇年代になると、中根千枝、土居健郎、イザヤ・ベンダサンなどによる、日本の「国民性」の特殊性を強調する著作が日本国内でベストセラーになり、日本国外にも英訳が紹介されることで、国内外の日本人論言説が相互に影響を与えあいつつ強化されていった。こうした一九七〇年代の日本人論には、日本人の国民性は日本人にしか理解できない特殊なものである、というナルシシズムが顕著に見出されると杉本らは批判した（前掲書：四七-八二）。

杉本らによれば、日本人論には「同質同調論」的な傾向が見られる。第一に、日本人は「集団主義」的傾向が強い、すなわち集団への忠誠や同調性が強く個人主義的な自己主張が弱いとされる。第二に、日本人は集団内の調和を重視し、それを維持するために身分の上下関係に気を配る（「敬語表現」の使用がその象徴）とされる。第三に、日本人は西洋人が重視するヨコの人間関係よりもタテの忠誠関係を重視するとされる。第四に、調和や同調性を重んじる国民性が、戦後日本の経済成長の要因であることが強調される。第五に、日本は文化・言語・人種的に他国に比べて特異に均質な社会であると主張される。第六に、それゆえ日本人は外国人に対して排他的で（排他的にならざるを得ず）、外国の文化を取り入れてもその文化的本質は不変であるとされる（「和魂洋才」）。第七に、戦後日本の経済的成功の要因を理解するには、日本社会を細かく観察しなければならない（前掲書：八四－八五）。

そのうえで杉本らは、日本人論の著作の多くが実証的根拠に乏しく、方法論的に次のような問題を抱えることを指摘した（前掲書：一五八－一六五）。

エピソード主義

立論の基礎となる資料のほとんどが、断片的なエピソードや個人的体験などで占められており、それらを恣意的に組み合わせることで日本人全体の性質や日本文化の傾向を論じている。それゆえ学問的検証に耐えうる比較分析を行っていない。

コトバ主義

日本語に「独特」とされる表現（ことわざや慣用句）や日本語の語彙の語源を根拠に日本人の特徴を論じる。その際、同様の表現が日本語以外の言語にもある可能性や、言語の語源がその言語の話者の意識や行動に影響を与える根拠については顧みられない。

異質なサンプルの比較

日本と他国を比較する際、学術的にはそのまま比較することができない国内の人口集団や制度をそれぞれの国から抽出して比較しようとしたり、一方の国の「理想」と他方の国の「現実」を比較しようとする。

排他的実感主義

「日本（自国）のことは日本人（自国民）にしかわからない」という信念に固執し、日本人であっても日本のことをすべてわかっていない可能性を顧みない。そして日本人が日本のことを「わかる」根拠として素朴な実体験や実感に依拠する。また、仮に自国のことは自国民にしかわからないのであれば日本人には他国のことはわからないはずだが、それを無視して他国との比較を行おうとする。

西洋一元論

「日本」の比較対象としての「西洋」「欧米」をひとまとまりの同質的なものとしてとらえ、その内部の差異を考慮しない。そこでは多くの場合、米国や西欧先進諸国の事例が過剰に一般化されている。

こうした杉本らの考察からは、「日本人」を同質的で同調的な実体として表象し、「日本人の本質」を主に「西洋」との恣意的で非学問的な比較から抽出しようとする文化本質主義（馬渕 二〇〇二）の言説としての日本人論の側面が明らかになる。もっとも杉本とマオアがこうした日本人論言説批判を最初に問題提起したのは一九七〇年代末から一九八〇年代前半にかけてであり、その後のバブル崩壊や日本経済の長期低迷に伴うロスジェネ世代の出現、日本社会内部での格差拡大の認識（格差社会論）の広がり、中国をはじめとするアジア諸国の経済的台頭、さらに二一世紀に入ってからの外国人住民人口の急速な増加や多文化共生理念の展開などは当然ながら検討対象となっていない。

また一九九〇年代後半には「新しい歴史教科書をつくる会」に代表される、第二次世界大戦における日本のアジア諸国に対する戦争責任・戦後責任を否定する歴史修正主義が台頭し、二〇〇〇年代以降は中国・韓国の特殊性・後進性を強調することで日本人や日本社会の優越性を主張する「反中・嫌韓」言説が、出版メディアやインターネットを通じて（いわゆる「ネット右翼」として）台頭してきた（Kawai 2020: 71-99; 伊藤 二〇一九）。これらは杉本らが考察の対象とした「西洋」を暗黙の比較対象とした日本人論とは異なり、「アジア」を他者として日本人のあり方を論じている（河合 二〇二三：七一-七四）。そこには近代以降の日本の帝国主義・植民地主義を正当化してきた、文明化した日本が停滞した未開なアジアを代弁して西洋に対峙するというかたちで西洋と同一化する「日本的オリエンタリズム」の自画像（姜 一九九六）が垣間見える。こうした言説は、在日コリアンへのヘイトスピーチに代表される、東アジアにおける歴史的・地政学的要因に規定された「日本型排外主義」（樋ロ二〇一四）へと展開していった。

とはいえ、一九七〇・八〇年代までの日本人論言説が二一世紀の日本において影響力を失ったわけではない。むしろ自分が「日本人」「日本文化」の特徴としてなんとなくイメージしているものが、かつての日本人論の主張に近いことに気づいた読者も多いのではないだろうか。二〇二〇年代の今日、日本人がこのような特徴をもつことは誰もが知っている「あたりまえのこと」だとされがちである。その意味で日本人論はむしろ日本社会に住む人々の現実《リアリティ》を深く規定するようになっている。そのような状況は、杉本らの影響も受けた吉野耕作が提唱する「日本人論の消費」のメカニズムによって説明できる。吉野によれば、戦後の日本社会ではマスコミや教育、そしてビジネスの領域において日本人論言説が広く受容された。その結果、日本人論がテレビ番組や書籍、マニュアルや教材、講演・研修といったかたちで商品化され、多くの人々に消費されていった。その結果、そうした消費者、とりわけ企業人や教師などが文化ナショナリズムを再生産する担い手となっていった（吉野 一九九七：一六七-二五九）。

2——予言の自己成就と日本人論言説の規範化

本質主義的な日本人論言説が実証的・学問的な批判にもかかわらず再生産されていった帰結として発生が予想されるのが、「予言の自己成就」（第2章参照）である。すなわち、日本人論が広く受容され世代を超えて再生産されていくうちに、本来は根拠のない主張だったはずの日本人論が多くの日本人にとって自明の前提となり、それに合致するように自身の行動・思考を調整するようになっていった結果、日本人論が主張してきた内容が現実として構築されていく可能性である。杉本らはすでに一九八〇年代初めに、そのような状況の出現を懸念していた（杉本・マオア 一九九五：一四〇）。

日本人論をめぐる予言の自己成就が実際に起こっているかどうかを検証するのは難しいが、その可能性を示唆するデータとして、統計数理研究所が一九五三年から五年ごとに実施している「日本人の国民性調査」を検討する。この調査は、「日本人のものの見方や考え方とその変化を」とらえようとするものである（統計数理研究所国民性調査委員会 二〇二一：二）。全国の二〇歳以上の「日本人男女」を調査対象としており、各市区町村の住民基本台帳からの無作為抽出で選ばれた人に調査票が送られている。[*1] なお二〇一二年以降、住民基本台帳には外国籍者も記載されるようになったが、二〇一二年以降の同調査の回答者に外国籍住民が含まれているかどうかは管見の限り公表されていない。

ウェブサイトで公開された情報を読む限り、この調査における「国民性」の定義は不明だが、質

＊1　統計数理研究所「調査に関するよくある質問」（https://www.ism.ac.jp/survey/qanda.html）二〇二四年九月一九日閲覧。

問項目にはこの調査が開始された一九五三年当時の日本人論言説に影響されたと思われるものが散見される。*2

①あなたは、自分が正しいと思えば世のしきたりに反しても、それをおし通すべきだと思いますか、それとも世間のしきたりに、従った方がまちがいないと思いますか？（しきたりに従うか）

②人のくらし方には、いろいろあるでしょうが、つぎにあげるもののうちで、どれが一番、あなた自身の気持に近いものですか？（くらし方）

③自然と人間との関係について、つぎのような意見があります。あなたがこのうち真実に近い（ほんとうのことに近い）と思うものを、ひとつだけえらんで下さい（自然と人間との関係）

④「先生が何か悪いことをした」というような話を、子供が聞いてきて、親にたずねたとき、親はそれがほんとうであることを知っている場合、子供には「そんなことはない」といった方がよいと思いますか、それとも「それはほんとうだ」といった方がよいと思いますか？（先生が悪いことをした）

⑤あなたにとって一番大切と思うものはなんですか。一つだけあげてください（なんでもかまいません）（一番大切なもの）

⑥小学校に行っているくらいの子供をそだてるのに、つぎのような意見があります。「小さいときから、お金は人にとって、いちばん大切なものだと教えるのがよい」というのです。あ

なたはこの意見に賛成ですか、それとも反対ですか？（子供に「金は大切」と教える）

⑦子供がないときは、たとえ血のつながりがない他人の子供でも、養子にもらって家をつがせた方がよいと思いますか、それとも、つがせる必要はないと思いますか？（他人の子供を養子にするか）

⑧つぎのうち、大切なことを2つあげてくれといわれたら、どれにしますか？（大切な道徳）

⑨あなたはつぎの意見の、どちらに賛成ですか。一つだけあげてください（日本と個人の幸福）

1．個人が幸福になって、はじめて日本全体がよくなる（個人→日本）

2．日本がよくなって、はじめて個人が幸福になる（日本→個人）

3．日本がよくなることも、個人が幸福になることも同じである（日本＝個人）

⑩つぎのうち、日本人の性質をあらわしていると思うコトバがあったら、いくつでもあげてください（日本人の性格（長所））

各回答の推移をみると、日本人論言説によって「日本人らしさ」として強調されがちな回答が現在に近づくにつれて減少していると解釈可能な項目もある（②④⑦）。また一九五〇年代と二〇一〇

＊2　統計数理研究所「日本人の国民性調査　最新の調査結果」（https://www.ism.ac.jp/survey/index_ks14.html）二〇二四年九月一九日閲覧。なおグラフ作成に際し、「未回答」「その他」はグラフ④を除いて除外した。

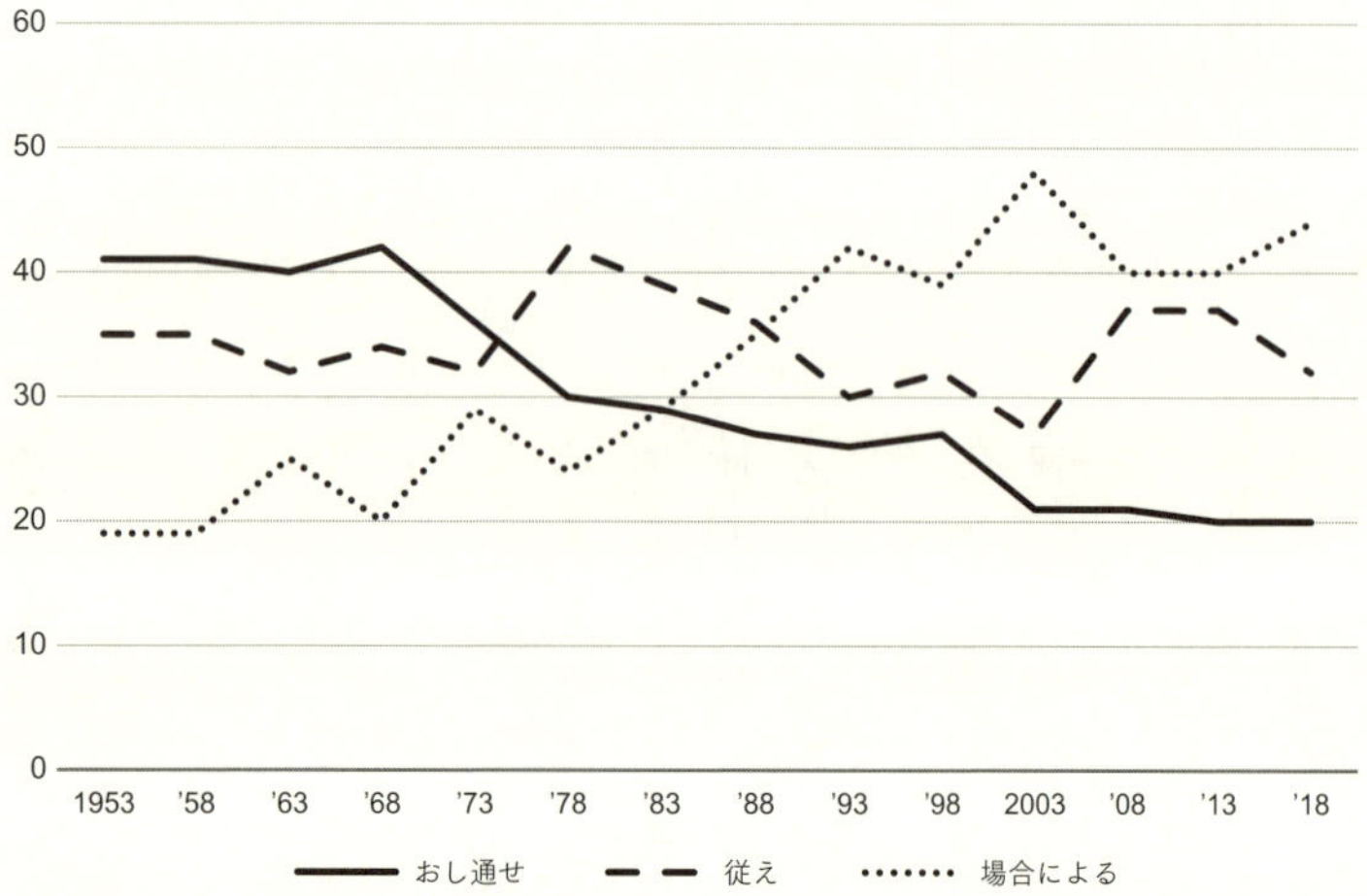

①しきたりに従うか（%）

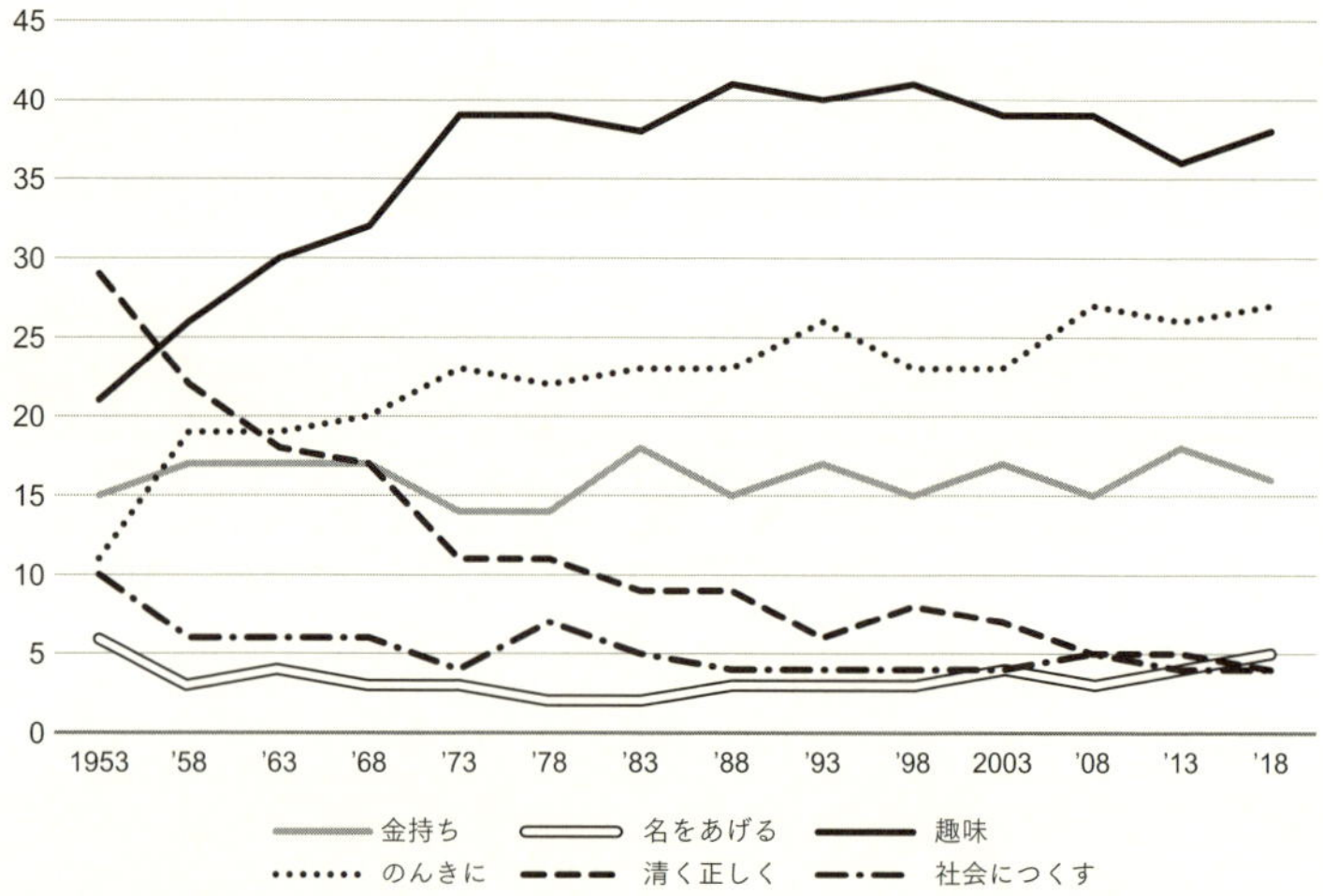

②くらし方（%）

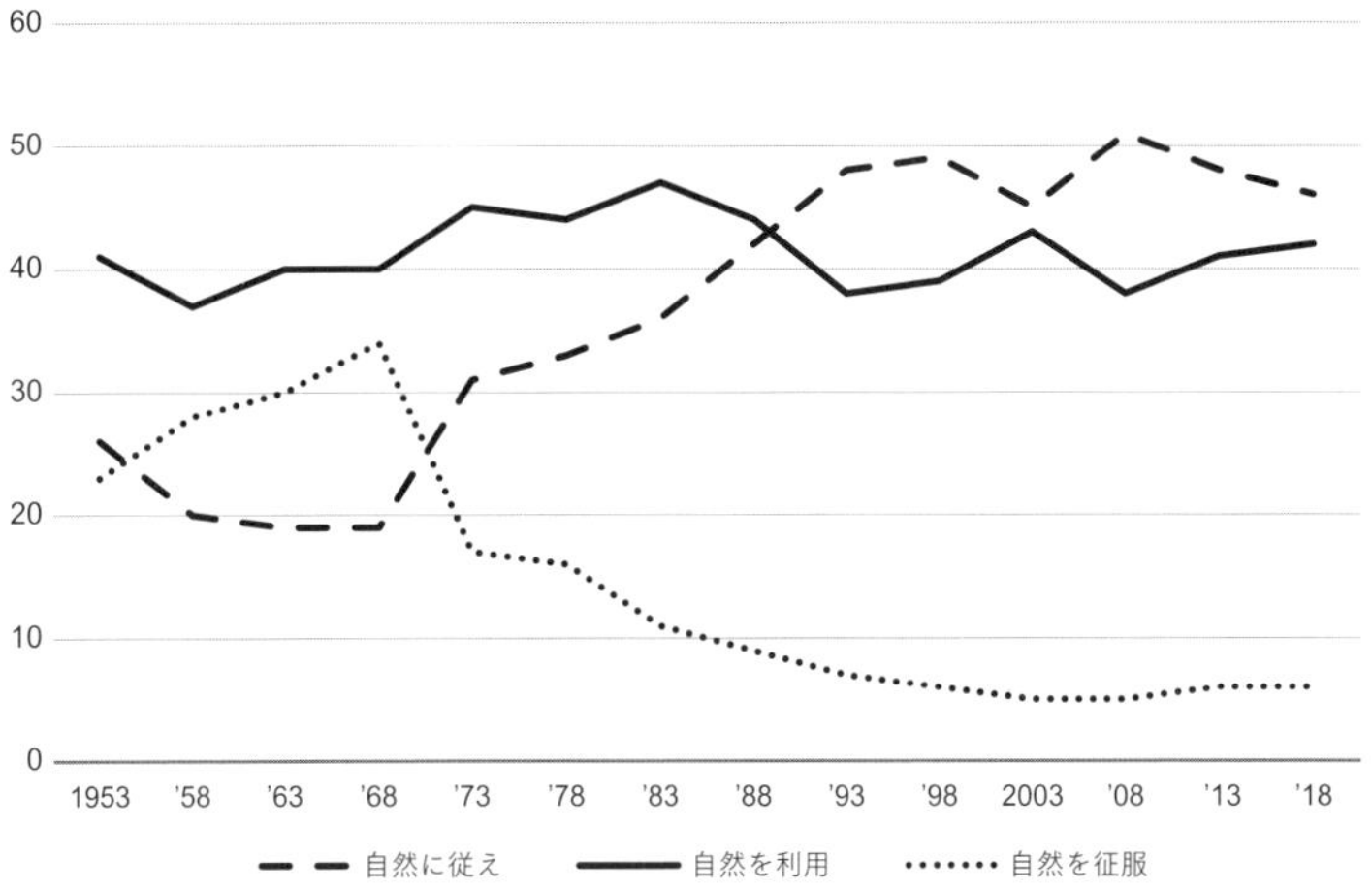

③自然と人間との関係（%）

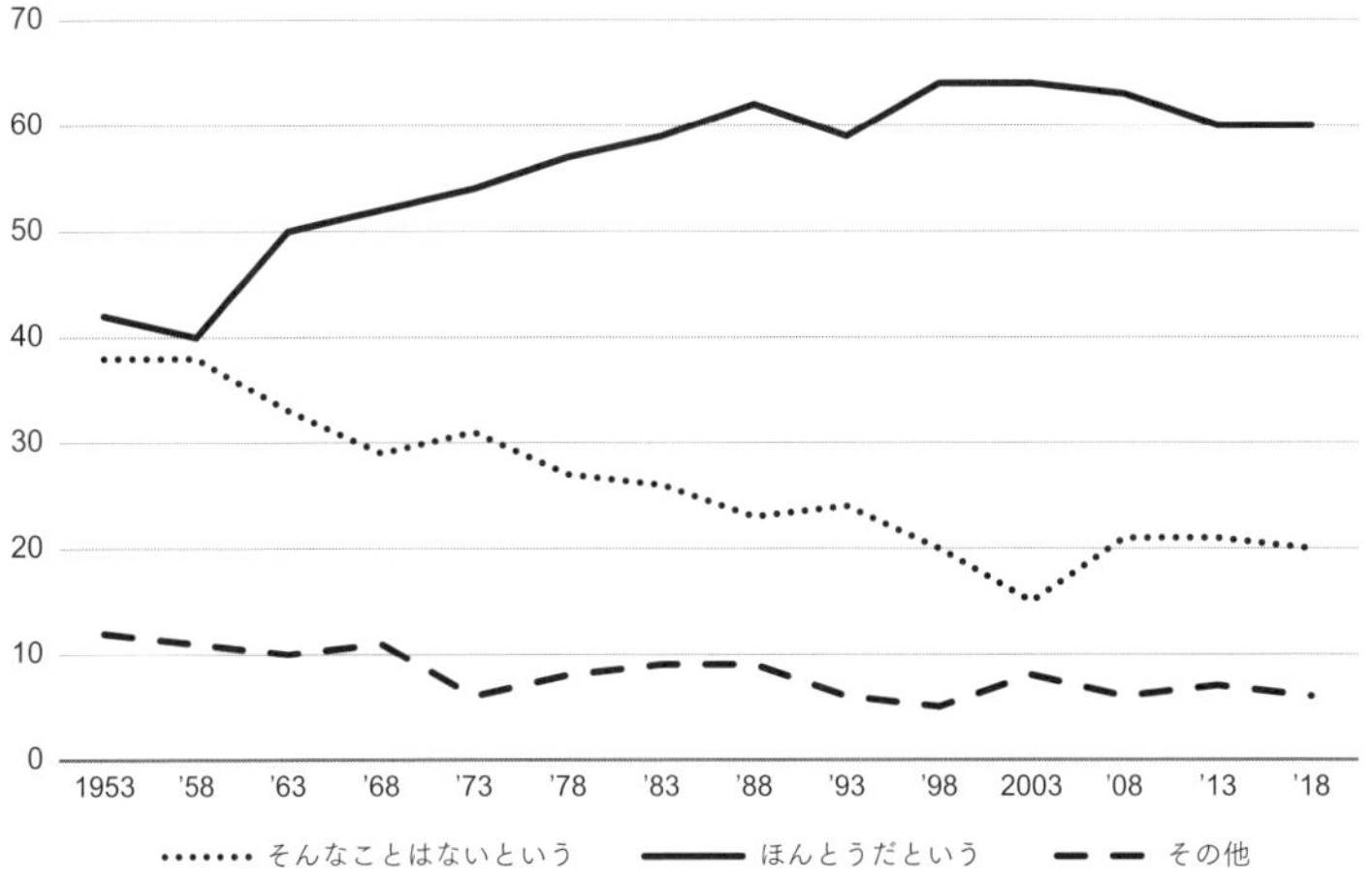

④先生が悪いことをした（%）

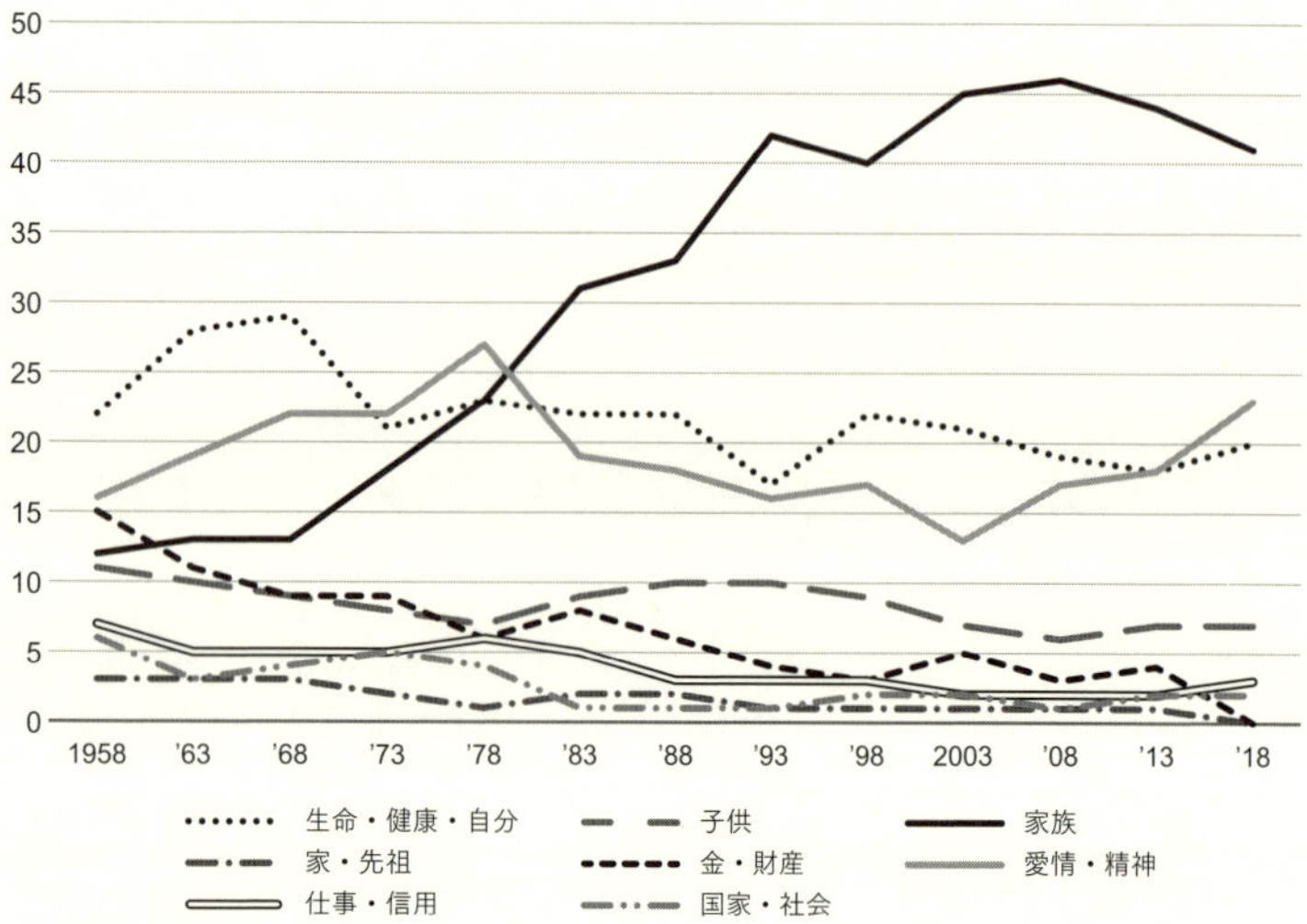

⑤一番大切なもの（%）

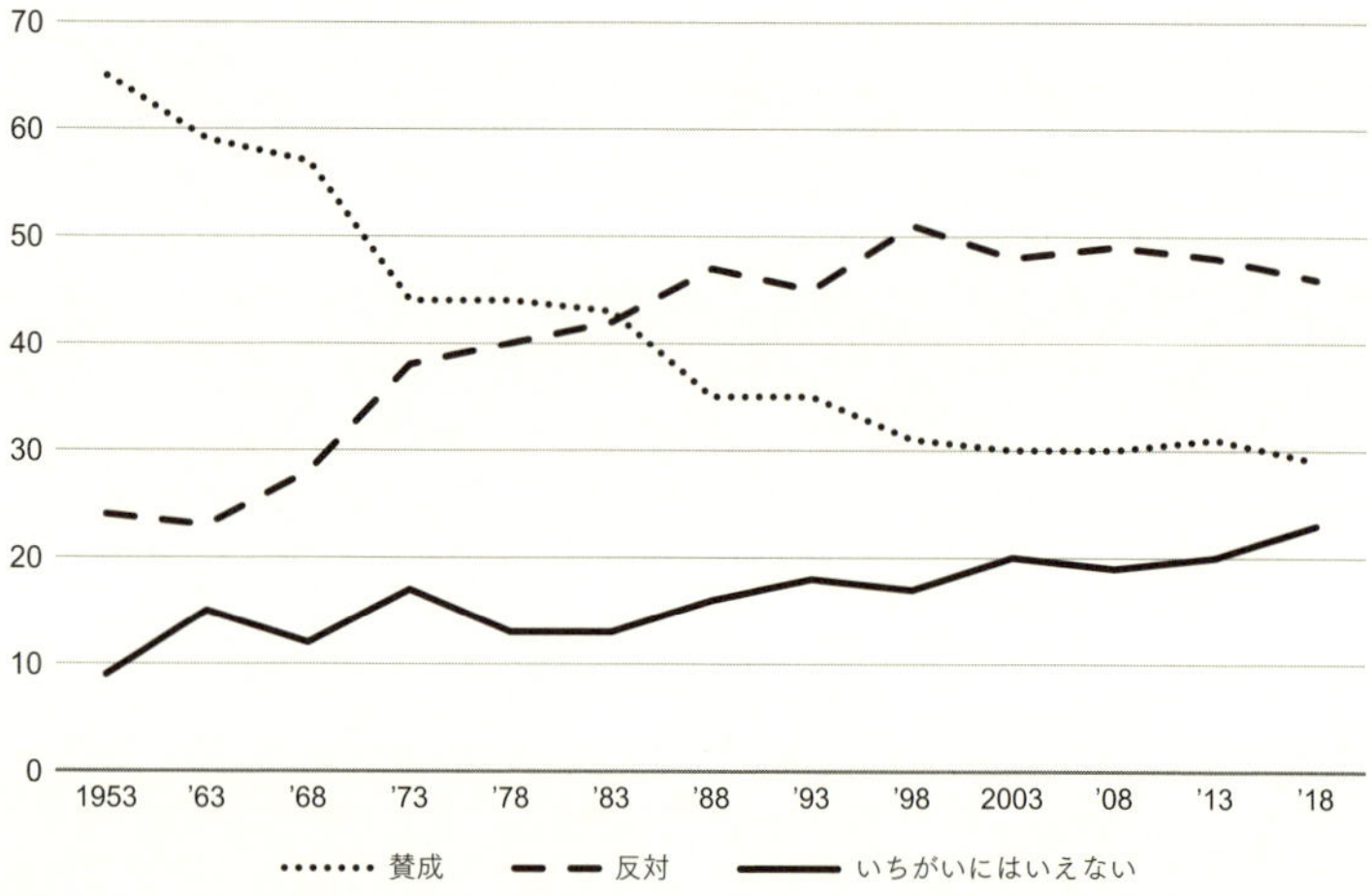

⑥子供に「金は大切」と教える（%）

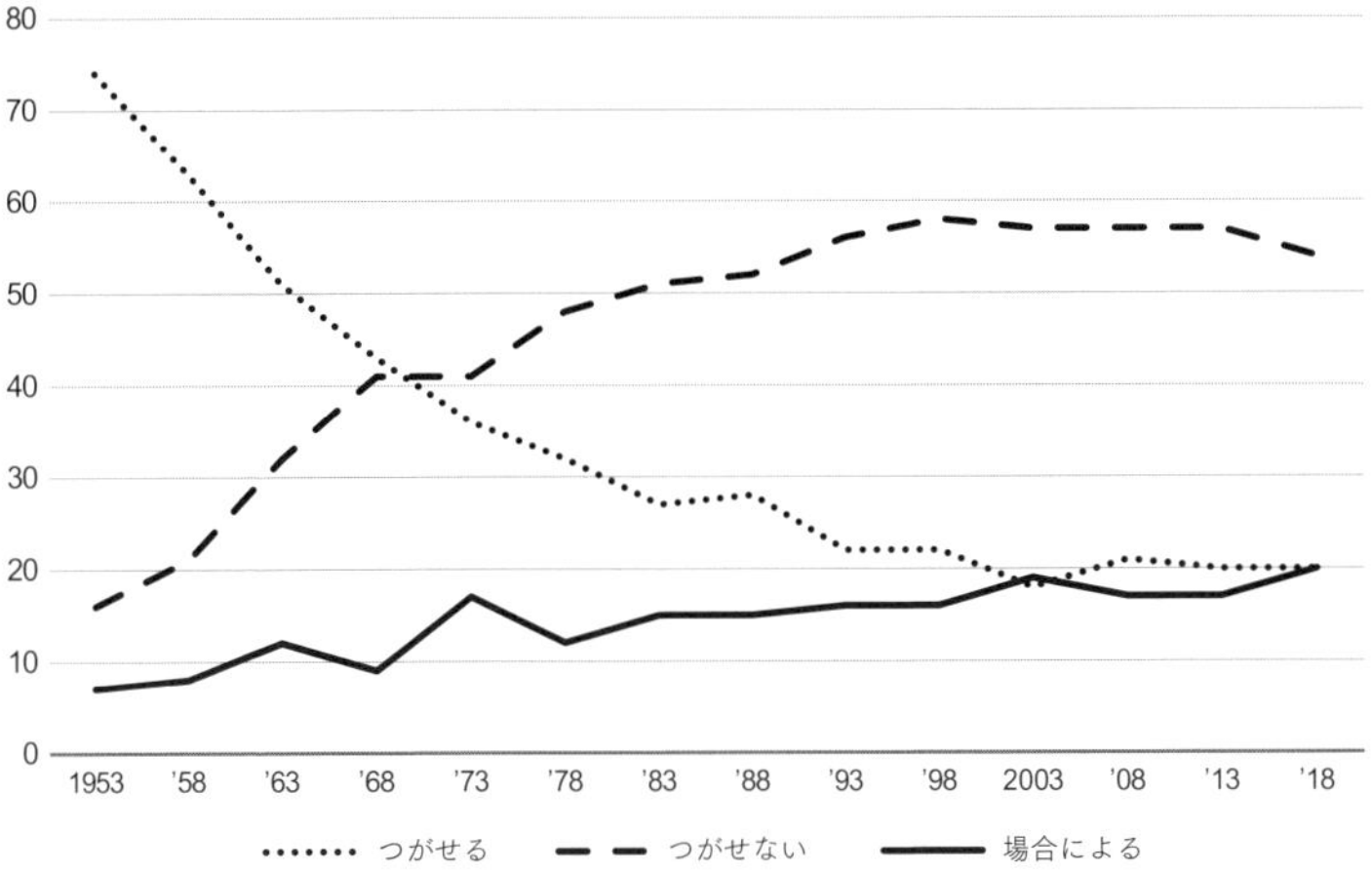

⑦他人の子供を養子にするか（％）

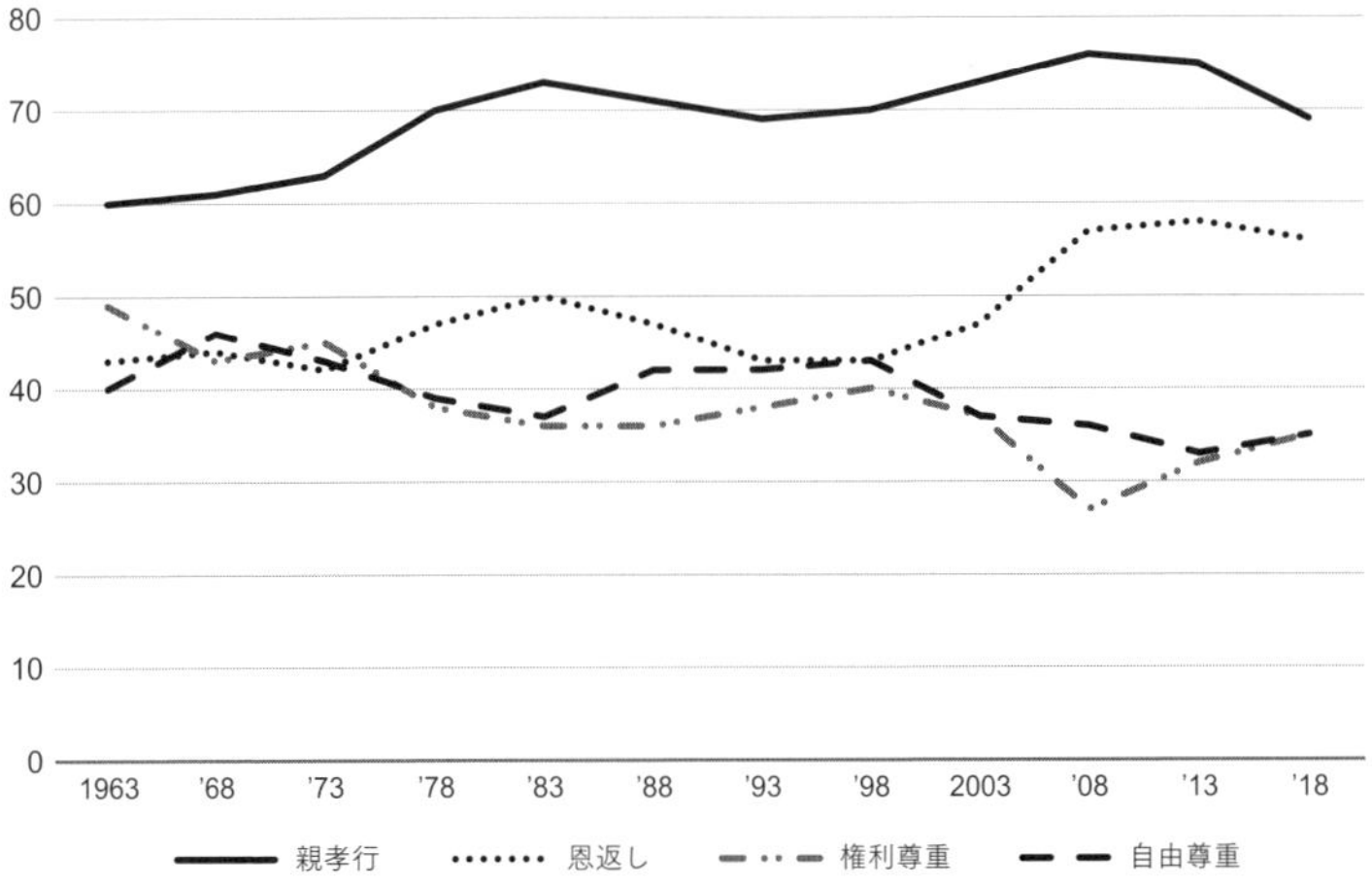

⑧大切な道徳（％）　※複数回答

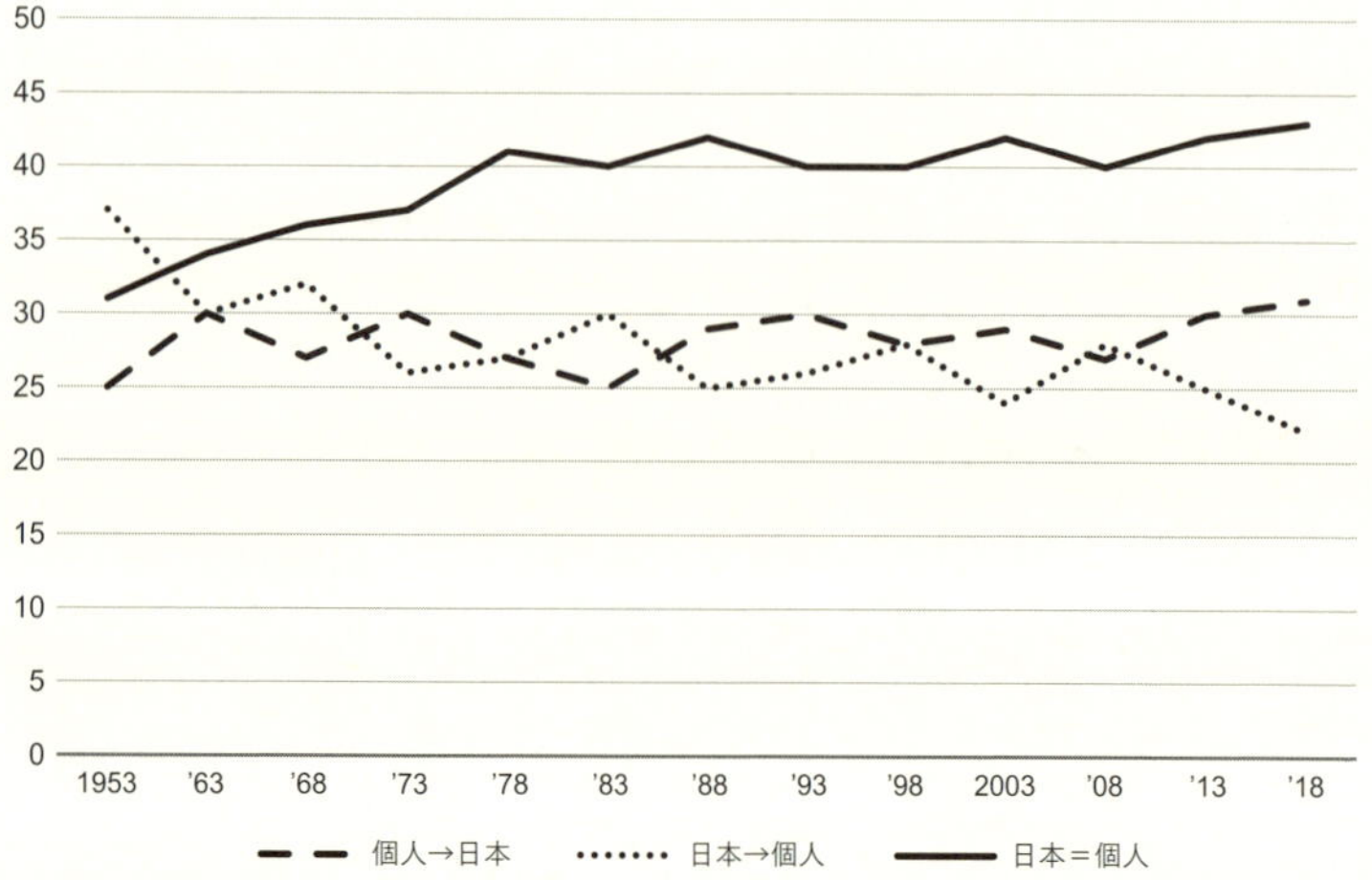

⑨日本と個人の幸福（％）

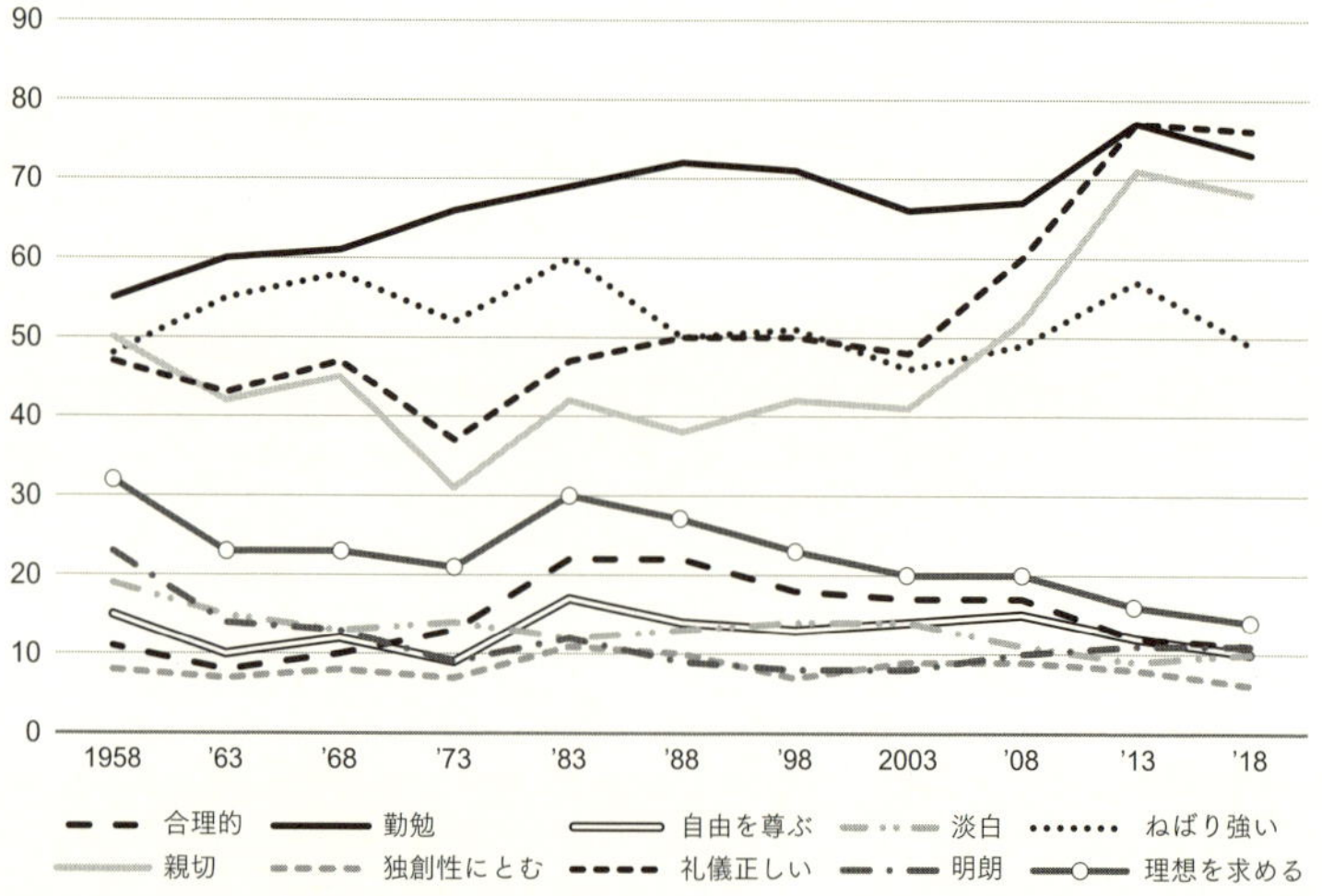

⑩日本人の性格（長所）（％）　※複数回答

年代で、それほど変化がないものもある（⑧⑨）。だが興味深いことに、一九五〇年代には比較的多くの「日本人らしくない」回答があったのにもかかわらず、二〇一〇年代には「日本人らしい」回答が増加している設問が多い（①③⑤⑥⑩）。つまり一九五〇年代の日本人は二〇一〇年代の日本人に比べて、しきたりに反してでも自分の考えを押し通し（①）、人間の幸福のために自然を征服しようとし（③）、家や家族よりも自分を優先し（⑤）、人生にとって一番大切なものはお金だと子どもに教える（⑥）傾向が強かった。そして自分たち日本人の長所として「勤勉」「親切」「礼儀正しい」を挙げる日本人の割合も、より少なかった（⑩）。

このような傾向の変化には、いくつかの解釈の仕方がありうる。たとえば一九五〇年代の日本人が特殊な例外だったのであり、近年の日本人こそが本来の「日本人の本質」を体現しているのだ、という論理でも説明できる。しかしそう解釈したとしても、「日本人の国民性」調査が示しているのは、同じ日本人であるはずの人々のあいだで意識や考え方が多様であり、しかも時代によって変化しているという事実である。すべての日本人が必ず共有している「本質」は、こうした調査では見つかりそうにない。回答者の一〇〇％が「はい」と回答するような質問項目を設定しようとすれば、抽象的・形式的になり過ぎて無意味なように思われる。つまりこのような調査によって明らかにしうるのは、その時点における人々の意識のおおまかな傾向と、他国と比較した際の相対的な特徴、そして意識の時系列的な変化の趨勢といったものであり、人々の「本質」ではない。

もとより社会意識の変化には社会構造や人々の生活様式の変化などが複雑に影響しており、単一の要因で説明できるものではない。しかしいくつかの質問項目で（①③⑤）、日本人論言説が急速に普及した一九七〇年代以降に「日本人らしい」とされる回答が相対的に増加していることを考慮すれば、日本人論言説の普及とその世代を通じた再生産によって、多くの日本人が「日本人論」的な世界観に依拠して自分たち自身を認識するようになったという解釈も成り立つだろう。なお二〇二〇年代半ばの今日、代表的な「日本人らしさ」としてしばしば強調される「おもてなし」、すなわち「親切」と「礼儀正しい」を「日本人の長所」として回答する人が急増したのが二〇〇〇年代に入ってからであることも興味深い⑩。

こうした予言の自己成就の過程が進行すればするほど、日本人論言説は日本社会に住む人々にとってのあたりまえの現実として経験されるようになる（Liu-Farrer 2020: 5）。そして、そこで強調される「日本人らしさ」は日本人とそれ以外の人々の境界設定の指標として認識されるようになる。つまり、「日本人はこのようなものである」という事実命題は「日本人はこうであるべきだ」「そうでなければ『（完全な）日本人』ではない」という規範としての側面を帯び、それが制度化され再生産されることで自己成就的に現実化するのである。その結果、「日本人らしさ（日本人性）」として表象される特徴は「日本人ではない／らしくない」人々を選別し、排除する文化資本（日本人性資本）としての機能を強めていく。日本人性資本を多く蓄積できる人ほど「ふつうの日本人」としてふるまうことができるようになり、そのノーマリティが彼・彼女らにマジョリティとしての特権を付与することになる（前章参照）。

3——「純ジャパ」と、テストする権力

■「純ジャパ」の卓越化

現代日本において、ノーマリティとしての日本人性資本を十分に蓄積した「マジョリティ日本人」という概念をもっとも直接的に体現しているのは、「純ジャパ」という言葉だろう。この言葉はしばしば「ハーフ」や「キコク（帰国子女）」の対義語として用いられ、「日本に生まれ、日本人の両親をもち、日本人以外の『血統』をもたず、日本以外の場所に長期間住んだことがない日本人」といった意味で用いられる。すなわち、「ハーフ」に対しては「純粋な日本人種」、「キコク」に対しては「純粋な日本民族／日本文化の体現者」といった含意がある。

かつて日本の学校では「帰国子女」という色眼鏡で見られ「日本人らしくない」という否定的な視線にさらされ、日本の学校への同調圧力に直面し、いじめやアイデンティティ・クライシスに悩む生徒も少なくなかった（渋谷 二〇〇五）。現在でも、日本の学校文化に（再）適応できずに「日本人らしく」ふるまえないことに悩んだ経験をもつ「キコク」は少なくないだろう。

一方、「ハーフ」と呼ばれる人々も偏見や差別にさらされ、いじめの対象となってきた。今日でもそのような事例は少なくない（下地 二〇二一）。後述するように、現代日本における「ハーフ」への肯定的なイメージは海外（特に欧米）社会での滞在経験や異文化経験、語学力（特に英語力）の高さ、

「白人的」とされる容姿などによって構成されているが、すべての「ハーフ」にそのような経験や能力、特徴があるわけではない。その結果「ハーフらしくないハーフ」として無視されたり、否定的なイメージを付与される人々もいる。

ただし少なくとも二〇二〇年代の日本では、自分は「純ジャパ」であるという若者は、あまり肯定的な意味でこの言葉を使っていないことも多い。むしろ、「日本で生まれ育ったため日本の社会や文化しか知らず、世間が狭い」「島国根性で排他的」「日本語しか話せない（英語ができない）」「鼻が低い、目が細い、足が短い」といった否定的なニュアンスが込められていることが多い。グローバリズムの規範と英語への過度の依存（木村 二〇一六）、その背景にある「西洋」に対する日本的オリエンタリズムの言説のなかでは、とりわけ欧米からの「キコク」や欧米との「ハーフ」というカテゴリーが「（欧米での）海外経験がある」「英語が話せる」「（欧米の価値観としての）国際感覚を身につけている」「コミュニケーション能力がある」「『日本人離れした（白人的な）』イケてる容姿をしている」といったイメージと結びつけられ、その「西洋らしさ／日本人らしくなさ」が賞賛や羨望の対象になることも少なくない（下地 二〇二一：一一三-一二六、馬渕 二〇〇二：九六-九八）。そのとき、「純ジャパ」が体現する「日本人らしさ」は、このような「ハーフ」「キコク」への肯定的なイメージの反転としての、否定的なイメージを伴っている。

しかし、たとえ肯定的なイメージに変わったとしても、「キコク」や「ハーフ」が「日本人らしくない」とされ、マジョリティ日本人から有徴化される傾向があることに変わりはない。それゆえ「純ジャパ」に否定的なイメージを抱いていたとしても、自分自身を「純ジャパ」だとみなすマジョリティ日本人は「キコク」や「ハーフ」に対して特権的な立場にいる。それをブルデューの「文化貴族」という概念で説明することができる。文化貴族とは、ある社会において望ましいものと正統化された文化資本を「自然に」受け継いでいるとみなされた人々をいう（ブルデュー 二〇二〇）。日本人らしいとみなされることを可能にする文化資本を日本人性資本とすれば、それを十分かつ「自然に」身につけているとされる人こそ「純ジャパ」である。一方、「純ジャパ」だと他者から認めてもらえない、または自認できない「キコク」や「ハーフ」（もちろん、それ以外のマイノリティも含まれる）は、自分の「日本人らしさ」を証明するために日本人性資本をより多く蓄積するように駆り立てられることが多い。その結果「純ジャパ」以外の人々は、誰がより日本人らしいのかをめぐる競争や対立に巻き込まれがちになる。結果として、日本人性資本を比較的多く蓄積した人がより「日本人らしい日本人」であり、より少なく蓄積した人は「条件付きの／日本人らしくない／ほんとうは日本人ではない日本人」として周縁化されていく。その一方で、こうした日本人性資本の獲得競争に参加しないでいられるということ自体が、日本人性を「自然に」もっているとされる文化貴族としての「純ジャパ」の特権である。こうして「純ジャパ」ではない人々が日本人性資本を獲得するために努力し競争をすればするほど、そのようなことをしなくてもよい「純ジャパ」は彼・彼女らに対して卓越化されていくのである。やがて日本社会という場で、「純ジャパ」として自他ともに認め「ほんとうの日本人であること」を疑われる可能性がない人々、すなわちマジョリティ日本人と、努力して「日本人らしさ」を身につけなければ「ほんとうの日本人であること」を疑われてしまいかねない人々の序列が強化されていく。

■統治的帰属と「口頭試問」

この卓越化により、自他ともに「純ジャパ」であるとされるマジョリティ日本人は日本社会における「統治的帰属」の感覚を強めていく。統治的帰属とは、自分の帰属している社会のあり方を決める主体性をもっているのは自分たち自身に他ならない、というマジョリティが抱く感覚のことである（ハージ 二〇〇三）。マイノリティの立場に置かれた人々はその社会に対する帰属意識をもつことはできても、統治的帰属の感覚をもつことはできない（もちろん前章で述べたように、その人のマジョリティ／マイノリティ性はその人が置かれた関係性によって変化する）。「純ジャパ」のもつ統治的帰属感は、「キコク」「ハーフ」、あるいは「外国にルーツをもつ（日本生まれ・育ちの）人々」「日本国籍をもつ（帰化した）外国出身者」などが、「どの程度、どのように、ふつうの日本人らしいのか／らしくないのか」を「評価」することが自分にはできるのだという感覚として表れる。それは「自分たちこそがふつうだ」、すなわち他者の日本人らしさを評価する基準となる日本人性のノーマリティを正統な資格とともに保持しているのは自分たちだ、という感覚である。だから「純ジャパ」とされる人々はそうではない人々を礼賛することもあるし、彼・彼女らを「日本人らしくない／日本人ではない」と排斥することもある。ここで問題なのは礼賛するか排斥するかではなく、礼賛するか排斥するかを判定する権力を自分たちがもつのが自明の前提になっていることである。そこでは、自分たちこそが「ふつうである」というノーマリティの感覚が、だからこそ自分たちは他者を評価できるという「テストする権力」の感覚に転換されている。

ここでいう「テスト」とは、文字通りの意味での試験や面接に限定されない。下地が論じるように、人々は既知の集団カテゴリーにあてはめて理解することができない他者と出会ったとき「あなたは何者」としばしば「質問」する。「日本人／外国人」の二分法が支配的な日本社会においては、「日本人」にも「外国人」にもうまくあてはまらない他者（「キコク」「ハーフ」、外国にルーツをもつ人々、帰化した日本国籍者など）に対して「あなたはナニジン？」という質問が喚起されがちになる。そしてこの種の質問はそれだけでは終わらず、その他者の個人的な事柄までさらけ出させる「詮索／尋問」に至ることも多い（下地二〇一八：二七三―二八〇）。このような質問は、質問する側に悪気がなかったとしても次章で論じる「マイクロアグレッション」をしばしばもたらす。

もし質問する側に「悪気がない」のだとしたら、なぜ通常であれば相手に対して失礼であろうとためらうはずのプライベートなことの詮索／尋問までしてしまうのか。それは詮索／尋問する側が、自分には詮索／尋問する権利があるとしばしば無意識のうちに思い込んでいるからである。つまりこのような質問がなされるとき、そこは面接官が受験者に対して好きなことを根掘り葉掘り尋ねる「口頭試問」の場となっている。そして「純ジャパ」は、その日本人としてのノーマリティの感覚ゆえに、そのような場面で自分自身が面接官の立場に立つことを当然だと考えてしまう。その結果、相手が「ふつうの日本人かどうか」を判定するために、ふつうであれば相手に失礼だと思って言わないようなことまで詮索／質問してしまうのだ。自分が他者を「口頭試問」する側に立つことを自明視するこの感覚が、私のいう「テストする権力」である。

「純ジャパ」すなわちマジョリティ日本人の「テストする権力」の感覚を根拠づけているのが、彼・彼女たちが日本人論言説に影響されて内在化した、日本人性に関する固定観念である。マジョリティ日本人は「日本人らしくない」他者と出会ったとき、この固定観念を意識的・無意識的に参照しながら相手がどの程度「日本人らしい／らしくない」か、あるいは「日本人である／日本人ではない」かをテストする。下地が調査した「ハーフ」の人々は、家族・親族関係や学校において行われる日々の「口頭試問」において「日本人らしくない」と判定されることで葛藤やいじめを経験する。アルバイトや就職採用のための文字通りの面接の場で「日本人らしくない」外見や名前によって差別される。ストリートにおいては、見知らぬ通行人から「日本人らしくない」自分の顔をじろじろと「品定め」する視線にさいなまれる。そして「日本人らしくない」容姿をしているという、ただそれだけの理由で警察官に呼び止められ、「職務質問」を受けることになる（前掲書：三六一―三九〇）。

「ハーフ」や帰化した元外国籍者、あるいは日本国籍を離脱した日本出身者などは、日本の国益に貢献したり、日本人のプライドを満足させた場合には「日本人」としてカテゴリー化され、メディアなどでしばしば称賛の対象となる。しかし彼・彼女らが犯罪に関わったり「品格のない」ふるまいをしたとみなされた場合は「日本人らしくない」人々として非難の対象になりがちである（前掲書：二二六―二二八）。その意味で、たとえ称賛の対象となっていたとしても、彼・彼女らはいつでも「日本人ではない」とみなされる可能性のある「名誉日本人」として認められているに過ぎない。むしろ、文化貴族として卓越化された「純ジャパ」による「テスト」に合格しなければ「日本人」だと認めてもらえない「二級日本人」として、彼・彼女たちは扱われている。

一方、語学力（英語力）や国際感覚を身につけた「グローバルな日本人」として理想化される「キコク」に関しても、「日本人らしさ」を判断基準とした「純ジャパ」による「テストする権力」は発動している。「キコク」とともに、やはり「グローバル人材」として期待されるようになった外国人留学生が日本企業に就職する際、企業が実際に彼・彼女らに期待するのは多くの場合「ブリッジ人材」としての役割だといわれる。つまり、日本語での業務遂行能力と日本の企業文化に順応することがまず求められ、そのうえで語学力や異文化理解力などを活かして海外の取引先や顧客との橋渡し役を担うことが期待されている（上林二〇一七）。このような期待は、ある程度まで「キコク」にも該当するだろう。つまり「キコク」や留学生が「グローバル人材」として認められるためには、その前提として「日本人らしさ」が求められており、それが欠如・不足している場合にはしばしば否定的な評価を受けることになる。

4――マジョリティ特権の揺らぎと「逆ギレ」するマジョリティ

これまで述べてきたことをまとめると、マジョリティ日本人がもつ、他者を「日本人であるかどうか」「どのくらい日本人らしいか」判定することが自分には可能だという感覚が「テストする権力」である。この「テストする権力」は日本における「ふつうであること＝ノーマリティ」に由来しており、人種・民族・国民の文脈でこのノーマリティを生み出すのが日本人性資本である。ある特定の差異を「日本人らしさ」として本質化することで、日本人性資本として活用可能にするのが日本人論言説であり、その文化ナショナリズムとしての再生産を通じてマジョリティ日本人の特権が強化されていく。その結果、日本人性資本を多くもつ人ほど、日本社会において「ふつうの日本人」としての特権的な立場に立ち、自分たちのふるまい方や考え方を「ふつうのこと」として他者に押し付けることが可能になる。

ただし先述したように、マジョリティ日本人のもつノーマリティの多寡は、その人が位置づけられた他者との関係性によって異なってくる。同等の日本人性資本を保持している者どうしであれば、経済的・社会的地位、教育達成、ジェンダー、セクシュアリティ、障がいの有無などの他の要因によって、どちらがより「ふつうの人」であるかが決まる。にもかかわらず日本社会において、日本人性資本の生み出すノーマリティはマジョリティ日本人の現実感覚《リアリティ》を非常に強力に規定している。つまり「ここは日本であり、私たちは日本人なのだから、私たちのやり方がふつうなのだ」とされがちである。その理由はまさに、日本人性がナショナリズムとして想像されるからに他ならない。つまり「日本人であること」とは「日本人という人種／ネイション」であることであり、日本は「単一民族国家」である以上、自分たちのやり方が「この国でのふつう」であるとされるのである。こうして日本人中心の社会における日本人性資本は方法論的ナショナリズム（前章参照）として、人々の現実《リアリティ》を再構築する。それが生み出す「マジョリティ特権」も実際に行使される権力である以上に、マジョリティに位置づけられる人々が特権的に有する「権力の感覚」、すなわち統治的帰属の感覚を意味する。マジョリティ日本人としての現実《リアリティ》を生きるということは、「この国では私たち日本人のやり方が『ふつう』であり、それゆえ変える必要はなく、変える必要があるとしたらそれは他者の『ふつうではない』やり方のほうである。それでも私たち日本人のやり方を変えるとしたら、それはわざわざ『変えてあげる』のであって、私たちは他者に感謝されるべきである」という感覚をもつことが可能な現実を生きているということなのである。

第1章で述べたように、日本を含めた現代世界で差別や排外主義は不正義であるという認識が広まり、ダイバーシティの尊重と多様な人々との共生という規範が一定の影響力をもつようになっている。しかし、あるマジョリティ日本人がダイバーシティや多文化共生に賛成であっても、他者の多様性を尊重しようと心から思っていたとしても、その人が日本社会におけるマジョリティ特権という現実を生きているという事実に変わりはない。実のところ、マジョリティにとっては「ふつうのこと」として経験されるマジョリティ特権が「揺らぐ」という感覚をもたない限りにおいて、マジョリティの人々はマイノリティに「寛容」になることができる。ハージが看破したように、たとえ善意に基づくものであっても、「寛容」の実践とは寛容にする側が優位に立つことが前提の権力関係であるのだ。それゆえ寛容にする権力をもつマジョリティは、いつでもその権力を行使することをやめてマイノリティに不寛容になれる権力をもっている(ハージ 二〇〇三：一七二―一八七)。マジョリティはマイノリティに対して「寛容」になることで、自分たちがもつ特権や、マイノリティに対する社会的不公正の構造に加担している責任を忘却して自らの「善意」に自己満足することすらできる(後述)。一方、マイノリティはマジョリティの暴力や差別に「耐え忍ぶ」ことはできても、決して「寛容」になることはできない。

だがハージはすでに一九九〇年代のオーストラリア社会において、そうしたマジョリティの「寛容」に限界が生じはじめたことを指摘した（前掲書）。自分は多文化社会や多様性に対して寛容な善意の人々である、というマジョリティ白人の幻想《ファンタジー》／現実《リアリティ》の外部において、マイノリティの人々はますます社会的に上昇し、存在感を高めていく。それはやがてマジョリティの抱く「白人性の優位」の感覚を揺るがせていく。マジョリティ白人はもはや非白人オーストラリア人に対して「寛容になる」ことができない。なぜなら非白人たちは、別に寛容にしてもらわなくてもマジョリティ白人と対等に競争できる存在になってきたからである（少なくとも、マジョリティ白人にはそのように感じられる）。こうしてマジョリティ白人の、自分たちこそが自らが属する社会のあり方を決定する主体である、という統治的帰属の感覚は揺らいでいく。その結果マジョリティ白人のあいだに、自分たちが寛容にしてあげていたはずのマイノリティが、恩知らずにも自分たちから権力を奪い、自分たちが主人公であったはずの社会で自分たちが周縁化されようとしているという「白人性の危機」の感覚が広がっていく。そのような感覚を抱いたマジョリティ白人たちのメンタリティは「脆く（フラジャイルに）」なっていく。

ロビン・ディアンジェロは、レイシズムに反対し自分自身はレイシズムとは無縁だと信じている白人が、自分自身の白人としての特権やレイシズムへの無自覚あるいは制度的な関与を指摘されたときに見せる過剰な自己正当化、傷つけられ侮辱されたという感覚、怒りや疎外感、ようするに「逆ギレ」のことを「白人の心の脆さ（ホワイト・フラジリティ）」と呼ぶ（ディアンジェロ 二〇二二）。彼女によれば、白人の心の脆さとは白人至上主義によって社会化されてきたハビトゥスによって生み出されてきた白人の「世界観」が揺るがされた際に起こる、自己防衛的な反応である（前掲書：一五六）。

白人の心の脆さとは、白人性の持続する社会的ならびに物質的利益によって、つくられ再生産されてきた反応や「条件」として概念化できるかもしれない。不均衡が生じたとき——慣れ親しみ当然と考えていることを侵害されたとき——白人の心の脆さが均衡を取り戻し、不均衡によって被った資本の「損失」を回復するのだ。（ディアンジェロ二〇二二：一五九）

こうして白人のあいだには、自分たちこそが犠牲者であり、差別されているのだという感情が呼び起こされ、それによって白人どうしの結束が高まる。その結果、マイノリティに対する社会的公正を実現しようとする運動や政策が「逆差別」として非難されるようになる。

白人の心の脆さとは、単なる自己防衛や、愚痴ではない。「支配の社会学」と概念化してもよいかもしれない。それは白人至上主義に向けた社会化の結果であり、白人の優越性を守り、維持し、再生産する方法なのだ。（ディアンジェロ二〇二二：一六八-一六九）

このようなマジョリティの「逆ギレ」としての「心の脆さ」は、日本社会における排外主義を考える際にも重要な示唆を与える。これについては第６・７章で詳しく考察したい。

5——「反省」と自己陶酔

教育学者であるディアンジェロは、「白人の心の脆さ」を克服するためには白人が自分自身に対して及ぼされた白人至上主義という社会化のあり方を理解することが必要であり、それによって自分が特権化されている事実を直視し、真摯に「反省」することによって自己の「世界観」を変革することができるという（ディアンジェロ 二〇二一：二〇四-二一七）。ただし、その反省がマジョリティの単なる「自己陶酔《ナルシシズム》」にならないように注意しなければならない。白人女性でもあるディアンジェロは、レイシズムの被害者に同情したり、自身がレイシズムに加担していることを認識して動揺したときに流す「白人女性の涙」がマジョリティ白人女性のナルシシズムを呼び起こすことに注意を喚起する（前掲書：一九三-二〇三）。結局のところ、非白人の人々はレイシズムに動揺して感情的になることすら許されないことが多い。感情的になること自体が彼・彼女たちの劣等性や攻撃性の証明となり、一層不利な立場に追い込まれたり、スティグマ化されてしまうことがあるからだ。一方で白人女性が泣くことは、それが偽りの涙ではなかったとしても、その白人女性を「悲劇の主人公」にしてしまい、レイシズムの被害者たる非白人から人々の目を逸らせてしまう。さらに白人男性のマスキュリニズムを刺激することで、白人女性を「泣かせた」非白人に対する白人男性の攻撃や暴力を引き起こす（あるいは、そのような集合的・歴史的記憶から引き起こされる恐怖を非白人の側にもたらす）ことすらある。善意からくる涙すら、図らずも白人中心主義を強化するように作用することがあるのだ。

もちろん、マジョリティがマイノリティの苦境に感情移入して涙を流すことや、自分自身の加害者性を反省すること自体が悪いというわけではない。それが自己陶酔的になってしまうことを、ディアンジェロは問題視している。感情を揺さぶられて反省するのはいいとして、「こんなふうに他人（マイノリティ）のために泣いたり反省したりできる自分って、なんて良い人なんだろう！」と、どこかで自己満足に浸っていないだろうかと反省する必要もある、ということである。

第5章 同化主義は、失敗する
――同化主義としての「共生」(2)――

1――同化主義は、不可能である

■マジョリティの優位性と回避的レイシズム

第2章で述べたように、通俗的な同化観とは異なり、現代的な同化理論においては移民やエスニック・マイノリティの同化の経路の複数性が想定されており、同化の過程そのものが何らかのかたちで発生するのは不可避である。現代先進諸国における標準的な多文化主義的政策や統合政策（日本における多文化共生を含む）はエスニック・マイノリティへの同化主義と対立するものではなく、文化多元主義と文化的シティズンシップの理念との両立を目指した同化主義のあり方である。このような見方は、第1章で紹介した従来の批判的多文化主義・多文化共生研究においても指摘されてきたことである。

　にもかかわらず、多文化主義／多文化共生は同化主義を否定するがゆえに国民社会を分断させるという非難は、今日でも繰り返されている。そこには、多文化主義／多文化共生政策への根本的な誤解がある。確かに多文化主義／多文化共生には通俗的な同化観に基づくマジョリティのマイノリティへの同化主義に反対する側面があるが、政策として実施される（「公定」）多文化主義／多文化共生自体は、マイノリティの人々をマジョリティにとって望ましいあり方で同化させようとするマジョリティ側の論理である（塩原 二〇〇五）。もちろん、その際に想定される「望ましい同化のあり方」とは、通俗的な同化主義に比べればマイノリティの尊厳や文化的権利に配慮したものである。それゆえ、ある社会におけるマジョリティの優位性の構造を問題視せず、それを前提にマイノリティの文化的多様性の尊重と権利擁護を考えるのであれば、「望ましい同化のあり方」とは「望ましい共生のあり方」と同じ意味になる。すなわち、それはマジョリティの優位性の維持とマイノリティの尊厳と権利の擁護が、マジョリティ側からみて「バランスが取れている」状態だとみなされる。

　しかしそれでは、公定多文化主義／多文化共生の推進とマジョリティ特権の堅持は両立してしまう。そしてマジョリティ国民（「国民」としてナショナルな空間に統治的帰属をもちうるマジョリティの人々のことを、本書ではこう呼んでいる）は自分自身の特権を手放すことなく、自分はレイシストではないし差別もしていない、マイノリティに対して寛容な善意の人々なのだと自己陶酔に浸ることすらできる（前章参照）。それゆえこうした意味での「望ましい共生」をどんなに推進しても、マジョリティ特権は消滅せず、むしろ強化されていく。それは自らのもつ特権をマイノリティから告発されたとき、マジョリティ国民がそれを認めることがますます難しくなり、「心の脆さ（フラジリティ）」から「逆ギレ」しやすくなるということである（前章参照）。これが、多様性の尊重という理念が普及している先進諸国で見られる「回避的レイシズム（aversive racism）」である。それは自分は差別などしないと信じている人が、自身が無自覚に社会化し内面化しているレイシズム的感情や信念（バイアス）を認めることを避けるかたちで表出されるレイシズムを指す（河合 二〇二三：一九九–二〇二）。

この回避的レイシズムは、差別の禁止や差別による不公正の是正措置が「行き過ぎた」結果、マジョリティのほうこそが不正義・不利益を被っているという「逆差別（reverse discrimination）」の主張を正当化する。こうして多文化主義／多文化共生が推進され、ダイバーシティの礼賛が公式に広まれば広まるほど、回避的レイシズムや逆差別というかたちでの排外主義が発生しやすくなる。自分は差別やレイシズムに加担していないと思っている市民のあいだでこうした風潮が広まることは、よりあからさまなレイシズムや排外主義を勢いづかせる。その結果、移民や少数・先住民族の権利擁護や多文化主義の理念への反動（バックラッシュ）が加速していく。本章や次章以降で論じるように、その悪影響はエスニック・マイノリティにとどまらず社会全体に及ぶ。それゆえ「マジョリティの優位性の堅持と差異の尊重とのバランスを取った、マジョリティにとって望ましいマイノリティの同化のあり方」という前提を乗り越えた共生のあり方を模索しなければならない。

■同化主義と同調圧力

そのために、第2章で述べた同化と同化主義の区別に立ち返ってみたい。同化が不可避な社会的過程であったとしても、イデオロギーとしての同化主義はそうではない。多文化主義、多文化共生、統合やインターカルチュラリズムといった理念や政策が共有するマジョリティ特権の堅持を隠蔽し正当化する同化主義としての側面を批判するために、社会現象としての同化を否定する必要は必ずしもない。本章で試みるのは、同化の存在を前提としつつ同化主義を批判することである。ただし、ここでは同化主義がマイノリティを差別・排除する「悪い」イデオロギーであることを論証したいわけではない。そうではなく、もしマジョリティを含めた私たちすべてが、自分自身が包摂され尊厳を擁護される社会に住み続けたいのであれば、そして、その目的のための手段として同化主義を選択するのであれば、それは必然的に「失敗する」ことを論証したい。つまり、同化主義は社会的包摂の手段としては「不可能」なのである。

第2章では同化を「ある社会集団／状況における『決まったやり方』に合わせて自分自身のやり方を変えるように促す同調圧力（conformity）によって引き起こされる社会現象」、それに対して同化主義を「社会的過程としてのマイノリティの同化が、マジョリティの価値規範として確立した状況」と定義した。つまり同化主義とは、マジョリティがマイノリティに対して、「自分たちのやり方」を受け入れさせるのがあたりまえであると確信することである。これは交差的な定義であり、同化主義の対象にはエスニック・マイノリティのみならず、セクシュアル・マイノリティや障がい者など他の社会的マイノリティも含まれる。

程度の差こそあれ、あらゆる社会に同調圧力は存在する（サンスティーン 二〇二三）。なかでも日本は同調圧力が強い社会だといわれるが、同じ日本人とされる人々にとっても、ある人にとっての「自分のやり方」と、その特定の状況において支配的な「決まったやり方」は、常に微妙に異なっている。それが「日本人」どうしのあいだですら「空気を読むこと」、つまり、その場においての「ふつう」を理解し、そのようにふるまうことが求められる理由である。この場合の「ふつう」とは、ある狭い人間関係において遵守すべきものとして共有された規範のことであり、より広い社会におけるいわゆる「常識」と一致する必要は必ずしもない。それゆえ、たとえば学校のクラスのように比較的狭い人間関係では、「ふつう」の位置に立つ人間は柔軟に入れ替わりうる（土井 二〇〇八：二〇-二二）。その場面において、より「ふつう」であるとされた人々から「ふつう」ではないとされる人々へと同調圧力が働くが、他者との対立点が顕在化する（「浮いてしまう」）ことを避けるための繊細な気配りの継続という、土井隆義がいう「優しい関係」（前掲書）の維持という意味での「空気を読む」行為は、「ふつうではない」とされる側によって率先して行われることもある。

マイノリティとしての位置に固定化されているわけではないが、弱い立場に立たされたり少数派の意見をもっていたりする人々が被りがちな、強い立場や多数派の意見をもつ人々からのこうした同調圧力の延長線上に、マイノリティに対する同化主義は位置づけられる。たとえば日本の大学に通う日本人学生の大半は、就職活動の時期になるとリクルートスーツを着てインターンシップや面接、選考に臨む。皆で同じ服装をすることに違和感や抵抗感を覚える大学生もいるだろう。それでも「そのようにしないと、企業に悪い印象をもたれるかもしれない」という恐れ、あるいは家族や先輩からの「善意の」助言を受け入れて、多くの学生がリクルートスーツを着ることを選んできた。最近では日本の大学に通う留学生の多くも日本での就職を目指すようになっているが、私の観察では彼・彼女たちの多くもリクルートスーツを着て就職活動に臨んでいる。この場合、「日本人」大学生に対する「就活のときにはリクルートスーツを着るのがふつうである」という同調圧力と、外国人留学生に対する「日本で就活をするときにはリクルートスーツを着るのがふつうである」という同調圧力とのあいだに根本的な違いはない。しかし後者が「外国人留学生は日本人のやり方に従うべきである」という規範になると、それは「外国人」という立場に固定化されたマイノリティに対する同化主義ということになる。つまり同化主義とは人種・民族・性的指向・国籍などの差異に基づきマイノリティの立場に固定化されている人々に対して、マジョリティのやり方を「ふつうのこと」として受け入れさせようとする同調圧力が規範化したものである。

2——マジョリティを分断する同化主義

誰もが同調圧力を被る可能性があり、そして同調圧力とマイノリティへの同化主義は連続したものである。そして第3章でも述べたように、同化主義を行う主体としてのマジョリティは交差的で関係的なカテゴリーである。すなわち、ある人が本質的にマジョリティなのではなく、人種、民族、国籍、社会階層、性的指向、障がいの有無などの面で「ふつう」の立場に立った人がマジョリティと呼ばれる。そして人々は常に変化する複数の関係性に身を置いている以上、どのような人であれ、自分のもつ差異によってマジョリティとしてもマイノリティとしても位置づけられる可能性がある。そしてマイノリティにとって同化主義とは、マジョリティのノーマリティへの順応を強要されることで自分自身の主体性を奪われる経験に他ならない。ということは同化主義が強まってその適用範囲が広がっていくほど、マイノリティの立場に置かれて権利と尊厳を侵害され排除される可能性が、いま現在自分自身がマジョリティであると信じて疑わない人も含めたあらゆる人にとって高まるということになる。

前章までで述べてきたように、日本人性とは日本人論言説を通じて制度化され、人々のあいだに内面化された文化ナショナリズムでもある。それによって同調圧力が規範化されることで、「ふつうではないこと」が「日本人らしくないこと」と同一視されるようになる。その際、同調圧力の標的となった人が日本人性資本をわずかしか有していなければ、その人は「日本人ではない人」、すなわち日本社会におけるマイノリティとしての立場に固定化されることになる。そのように他者化されるのは外国籍者にとどまらない。たとえば前章で述べた「ハーフ」や外国にルーツをもつ日本生まれの人々、帰化して日本国籍を得た人々などは、外見、ふるまい、言葉遣い、(文字通りの) 血統などといった日本人性資本が不十分であることで「日本人ではない」とみなされる場合がある。

一方、日本人性資本を一定程度保有している人が「ふつうに」ふるまえなかった場合、「日本人なのにもかかわらず、日本人らしくない人」とみなされることになる。前章で述べた「キコク」をはじめ、「標準語＝ふつうの日本語」をうまく話せない地方出身者や、日本人論言説によって再生産されてきた「日本人らしさ」の規範に合致しないふるまいをする人、そして「日本の国益」に貢献しないとされる生活様式や指向、政治的・経済的主張を有する人などが「不完全な日本人」「反日日本人」だとされる。「同性愛者には生産性がない」「生活保護受給者は国益を損なう」「高齢者は早く死んだほうが国益になる」といった主張がなされるとき、その標的となる日本人は「不要な日本人」だとみなされ、排除の対象になる。こうしてマイノリティへの同化主義とマジョリティ内部における「シン（真）・日本人」へのナショナリスト的同調圧力が強まれば強まるほど、「日本人」のなかから「実は日本人ではない人」「完璧な日本人ではない人」「日本人だが有害／不要な人」が見出され続けることになる。人々を「日本人」として同化させ、ネイションとして統合することを目指していたはずのナショナリズムが、同じネイションの一員でありえたはずの人々を分断する遠心力として作用するのである。

ネイションの分断を助長するナショナリズムのこうした側面を山崎望らは「奇妙なナショナリズム」と名づけ、また津田正太郎は「シニック・ナショナリズム」と呼んだ。「奇妙なナショナリズム」とは、「権利を奪われた」という被害妄想を抱いたマジョリティ国民による、「国民とは誰か」「何が国民か」という国民の範囲や内容の再定義を要求するナショナリズムである。それは自分たちの権利を奪う外部の敵の脅威を強調すると同時に、国民内部にも敵を見出し、排除しようとする（山崎編 二〇一五）。一方「シニック・ナショナリズム」とはマスメディア・インターネットメディアにおける排外主義的ナショナリズム言説を指す。このナショナリズムもまた、同じ「国民」「日本人」でありえたはずの自分とは異なる意見や背景をもつ人々を、利己的な利害関心に基づいて行動する「堕落した国民」「売国奴」「（既得権益を不当に享受する）上級国民」などとスティグマ化し、最終的に「在日」「非国民」などとして「日本人」の外側へと象徴的に追放しようとする。津田によれば、こうしたシニカルなナショナリストたちは、過去の歴史上の人物や出来事を美化する「国民の歴史」の物語を再構築することで、個々の同胞への嫌悪や排除と全体としての国民共同体への愛を両立させようとする。このような排外主義的ナショナリズムの隆盛の背後には、他者の行為を利己的なものとしてしかみることができないシニカルな見方が人々のあいだに広がっている現代日本の状況がある（津田二〇一六）。

このように、他者への同調圧力の延長線上としての同化主義によってネイションにおける自らの特権的地位を維持しようとするマジョリティのナショナリズムは必然的に、自分たち自身のなかから「同化できない／させるべきではない他者」を再生産し排除していくことになる。それゆえ同化主義を強力に推進すればするほど、同胞でありえたはずの人々がまだ同化していない／同化させるべきではない人々として次々に再発見／再構築されていく。それが繰り返されることで国民社会内部に同胞への猜疑心とシニシズムが広がっていき、ネイションはまさに同化主義によって分断されていく。つまり同化主義的ナショナリズムとは、それと同時に排外主義的ナショナリズムでもある。

3——「テスト」がテストするもの

一方、マイノリティの人々にとって同化主義は常にマジョリティによって押し付けられるものとして経験されるわけではない。むしろ社会的上昇を果たすために自ら進んで主流社会の規範を内面化・規律化しようとする場合もある。その意味で、同化主義は主流社会のなかでマイノリティが生き残り、社会的に上昇するための戦略でもありうる。だがマジョリティに自ら進んで同化しようとすることは、マジョリティ性の優位という既成の秩序をマイノリティが受け入れることに他ならない。それはマイノリティにとって、その社会の正当なメンバーであるかどうかを「テスト」される立場（前章参照）に身を置くことを意味する。

第2章で述べたように、二〇〇〇年代以降の先進諸国では「中核的価値観（core values）」を自由民主主義と普遍的人権理念、文化多元主義などに基づいて定義し、それを共有することを移民に求める傾向が強まった。だが一方では、マジョリティ国民はそのような「リベラルで中核的な価値観」をすでに共有していると想定されている。つまり、それは実質的にはエスニック・マイノリティが価値観を共有しているかどうかをマジョリティが「テスト」することを意味する。たとえばオーストラリアでは二〇〇七年から、国籍（citizenship）の取得（帰化）を申請した人の大半に「シティズンシップ・テスト」の受験が義務づけられている。[*1] このテストでは英語の基本的知識、オーストラリア市民の概念とその権利（privilege）や責任のほかに「自由、尊重、公平に基づくオーストラリア的価値観（Australian values）」に関する問題が出題される。受験者が試験勉強をするために政府がウェブ上で公開している教本では「オーストラリア的価値観」として、「法の支配の遵守」「議会制民主主義」「言論の自由」「結社の自由」「信教の自由」「法の下の平等」「機会の平等と『公平（fair go）』」「相互尊重と他者への寛容」などが掲げられている（Department of Home Affairs 2020: 34-37）。そこでは、オーストラリアにやや特徴的といいうる要素（選挙における投票が強制であること、国教をもたないことと政教分離、宗教法に対するオーストラリア法の優越、離婚の許容など）や、"fair go"というオーストラリア独特の表現（機会の平等とほぼ同じ意味で用いられている〔前掲書：41〕）にも言及されているが、全体としては他国であっても「自由民主主義的な」価値観だとみなされうる内容である。

そのうえで教本では、オーストラリア国籍（市民権）を取得することは国民共同体（community）への十全な参加の機会をもたらすがゆえ、市民としての責任を果たさなければならないと説く。そしてオーストラリアの国民共同体においては「メイトシップ（mateship）」が重視されるとし、近隣どうしの助け合い、慈善活動、ボランティアなどへの参加を通じてコミュニティの結束の強化に貢献することが奨励されている。また英語がオーストラリアの「国語（national language）」であると明記し、オーストラリアの住民である以上、非英語系の住民であっても英語を学ぶ努力をするべきだとされる。さらに国民社会の安全を維持するために、友人であっても犯罪を企てる者や子どもを虐待する者などがいたら行政に通報するように奨励している。そして、たとえ複数の国籍をもつ者（オーストラリアでは複数国籍の所持が容認されている）であってもオーストラリアの法を遵守し、オーストラリアに忠誠心をもち、オーストラリアの利益に反することをするべきではないと説く（前掲書：38）。

　このように「オーストラリア的価値観」とされる項目には、普遍的な自由民主主義的価値観だとされているものと、オーストラリアのナショナリズムに影響されている項目とが混在している。しかし私は、両者を区別したうえで前者のみを移民に対して「テスト」すべきだといいたいわけではない。根本的に重要なのは、共有されるべき「価値観」の中身が「リベラル」で「公共的な」価値観であるかどうかではなく、この「テスト」が国籍を取得したい移民に対してだけ課されることである。つまりオーストラリアで生まれ育った人々、特に白人オーストラリア国民は、「テスト」を受けるまでもなく「オーストラリア的」価値観を内面化していることが自明の前提になっている。そしてそうしたマジョリティには「自分たちの価値観」をマイノリティに押し付ける特権があることが当然視されている。そこに前章で述べた、マジョリティの統治的帰属の感覚に基づく「テストする権力」が存在する。

　オーストラリアにおいて移民が「テスト」されるようになったのは、実は二一世紀に入ってからが初めてではない。今日では多文化主義国家として知られるオーストラリアはかつて「白豪主義」

＊1　Department of Home Affairs ウェブサイト（https://immi.homeaffairs.gov.au/citizenship/test-and-interview/learn-about-citizenship-interview-and-test/learn-about-citizenship-test）二〇二四年九月二九日閲覧。

と呼ばれる、有色人種の入国や移住を制限する政策を続けていた。一九〇一年の連邦結成とともに制定された移住制限法によって導入されて以来、一九五八年まで行われていたのが入国審査の際の書き取りテストであった。これは入国審査官が試験の必要があるとみなした者に、ヨーロッパ言語（のちに、政府が指定した言語）による五〇語の文章の書き取りと氏名を記することを求めるものであった。すなわち入国希望者が有色人種である場合、その人物が不得手であろう言語を審査官が恣意的に指定することで、不合格にすることが可能になっていた。これは「ナタール方式」と呼ばれ、あからさまな人種差別による入国制限が国際関係や内政上の摩擦を引き起こすことを避けるために、あくまでも入国希望者の「教養」をテストするという名目での有色人種の恣意的な排除を可能にするものであった（藤川編 二〇〇四：一一六-一一七、竹田 二〇〇〇：四四-四五、関根 一九八九：一九〇-二〇六）。実際には書き取りテストを免除されオーストラリアに入国した有色人種の人々も存在したが、ここで重要なのは、書き取りテストの使用言語を決めたり誰にテストを受けさせるのかを、政府（白人）側が恣意的に設定できる権力を保持していたことである。その意味で、それはマジョリティ特権としての「テスト」のあり方を象徴していた。

一九七〇年代に白豪主義が放棄され多文化主義が開始された後に導入された今日のシティズンシップ・テストには、かつての書き取りテストのような露骨な恣意性はもちろんない。先述したように政府のウェブサイトで教本が公開されており、英語版だけではなく多言語で翻訳されたものも自由にダウンロードでき、オンラインで無料の模擬試験も受けられる。*2 二〇二〇年に当時の保守政権が「オーストラリア的価値観」に関する項目をシティズンシップ・テストに加えて合格基準を厳しくした結果、テストごとの合格率はそれまで八割程度だったのが七割を切るようになった。しかし不合格になってもその時点で所持しているビザに影響はなく、再試験を受けることもできる。最終的には、受験者の約九五％がテストに合格しているという。[*3] ほとんどの受験者が合格できるというこの事実が、シティズンシップ・テストの実際の役割を示している。このテストは、オーストラリア国籍を授与するにふさわしくない者を振るい落とすためだけに行われているのではない（もしそうであれば模範解答や教科書がネットで公開されているはずはないし、もっと合格率を上げるように政府が要求されるはずもない）。[*4] それは「テストする権力」をもつのは「われわれ」である、という統治的帰属の感覚をマジョリティ白人自身が確認し、マイノリティにそれを誇示する象徴的役割を果たしているのである。マイノリティは受験を義務づけられることで、自分たちが「テストされる側」であり、マジョリティの価値観を受け入れさせられる側に立たされている、ということを思い知らされる。つまりマイノリティがテストによってほんとうに試されているのはオーストラリア社会の制度や文化、「オーストラリア的価値観」についての知識ではなく、マジョリティ白人が特権をも

＊2　Department of Home Affairs ウェブサイト（https://immi.homeaffairs.gov.au/citizenship/test-and-interview/prepare-for-test）二〇二四年九月二九日閲覧。
＊3　William Summers, "Coalition's citizenship test claim misleads" Crikey（https://www.crikey.com.au/2024/02/08/coalition-australian-citizenship-test-claim-misleads/）二〇二四年九月二九日閲覧。
＊4　同右。

つオーストラリア社会の既存の秩序を受け入れる覚悟ができているかどうかなのである。

4――「マウントを取り続ける技法」としての同化主義

このようにマジョリティは、個々人のあいだに無数にある差異のなかから自分たちにとって都合のよいものを恣意的に選び出して、マイノリティがそれをどの程度自分たちと「共有」できているかを「テスト」することができる。それゆえマイノリティがいくら同化しようとしても、その気になればいつでも「まだ同化していない」と「不合格」にできる（あるいは、気まぐれに「合格」させることもできる）。つまりマイノリティが主流社会の価値観を「共有」しているかどうか、すなわちマジョリティにとって望ましいあり方で同化しているかどうかは、原理的にはマイノリティの努力や自己変革によってではなく、マジョリティ側の恣意的な「認定」によって決まる。マジョリティは、恣意的な基準で「まだ同化していない」とマイノリティを「不合格」にする特権を保持し続けるのである。

マジョリティによるこうした「テストする権力」は、オーストラリアのシティズンシップ・テストのように行政が公式に行う文字通りの試験においてだけではなく、私たちの日常生活の相互行為の場面においても作用している。マイノリティはそれをしばしば「マイクロアグレッション」として経験する。デラルド・ウィン・スーによれば、マイクロアグレッションとは「特定の個人に対して属する集団を理由に貶めるメッセージを発するちょっとした、日々のやり取りである」（スー二〇二〇：二〇-二一）。ある社会において劣位なものとしてカテゴリー化された集団の構成員、すなわちマイノリティにとって、マジョリティからのマイクロアグレッションは持続的で継続的な人生の経験である。それゆえ、ひとつひとつの経験は些細なものに思えても、そのダメージは徐々に蓄積していく。そして、自分の被った経験がマイクロアグレッションなのか、それとも考え過ぎなのかどうか悩み、心理的なエネルギーを消耗し、自分が「二級市民」扱いされていることを常に思い知らされる（前掲書：四-五）。その結果、マイクロアグレッションは周縁化された集団の構成員に心理的・身体的・知的に有害な影響を及ぼす（前掲書：二二六-三三二）。「マイクロアグレッションの影響は一生涯かけて知らぬ間に進行し、抑圧された人々のアイデンティティや声を沈黙させ、無価値化し、そして自尊心を傷つける。たとえ致死性がさほど明白でなくても、被害者をすりつぶして摩耗させる」（前掲書：一二二）。

マジョリティはしばしば無意識のうちに、マイクロアグレッションを行う。そのような「悪気がない」加害や排除に対処することは、明確な悪意に基づく差別とは別のかたちでマイノリティを疲弊させる。自分がマイクロアグレッションを実際に受けたのかどうか、限られた時間のなかでそれにどのように応答すればよいのかと、いちいち考えなければならないからだ（前掲書：一〇六-一一四）。そんなときのマイノリティは、マジョリティから「口頭試問」を受けているようなものである。たとえば「日本語が上手ですね」「日本人以上に日本人らしいですね」という、マジョリティ日本人がしばしば誉め言葉のつもりで口にする言葉の背後には「外国人にしては」「ほんとうの日本人ではないのに」といった暗黙の含意がある。「あなたはどこの出身ですか」という質問が「(その外見からして)あなたは日本人であるはずはない」という思い込みに基づいていることもある。これらはスーのいう(マイクロアグレッションの一種である)「マイクロインバリデーション」がもたらす「よそ者扱い」の典型である(前掲書:七九)。しかしそれらにいちいち「空気を読まずに」異議を申し立てていたら「めんどくさいやつ」と思われ、居心地が悪くなり、最悪の場合、集団の和を乱す者、マジョリティを不当に糾弾する厄介者として排除されるかもしれない。そこでマイノリティたちは、「悪気のない」マジョリティの質問に際して、その場をどうにかしのぐための「技芸」を体得していくこともある(ケイン 二〇一九、栢木 二〇一九)。ここでいう「技芸」とは、「就活の圧迫面接を切り抜けるノウハウ」とか「上司のパワハラをやり過ごす知恵」といったものに近い。「やり過ごす」やり方を間違えれば「口頭試問」は不合格となり、「あなたは私たちのほんとうの仲間ではない」という烙印が押される。たとえ今回は合格したとしても、マイノリティの日常には必ず次のマイクロアグレッションが待ち受けている。次から次へと続く「追試」で一度でもしくじれば、合格は取り消される。

マイノリティの人々にとって、マジョリティからマイクロアグレッションを被るということは、日々の(「マイクロな」)日常や人生を通じて「二級市民」「よそ者」としての現実を生きさせられるということに他ならない。そして米国において、有色人種へのマイクロアグレッションはマジョリティ性としての白人性と白人至上主義に由来している(スー 二〇二〇:一九六-一九七)。同様に、日本における「日本人ではない人々」へのマイクロアグレッションはマジョリティ性としての日本人性に起因する。また女性やセクシュアル・マイノリティへのマイクロアグレッションは、マジョリティ性としての男性性や異性愛主義によって引き起こされる。スーが述べるように、マイクロアグレッションを通じてマジョリティが発揮する「力」とは、マイノリティにとっての現実をマジョリティが定義し、それをマイノリティに押し付ける権力である（前掲書：九五－九六）。

このマジョリティ－マイノリティの権力関係と、恣意的で絶え間ない「テスト」を通じたマイノリティへの現実《リアリティ》の押し付けこそが、社会現象としての同化と区別されるイデオロギーとしての同化主義の核心である。佐藤裕は同化（行為）を、何者かが「われわれ」と「同じ立場に立つことを要請するメッセージを送ること」と定義する。その「同化メッセージ」を送られた人々は、「われわれ」ではない何者かとしていったん「他者化」される。それゆえ同化（行為）と他者化は常に同時に遂行される（佐藤 二〇一八：六四）。そしてこの他者化の際、「われわれ」という特定の視点からの、他者への「負の価値づけ」が行われる。これを佐藤は「見下し」と表現している（前掲書：六八－六九）。佐藤の理論を援用すれば、マイノリティに対する同化主義とは、マジョリティがいったん他者化して「見下して」「われわれ」から排除した人々に対して、「われわれ」へと同化するように、排除した張本人であるマジョリティ自身が改めて要求することである。そしてこの同化の要求の際にも、「見下し」による他者化は必然的に継続している。

一方、マジョリティに同化したいと願うマイノリティの立場からみれば、マジョリティからの同化の要求には他者化と「見下し」が必然的に伴うのだから、マジョリティに自分たちを「見下す」ことをやめてもらわない限り、つまり「同化せよ」という要求をやめてもらわない限り、同化することは決してできない。こうしてマジョリティによる同化主義自体が、マイノリティのマジョリティへの同化を不可能にしてしまう。

それゆえ同化主義者たち自身がどう考えようとも、同化主義に達成可能なことは同化ではありえない。そうではなく、同化主義とはマジョリティがマイノリティを「見下し続ける」ことを可能にするもの、すなわち、マイノリティを「まだ／やはり同化していない」他者として位置づけ続けることで、マジョリティのマイノリティに対する特権を保持・強化するメカニズムなのである。それはマジョリティの優位性という現実を再生産するための社会的装置なのであって、同化主義によって実際にマイノリティの同化が促進されているかどうかは、マジョリティにとって実は副次的な問題でしかないのだ。現代日本でもっともマジョリティ日本人への経済・社会・文化的同化に成功した移民集団だとされる在日コリアンが、現代日本においてもっともヘイトスピーチ、ヘイトクライムの対象にされがちな移民集団であるという一見矛盾した状況（樋口二〇一四）は、実は矛盾ではない。マイノリティのマジョリティへの同化が進むからこそ、マジョリティは彼・彼女らと自分たちを他者化する新たな指標を見つけ出し、それに意味を与えてマイノリティに対する優位性を保とうとするからだ。つまり同化主義とは、マジョリティがマイノリティに「私たちと同じになれ」と絶えず要求しておきながら「おまえはまだ私たちと同じになっていない」と絶えず宣告し続けることで優位に立つ（「見下す＝マウントを取り続ける」）ことを可能にするメカニズムなのである。そしてこの世界に自分とまったく同じ人間は（一卵性双生児を含めて）存在しない以上、このような「マウント取り」は原理的には、ただひとりの「シン・日本人」が残されるまで続くことになる。

それゆえマジョリティの同化主義が行われている限り、同化主義を受け入れてマジョリティに同化しようとするマイノリティの努力は報われることはなく、一時的に成功しているように見えるに過ぎない。どんなに経済・社会・文化的にマジョリティに同化しようとしても、マイノリティは待ち受ける「追試」から逃れることはできないのだ。マジョリティが「マウントを取り続ける技法」としての同化主義はとりわけ、マイノリティが自ら進んで主流社会に統合していこうと望むときに深刻な事態を引き起こす。

5――心理的統合と他者への「呼びかけ」

先述したように、イデオロギーとしての同化主義と区別したときの同化とはマジョリティ中心の社会にマイノリティが統合される過程を意味している。それには社会経済的、政治社会的、そして心理的統合という諸側面がある（第2章参照）。このうち前二者については、第2章ですでに言及した。一方、永吉らは移民の心理的統合の指標として、移民の精神的な健康（メンタルヘルス）、日本への帰属意識、永住意図を挙げている（永吉二〇二一：七）。このうちメンタルヘルスについては本人の資質のほか、移住先での社会経済的・政治社会的統合のあり方が影響を与えている（長松二〇二二）。また日本で差別などのネガティブな経験をすることが、永住意図を低くする効果があることが示された（木原二〇二一）。それでは、帰属意識についてはどうだろうか。私たちがある社会や集団に帰属意識（sense of belonging）をもつというのは、いったいどのような状態を意味しているのだろうか。

この問いは、見かけほど単純ではない。そもそも私たちは二四時間三六五日、同じように何かを「意識して」いることはできない（グレーバー・ウェングロウ 二〇二三：一〇六）。大学で同じクラスの人たちと授業を受けているときは、サークルの仲間たちのことを「意識して」いないかもしれない。アルバイト仲間と遊んでいるときには高校時代の友人の集まりのことは忘れているかもしれない。だとすると私たちの帰属意識は、私たちがその「帰属」を「意識」したときにだけ、出現していることになる。そして私たちが広い意味で他者から「呼びかけられた」とき、私たちの帰属意識は呼び覚まされる。あなたはあの人たちの仲間ですね、と誰かに尋ねられたとき、私は「はい」という応答とともに「帰属」を「意識」する。もちろん、実際にそのように話しかけられなくても、私はこの集団に帰属していると感じることもある。しかし私が仲間だと思っていた人々から冷淡な態度を取られたら、私がその集団に帰属意識を感じることは難しいだろう。つまり私がそこに帰属意識を感じることができるのは、たとえ明確な言葉にならないとしても、そこにいる他者からの何気ない会話や、身振り、表情などから「あなたは私たちの仲間だ」という無言の呼びかけを受け取っているからである。その際、誰があなたに呼びかけたり呼びかけなかったりすることができ、あなたの応答を承認したりしなかったりできるのかは、ある集団がどの程度制度化されているか、どの程度民主的かといったことでも異なる。入会資格や条件が明文化され、その入会を決定する権限をもつ機関や役職が定められている場合もあるし、メンバーの総意で入会が承認されることもある。

■呼びかけという特権

では、あなたが「日本人」であることを誰が承認したり、否認したりするのだろうか。もちろん日本国籍を付与するのは日本政府であるが、これまで述べてきたように「日本人であること」あるいは「ほんとうの日本人であること」は、日本国籍の所持だけでは社会的に承認されない。つまりあなたが日本人であるかどうかは、あなたをとりまく直接・間接の人間関係やその背後にある制度・構造において、あなたが日本人であると承認されるかどうかにかかっている。そしてあなたが日本人として承認されるかどうかは、イデオロギーとしての日本人論言説の影響のもとに判定される。ルイ・アルチュセールが述べるように、個人はイデオロギーによって「呼びかけられる」ことによって主体として構成される（アルチュセール二〇一〇：二二七–二三七）。この「呼びかけ」こそが、私が「テストする権力」と呼んだものである。

あなたが日本人として承認されるためには、あなたにどれほどの日本人性資本の蓄積があるのかという「日本人らしさテスト」に合格する必要がある。ただし、そのような「テスト」は誰が行っても正当なものとして認められるわけではない。日本以外の国で生まれ育ち、日本に縁もゆかりもない人に「あなたは日本人だ」と言われたとしても、それであなたが日本人として承認されることはない。あなたが日本人であることを承認できるのは、第3章で述べたような意味での「貴族」として、その人自身が「ほんとうの日本人」であることを自他ともに揺るぎなく承認されている人、すなわちマジョリティ日本人と、その優位性が前提となって構成されている制度や構造に他ならない。言い換えれば、他者が日本人かどうか「テスト」し、承認したり否認したりできることは、マジョリティ日本人のもつ特権のひとつなのである。

社会心理学者のジェニファー・エバーハートが指摘するように、他者からの帰属意識の否認は、その人の自己同一性としてのアイデンティティにも影響を与える（エバーハート 二〇二〇：三八）。マジョリティ日本人から「おまえは日本人ではない」というまなざしを向けられた人は、自分自身のことを「日本人」だとみなすことが困難になる。それどころか、「あなたは日本人ですよ」「日本人になりなさい」と同化を呼びかけられた場合ですら、自分自身を「日本人」だとみなすことが難しくなる場合さえある。岸政彦が調査した、第二次世界大戦後に本土就職を経験した沖縄出身者たちは、深刻な差別を経験しなかったとしても、それどころか本土の「日本人」から「同じ仲間である」というメッセージを受け取っていたとしても「日本人」としての帰属意識をもつことが困難になっていった。なぜならば、そのような呼びかけを受けるたびに彼・彼女たちが自分自身のアイデンティティについて考え、語らざるを得ない状況に立たされること自体が、彼・彼女たちを「日本人」とは異なる「沖縄人」として他者化していたからである。「これが同化が他者化を生み出すプロセスである。同化圧力はマイノリティの自己への問いかけというアイデンティティ状態をつくりだすことで、結果的に他者を生み出してしまうのである」（岸 二〇一三：四一八）。

……一般的にいって、同じ仲間である、同じ国民である、同じ存在であるというメッセージは、実はいまのあなたは同じ仲間ではない、同じ国民ではない、同じ存在ではないという前提条件がないと意味をなさないものであり、したがって、同じであるというメッセージは、同じではないというもうひとつのメッセージをかならず伝達してしまう。……自己を語ることから免除されたマジョリティと、同じ仲間であるというメッセージによってかえって他者化されるマイノリティ。「あなたは仲間だ」という言葉は「お前はだれだ」という問いかけでもあるのだ。あるいは、「あなたたちは私たちと同じだ」というマイノリティ側からの呼びかけは、かならず「私たちはあなたたちとは違う」という意味をともなってしまう。要するに、それがどちらの側からのものであるにせよ、同化に至ろうとするすべての試みや呼びかけは、ここでは失敗に終わる運命にある。（岸二〇一三：四一五–四一六）

■呼びかけによる人種化

これまで述べてきたように、あなたがある集団に帰属意識をもてるかどうかを最終的に決めるのは、実はあなたではない。あなたがそこに帰属を意識するためにはまず、そこにいる人々から仲間として呼びかけられなければならない。そして他者から明示的・非明示的に承認されることによってはじめて、あなたはその集団に帰属意識をもつことが許される。いくらあなたがその集団に帰属したいと願ったとしても、その集団の構成員から仲間として呼びかけられなければ排除されることになる。それゆえ、他者からの呼びかけのあり方と他者からの排除のあり方は深く相関する。

ハージはレイシズムを「呼びかけ」による人種化の過程と定義し、次の三つに類型化する（ハージ二〇二二：二二一–二二五）。それは第一に「呼びかけないこと（non-interpellation）」であり、人種化された人々の存在を否認し、不可視化することである。第二に「否定的な呼びかけ（negative interpellation)」であり、否定的なステレオタイプを人種化された人々に付与することである。それに対して、第三の「誤った呼びかけ（mis-interpellation）」は、現代における回避的レイシズムに特徴的な人種化のあり方だといえる。ハージによれば、これは普遍主義的規範が支配的な社会において起こりやすい。すなわち、ある個人はまず「みなさん」と普遍主義的に呼びかけられ、社会への包摂を歓迎される。しかしその呼びかけに応じ、普遍的価値観を受け入れて社会に包摂されようとしたとたん、最初の呼びかけにあった「みなさん」に、実は自分が含まれていなかったのだと思い知らされる人々がいる。「いや、おまえに話しかけたのではない、あっちに行け。おまえは私たちの仲間ではない」（前掲書：二二四）。

先述したように、自由民主主義や人権、文化多元主義といった価値観がナショナル・アイデンティティの一部として組み込まれている国家では、出自やエスニックな文化的背景の違いを理由に人々に同化を強要したり排除することが公式には認められない。それゆえマジョリティ国民は往々にして、その国の「リベラルで中核的な価値観」の共有をマイノリティに強要するというやり方で、マイノリティに対して「マウントを取り続ける」ことになる。そのような社会においてマイノリティが経験する差別や不公正は、「誤った呼びかけ」であることが多い。人間はみな平等で自由で、機会の平等が保障されていると教えられ、自分もそのような「人間」の一員だと信じて育った人々が不平等で不自由で不公正な現実に直面し、自分は実は「人間」扱いされていなかったのだと知ったときに、裏切られた衝撃はより大きなものになる。とりわけハージは、移住先での差別や不平等の存在を前提として生きてきた第一世代の移民よりも、主流社会で生まれ育ち、そこの価値観に同化した第二世代以降の人々のほうが、「誤った呼びかけ」をトラウマ化しやすいと指摘する（第10章参照）。そのトラウマは、自分を排除した主流社会への固執を深めると同時に、その社会への憎悪を増幅させることになる。ハージによれば、この固執と憎悪は表裏一体のメンタリティであり、自分が裏切られた偽りの普遍性を超克する「真の」普遍主義を探求するコスモポリタニズムと、普遍性から背を向けて自分が育った社会を破壊しようとする宗教的過激主義の両方を移民第二世代のなかに台頭させる。そして後者はマジョリティ国民によって「移民が同化不可能である」証拠とされるのだが、実のところそれは回避的レイシズムを伴う「リベラルな価値観の共有の強要」のかたちをとった、現代先進諸国におけるマジョリティがマイノリティに対して「マウントを取り続ける技法」としての同化主義が必然的にもたらす「誤った呼びかけ」というレイシズムの帰結なのである。それは「まだ同化していない他者」を「同化不可能な他者」として表象しなおすことで社会の分断を進行させる、排外主義としての同化主義である。

第6章 生きづらさの遍在からマイノリティの排除へ
——排外主義としての「共生」(1)——

1——分断社会におけるヴァルネラビリティとプレカリティ

■分断社会とは何か

「分断」という日本語はもちろん古くから使われてきたが、それが現代日本の状況を表現するキーワードとして日本語の言論空間で台頭したのは二〇〇〇年代に入ってからである。姜尚中は二〇〇二年の共著で、9・11以後の国際政治を「文明」と「野蛮」の対立として矮小化するオリエンタリスト的世界観がもたらす「分断」を論じ、齋藤純一と杉田敦は、そうした世界規模の地政学が国民国家内部のエリートとアンダークラスの「分割」に反映されているとした。高橋哲哉を含めた四人による座談では、そうした分断／分割を乗り越えていくための「境界線なき政治」が提唱されている（姜ほか二〇〇二）。彼らは当時すでに、「分断」を国際政治における状況として理解するだけではなく、国内における格差・不平等の問題と結びつける議論を展開していた。

経済学者の松原隆一郎は二〇〇五年の著書で、小泉純一郎自民党政権の新自由主義的構造改革がもたらした、少数の「勝ち組」と多数の「負け組」に分断された日本経済の姿を描いた（松原二〇〇五）。ジャーナリストの斎藤貴男も、「負け組」が経済のみならず社会的にも排除されつつあると論じた（斎藤二〇〇六）。この時期、日本社会における格差や貧困の拡大がクローズアップされたが、社会学者の吉川徹は、現代日本における格差のあり方を決定づけているのは高卒以下と大卒以上のあいだにある「学歴分断線」だと主張し、それを「学歴分断社会」と呼んだ（吉川二〇〇九）。

朝日新聞の場合、二〇一六年以前の記事では、「ライフラインの分断」のように自然災害に関わる記事で「分断」という日本語が用いられる傾向があった。また「南北朝鮮の分断」や「東西ドイツの分断」、米国のトランプ政権をめぐる人々の対立や英国のブレグジットをめぐる世論の分裂のように、海外の国際情勢を扱った記事でも用いられていた。しかし二〇一六年頃から、「分断」という言葉が日本国内における社会・経済的不平等、すなわち「格差の拡大」に関連する記事で使用されることが増えた。もうひとつの主要全国紙である読売新聞でも、こうした変化が確認できる（塩原二〇一九）。

また二〇一〇年代になると、日本社会の分断を機会の不平等の拡大だけではなく、それによって相対的に利益を享受している人々と、集中的に苦難を被っている人々の乖離や敵対としてとらえる見方が定着していった。本田由紀はこうした分断が、「戦後日本型循環モデル」の機能不全によって拡大したと主張した。本田によると、新卒一括採用、終身雇用と年功序列、性的役割分業、家庭による子どもの教育コストの大きな負担、そして家庭に関する政府の社会保障支出の少なさといった、戦後日本の高度経済成長を支えたシステムが一九九〇年代に機能不全を起こした結果、世代、ジェンダー、社会階層、中央と地方といったさまざまな分断線が顕在化していった。しかもそれは単なる利害の不一致だけではなく、分断線の向こう側にいる他者に対する敵意や反感を伴うものであった。その背景には、戦後日本型循環モデルの機能不全が人々のあいだに広めた不安や無力感の感覚があるとされた(本田二〇一四、本田編二〇一五)。

井手英策らも財政学・財政社会学の視点から同様の分析を行った。国際比較でいうと、現代日本では貧困層への所得再分配への否定的態度や、自国の政府や公務員に対する不信が人々のあいだで高いレベルで共有されている。井手はこうした他者への無関心や敵意が、戦後日本の経済成長を支えた「勤労国家レジーム」の破綻によって生じたものだと主張する。井手らによれば、このレジームでは労働者に勤勉に労働する美徳が求められ、社会保障や教育の多くの部分が民間市場に委ねられた。政府は地方部の発展や雇用創出のために公共事業を行い、それと同時に都市部の中間層への減税を実施することで政策への支持を調達した。そこでは、持続的な経済成長と自己責任規範が前提とされていた。しかし、この勤労国家レジームは一九九〇年代以降の低成長期に機能不全に陥った。高齢化や女性の労働市場への進出が社会政策へのニーズを高めたこともあり国家財政は危機的状況となったものの、構造改革の必要性はその実態以上に喧伝された。その結果、特定の人々のみに恩恵を与える社会政策が、その財源を負担する側から攻撃されるようになる。こうして正規雇用と非正規雇用労働者・ワーキングプア、男性と女性の労働者、中央と地方政府、都市部と地方部、若年世代と高齢世代などのあいだでの対立が激化し、日本は「分断社会」になった。そしてその分断は、異なる立場に置かれた人々に対する想像力の欠如によって助長されたと井手らは主張する（井手ほか二〇一六：一二–四六、八九–九三）。

これらの議論に依拠しつつ改めて「分断社会」を定義すれば、それは異なるカテゴリーの人々のあいだで利害対立や不平等が生じていると同時に、それらの人々のあいだで交流・接触が減少し、相互への敵意が増長し、相手への想像力が衰退している状況である。そしていずれの論者もその背景として、不安、無力感、あるいは他者への不信といった感覚の遍在化を示唆している（塩原二〇一九）。

■ヴァルネラビリティとプレカリティ

この遍在する感覚を、「ヴァルネラビリティ（vulnerability）」と呼びたい（塩原二〇一七b：一五七–一八〇）。ここでいうヴァルネラビリティは明確に意識された「不満・不安」よりも広範で複雑な内容を含み、意識的な感情だけではなく無意識・半意識的な感覚でもある。辞書に従えば「傷つきやすさ」とも訳せるが、「生きづらさ」「しんどさ」の感覚であるともいえ、数量的に把握するのが難しい。*1 またヴァルネラビリティは個人の心理的・身体的な可傷性のほかに、経済・社会的な構造における個人の位置づけの不安定さを意味する場合がある。本書ではそのような不安定さをヴァルネラビリティと区別し「プレカリティ（precarity）」と呼ぶことにする。ジュディス・バトラーも、暴力に対する心理的・身体的な可傷性としてのヴァルネラビリティと、ある種の住民が他の住民に比べて社会的・経済的な支援のネットワークから脱落した結果として苦境に陥り、差別的な仕方で侵害、暴力、そして死に曝されるような、政治的に誘発された条件としての「プレカリティ」を区別している（バトラー 二〇一八：四七）。

個人のヴァルネラビリティと社会のプレカリティという概念は、産業構造の転換や経済不況などで経済的に行きづまった人々、たとえば現代日本における非正規雇用労働者の状況を形容するためにしばしば言及される（Allison 2013）。しかしそうした一部の人々にとどまらず、ジグムント・バウマンが「液状化する近代」（バウマン 二〇〇一）と形容した急速に変化する現代においては、誰もが程度の差こそあれ不安定な状況に置かれる。グローバルな競争の激化と労働市場のフレクシブルな再編成、社会保障制度の衰退、ＡＩの発展や技術革新による労働状況の変化、少子高齢化による社会の縮小、気候変動の激化、自然災害、戦争・紛争、テロリズムの頻発などが、私たちを不安定にする。その結果、階層や世代やジェンダーなどの属性を問わず、マイノリティであれマジョリティであれ、私たちすべてが程度の差や出現の仕方の違いこそあれ、プレカリアスな状況に置かれている。それゆえ人々はより再帰的になり、自己の存在意義や人生の行く末について絶えず振り返り、反省することを強いられる。このように後期近代、高度近代、第二の近代などと呼ばれる時代状況そのものが有するプレカリティと、そこにおける再帰的自己のあり方ゆえに、ヴァルネラビリティ（＝「生きづらさ」）は私たちの生のうちに遍く存在している（貴戸 二〇二二：三-四）。

しかし、私たちすべてが程度の差こそあれ何らかの生きづらさを抱えて生きているにもかかわらず、それと同時に不安定な立場に立たされた人ほど生きづらさに囚われがちになることもまた、確かである。それゆえ、より経済・社会的に不安定《プレカリアス》な人々、すなわちマイノリティや社会的弱者と呼ばれる人々がよりヴァルネラブルになり、それが彼・彼女らの立場をさらにプレカリアスにしていく。このヴァルネラビリティ／プレカリティの遍在とそのマイノリティ－マジョリティ間での不均等配分(偏在)が、分断と排外主義を理論的に結びつける鍵となる。

2——生きづらさと心の脆さ

「自分が生まれ育った国を離れて『移民』として暮らしていくとしたら、あなたはどんな生きづらさを感じると思いますか。」

＊1　田辺俊介は、現代日本における外国人への排外主義を計量調査によって分析した重要な研究を行っている。彼は、「あなたは生活全体に満足ですか、それとも不満ですか」という設問で回答者の「生活満足感」を測定し、「今後、日本の経済状態は悪くなっていく／日本社会の未来には希望がある」という意見への態度によって「社会的不安」を測定した。その結果、それらの変数は排外主義の強弱に影響を及ぼすが、その影響は強くはないと述べた(田辺二〇一八)。計量的なデータに基づいた分析結果自体は貴重であるが、右記のような設問で測定される変数は、本章で定義されるヴァルネラビリティと同じではない。

授業中に実施したグループ討論で、こんなトピックについて大学生に話し合ってもらったことがある。こういう討論では意表を突かれる意見を聴けることが多いが、このときもそうだった。多くの学生がまず思いついたのが「言葉が通じなかったり、文化が違ったりしたら、きっと不便だろう」といったことだった。つまり多くの学生は「生きづらさ」という日本語を、「生活しづらさ」という意味で解釈していた。

確かに「生きづらさ」と「生活しづらさ」は、字面だけ見ればよく似ている。そこで、両者のニュアンスの違いについてもう少し考えてみたい。感じ方は人によって異なるかもしれないが、「生活しづらさ」には、日常の生活を営むうえでの「不便さ」といったニュアンスが強く含まれる。とりわけ比較的最近移住した移民にとって、そうした不便さは言葉が通じないことや文化、生活習慣の違い、移住先社会における制度に不慣れであることなどにしばしば由来している。だから、たとえば日本政府の外国人支援施策の多くは、外国人住民の「生活しづらさ」の解消を目的としている。*2

一方、「生きづらさ」という言葉には、単なる「不便さ」以上の含意がある。この言葉は、既存の医療・福祉制度などで包摂できない個人のあいまいな困難さを表す言葉として一九八〇年代から用いられはじめ、次第に多様な文脈で用いられるようになった（貴戸 二〇二二：一四、三二）。たとえば『朝日新聞』の紙面では「生きづらさ」は一九九〇年代に入ってから徐々に使われはじめたが、二〇一〇年に入ってからその頻度が急増している。*3「生きづらさ」という言葉は発達障害や精神障害、自殺、依存症、薬物乱用、ニート、いじめ、引きこもり、不登校、性同一性障害（Gender Identity Disorder: GID）やセクシュアル・マイノリティ、ジェンダー（男性／女性）、子ども、若者、高齢者、

DV、虐待、暴力、非正規雇用、貧困といった多様な論点と関連づけられてきた。

貴戸理恵は生きづらさを「個人化した『社会からの漏れ落ち』の痛み」と定義する。そして自身のフィールドワークに基づき、生きづらさの構成要素として①無業および失業、②不安定就労、③社会的排除、④貧困、⑤格差・不平等、⑥差別、⑦トラウマ的な被害経験、⑧個々の心身のままならなさ、⑨対人関係上の困難、⑩実存的な苦しみを挙げている（前掲書：一四五－一四七）。貴戸によれば「『生きづらさ』の背景には、多様性や選択の自由が増幅する一方で構造的な矛盾が見えにくくなり、個人が問題を抱え込まされる現代的状況がある」（前掲書：一四五）。それゆえ生きづらさを感じる本人が自分の生きづらさの原因を社会構造と関連づけて明確に理解することは難しい。その結果、そうした人々は自分自身の「生きづらさ」を言葉にできずに、個人の責任だとされて孤立しがちになる（前掲書：三七）。

貴戸は、今日の日本における「生きづらさ」への関心の高まりには先述した本田の「戦後日本型循環モデル」の機能不全が関係していると論じる（前掲書：四五）。この循環から排除される人々が増加するということは「〈普通〉とされるライフコースを『自分にも開かれたもの』として信じること

＊2　日本政府の「外国人との共生社会」に向けた施策については、外国人材の受入れ・共生に関する関係閣僚会議「外国人材の受入れ・共生のための総合的対応策」を参照（https://www.moj.go.jp/isa/support/coexistence/nyuukokukanri01_00140.html）二〇二四年九月三〇日閲覧。

＊3　朝日新聞クロスサーチによる記事検索結果に基づく。

のできる人の減少や、実際にそこから漏れ落ちる人の多様化・増加」を意味する（前掲書：四七）。それは新卒一括採用、終身雇用と年功序列、性的役割分業といったモデルを実際に社会の多数派が経験していたということを必ずしも意味しない。そうだとしても、「いい学校を出ていい就職をし、結婚して子どもを設け、マイホームを購入する」といった「ふつう」だとされる人生を歩むことができない、という経験や認識が、その人に「生きづらさ」の感覚をもたらすということである。

この「生きづらさ」の感覚は、従来の日本社会でマジョリティの立場にいた人々、たとえばいわゆる健常者で異性愛者の男性にも広がっている。この「男性の生きづらさ」とは、終身雇用、年功序列の職場で正社員として働くことで「一家の大黒柱」として専業主婦の妻と子を養い、やがて「マイホーム」を購入して「一国一城の主」となるのが「一人前の男」だ、といった高度経済成長期からバブル経済期にかけて確立した「男らしさ」のイメージが、その後のバブル崩壊と経済の停滞、非正規雇用や格差の拡大といった社会の変化にもかかわらず根強く残って男性自身を束縛し続けていることから生じている（田中二〇一九）。さらに女性の社会進出に伴う男性に期待される役割の変化、ジェンダー平等の推進、性的多様性への認識の高まりなどの潮流のなかで、従来の「男らしさ」がもはやこの社会における主体的な人生を保障するものではなくなりつつあるという統治的帰属の衰退の感覚を経験することも、男性に生きづらさの経験を引き起こしうる。

このとき、その男性は確かに生きづらさを経験している。ただし心理的に生きづらい《ヴァルネラブル》感覚を抱いている男性が、女性や他のマイノリティに比べて経済・社会的にもより不安定《プレカリアス》であるとは限らない。つまり経済・社会的な下方移動を実際にはそれほど経験していなくても、自分自身の人生が「いきづまっている」と感じることはある。先述したように後期近代において、社会と人生の不安定さと、それに由来する生きづらさは遍在している。しかし、社会構造において不利な位置に固定され、生きづらさの偏在にさらされてきた（女性を含めた）マイノリティの経験や感覚と、自らが受益してきた社会構造が揺らいだことによって生きづらさを経験する（男性を含めた）マジョリティのそれとが同列視されることで、それまでマイノリティにとって不公正な社会構造が維持されることで特権を享受してきたマジョリティの責任があいまいにされてしまう。こうしてマジョリティが感じる生きづらさ《ヴァルネラビリティ》は、自分たちの特権や責任を認めず、むしろ自分たちこそが犠牲者であると感じる「心の脆さ《フラジリティ》」（第4章参照）へと変質していく。

3――生きづらさの遍在／偏在と「行き／生きづまり」

生きづらさの感覚は、人々の移動（mobility）の経験のあり方とも深く結びついている。「移動」という言葉には物理的な移動以外にもさまざまな含意がある。たとえば「社会的移動（social mobilization）」とは通常、その人の所属する社会階層の移動を意味する（「成り上がる」「落ちぶれる」）。これは「移動」を含意する言葉を通じて階層的変化を理解しているという意味で、シンボリックな意味での「移動」だと考えることができる。ハージはこの象徴的移動の概念を発展させ「実存的移動性（existential mobility）」という概念を提起した。それは自分の人生が「うまく行く」＝良い方向性に変化している、という感覚のことである（ハージ 二〇二二：六九‐七三）。このような感覚を抱くとき、人々は自分の人生の行く末に、多かれ少なかれ何らかの希望を見出している。それゆえ実存的移動性とは、自分の人生が自分の望む方向に進んでいる／これから進めることが可能であるという希望を、人々が抱いている状況でもある。

ある人が抱く実存的移動の感覚は、他人から観察できる社会（階層）的な位置や移動とは必ずしも一致しない。一流大学に「進み」、億万長者に「成り上がり」、他人が羨む暮らしをしている人であっても、自分が望んだとおりの人生を送っていると一〇〇パーセント確信しているとは限らない。自分の「リア充」ぶりをSNSで誇示している人は、他人からの「いいね！」で補わなければならないような、満たされない何かを抱えているのかもしれない。あるいは、いま満足している人であっても、将来、この幸せが崩れてしまうかもしれない、という漠然とした不安を抱えているかもしれない。

自分の人生は「うまく行って」いない、これから自分の「思う通りに行かなく」なるかもしれないという、移動のメタファーによって表現される不安が、実存的移動という視座からみた「生きづらさ」である。つまり私たちが生活や人生において「行きづまる」「詰んでいる」「行き場がない」といった実存的移動不可能性を経験するとき、私たちは「生きづらい」と感じるのである。この「行き／生きづまり」の感覚をハージは「ドツボにはまること（stuckedness）」と呼んでいる（前掲書：六九‐七三）。しかし私はそれには「流される」感覚も含まれると考えている。「流される」とは、動いてはいるかもしれないが、自分の意図したとおりには動けない、人生における主体性を喪失した感覚である（塩原 二〇一七b：三六‐四一）。それはバウマンがいう「放浪者」としての人生である（第8章参照）。つまり本書でいう生きづらさとは、不安定《プレカリアス》な状況に置かれたがゆえに自分の人生を主体的に生きることができずに「行き／生きづまり」「流される」という実存的移動不可能性を経験し、その結果として傷つきやすく《ヴァルネラブル》なったり、心が脆く《フラジャイル》なったりしている状態のことである。

　生きづらさを単なる生活しづらさのことだと考えた、先述した私の授業でグループ討論に参加してくれた大学生たちは、まだ若く比較的順調な人生を送ってきたため生きづらさを実感する経験が少なかったのかもしれない。これから就職活動を経て社会人になるにつれ、次第にこの感覚が理解できるようになっていくのかもしれない。もちろん、生きづらさはライフステージの変化によってのみ生じるわけではない。いじめ、引きこもり、家庭環境、職場や友人との人間関係、ジェンダーや性的指向、階層や貧困、病気、メンタルヘルスの不調などで、「詰んで」いたり「居場所がなかった」りする人がいる。あるいは戦争、景気後退やインフレ、失業者や非正規雇用労働者の増加、ＡＩによる社会の激変、パンデミック、気候変動など、自分ひとりの力ではどうにもならないようにみえる大きな変化を少しでも真面目に考えてみると、人間や社会の行く末に「流されていく」不安を感じないことは難しい。

　それゆえ生きづらさとは、誰がみてもプレカリアスな人々だけの問題ではない。現代世界では誰もが程度の差こそあれプレカリアスでヴァルネラブルである以上、マジョリティであろうがマイノリティであろうが、程度の差こそあれ潜在的あるいは自覚的に生きづらさを抱えて生きている。この「生きづらさの遍在」という状況のなかから、特定の他者こそ自分自身の生きづらさの原因だと誤認するフラジャイルな人々が台頭する。こうした脅威意識は、他者への排外意識を強化する（永吉二〇一六）。だが他者に排外意識をもったとしても、それを「排外主義」として実践することが直ちに可能になるわけではない。それが可能になるのは、排外意識をもった側よりもたれた側がより弱い立場にあるとき、すなわち前者がマジョリティであるときだけである。これが、実践としての排外主義がもっぱらマジョリティからマイノリティに対して向けられる理由である。もちろん、マイノリティもマジョリティに対して脅威意識や排他意識をもつことはあり、それが暴力などの帰結をもたらすこともある。だが、その暴力が道義的に非難されるべきかどうかと、それを排外主義と呼ぶかどうかは別の話である。本書でいう排外主義とはあくまで、統治的帰属が脅威にさらされているというマジョリティにとっての現実感覚に基づいて生じる現象であり、統治的帰属の感覚をもてないマイノリティはマジョリティに反発したり抵抗することはできても、マジョリティを排除することは定義上できないのである。こうして排外主義はマイノリティのあいだに「生きづらさを偏在」させていくことになる。

4――排外主義とナショナリズム

「分断」と同様に、「排外主義（exclusionism）」という日本語もジャーナリズムやアカデミズムにおける用法が変遷してきた。日本における代表的な学術データベースである“CiNii”[*4]で検索してみても、二〇〇〇年以前は排外主義という語をタイトル・要約・キーワードに含んだ学術論文や書籍、博士論文は少なく、一九五〇年から一九九九年まででわずか三九件に過ぎない。しかし二〇〇〇年代以降に急増し、二〇〇〇年から二〇〇九年までに五六件、二〇一〇年から二〇一九年までに三六六件、二〇二〇年から二〇二三年までは七四件となっている。しかも二〇〇〇年代以降、外交や国際政治、諸外国における排外主義だけではなく、在日コリアンをはじめとする日本国内の外国人住民や先住民族を標的としたレイシズムやヘイトスピーチを形容する際にも「排外主義」という言葉が用いられる傾向が強まった。

そのような傾向に影響を与えたのが、二〇一四年に樋口直人が世に問うた『日本型排外主義』である。社会運動論の観点から「在日特権を許さない市民の会」(在特会)を分析したこの著作において樋口が特に批判したのは、社会の急激な変化に取り残された敗者たちの怨念や不満が、不合理な差別的行動として暴発した、といった通俗的な排外主義理解であった。その代わりに樋口は、戦後日本における地政学的要因と、歴史修正主義が生み出した言説の機会構造を活用した資源動員戦略の成功例として、ヘイトスピーチという社会運動の台頭を説明しようとした(樋口二〇一四)。

ヘイトスピーチ運動の参加者への質的調査に基づく樋口の分析には、一定の説得力がある。ただし彼の議論の射程は基本的に、在日コリアンへのヘイトスピーチに限定される。だが現代日本にお

＊4　CiNii Research (https://ci.nii.ac.jp) 二〇二四年七月一日閲覧。

ける排外主義の標的は在日コリアンにとどまらない。先住民族としてのアイヌや琉球の人々、非正規滞在者・難民認定申請者や在日クルド人を含むニューカマー外国人、被差別部落、生活保護受給世帯、障がい者、セクシュアル・マイノリティの人々、いわゆる「ハーフ」、重国籍者など、多くの民族的・社会的マイノリティが排外主義の標的になっている。また、排外主義が台頭しているのは日本だけではない。なぜ、異なった集団に属する人々が同じ時期に、異なる社会で、同じように排外主義の標的になるのか。この問いに答えるためには特定の集団をめぐる現象にとどまらず、より広い社会変動論的視点から考察しなければならない。

ただし排外主義はその形態や標的において多様である（樽本 二〇一八）。またナショナリズムやレイシズム、差別などと同一視されることもある。確かに排外主義はこれらすべてと結びついて出現しうるため、概念上の混乱を招きやすい。また先述したように、「排外主義」と「排外意識」を峻別する必要もある。後者については、日本においても計量分析による研究の蓄積がある（永吉 二〇一六）。

そこで本書では排外主義を、「自らが位置する国民的・社会的・私的な空間から他者を物理的／象徴的に排除しようとする、マジョリティによる主張や実践」と定義し、こうした他の概念から区別する。たとえば差別（discrimination）やレイシズムと呼ばれる実践のなかには、相手を空間的には排除することなく従属させ支配しようとするものもある。一方、外国人に「日本から出て行け」と叫ぶのは露骨な物理的排除だが、「ハーフ」を「日本人ではない」と扱うのも国民的空間からの象徴的排除である。またセクシュアル・マイノリティの権利や存在を認めていたとしても、そうした人々と「個人的には関わりたくない」と拒絶するならば、それは私的空間からの排除である。いわゆる「村八分」といった風習や部落差別のように、特定の人を地域コミュニティの空間から排除する排外主義もあれば、生活保護受給者へのバッシングのように標的となった人々を市民社会の空間から排除するものもある（塩原二〇一九、Shiobara 2019）。

他方、排外意識を抱く者が常に排外主義的主張や実践を行うとは限らないし、排外主義的主張や実践を行う者が自覚的な排外意識をもっているとも限らない。たとえば本書を執筆している二〇二〇年代前半の日本では、トランスジェンダー女性の存在を承認し権利を認めることが、女性用トイレや公衆浴場の女湯といった「女性専用」の公共空間に「トランスジェンダー女性になりすました男性」が入り込むことによって非トランス女性の安全を揺るがす結果をもたらすのではないか、という不安を覚える人がいることが報告されている。[*5] 公共の場における男性による性加害からの女性の安全が十分に確保されていないという事情を斟酌しても、そのような意識自体はトランスジェンダー女性への排外意識と呼ばなければならない。ただしトランスジェンダー女性の存在や権利の承認が非トランス女性の安心や権利を侵害するかのように語られがちな状況の背景には、そうした主張を展開することで不安を煽ろうとする、反ジェンダー運動を展開する保守・右派などによるトラ

＊5　たとえば、以下の論考を参照。内田舞「性自認に合うトイレを使える国で、『トランスジェンダーのふり』する性犯罪は起きているのか」ＦＲａＵウェブサイト（https://gendai.media/articles/-/113667）二〇二四年七月一日閲覧。

ンスフォビアのトランスナショナルな展開があることも指摘されている（福永二〇二二）。

このようにマイノリティへの排外意識は多様な空間的位相において潜在しているが、それが排外主義として発現するためには排外意識を正当化する言説の機会構造が開かれている必要がある。このような正当化の言説のうち強力なもののひとつが、ナショナリズムである。ハージも論じているように、とりわけ移民・外国人との関わりにおいて、統治的帰属の衰退という感覚は何よりもナショナルな空間と結びつく（ハージ 二〇〇三）。マジョリティ国民のマイノリティへの排外意識が「国民の連帯」「国益の擁護」「国家の安全保障」といった論理によって正当化されるとき、それは排外主義的ナショナリズムとして顕在化する。排外主義者たちが「移民／外国人はこの国から出ていけ」と叫ぶのはレイシズムである。しかしそれは同時に、ナショナルな統治的帰属の現実感覚《リアリティ》の揺らぎを経験したマジョリティ国民が、それを維持するためのマジョリティ特権を回復することを目指すナショナリズムでもある。

5――「コスパ／タイパ」と排外主義へのアディクション

このように、マジョリティのマイノリティへの排外主義とは、遍在する生きづらさによってマイノリティの存在に対しフラジャイルになったマジョリティが、マイノリティの存在を自らの生きづらさの原因とみなしてそれを排斥することで、結果的にマイノリティに生きづらさを偏在させようとする営みである。このとき、マジョリティにとっての生きづらさは、自分自身が属する集団における自らの統治的帰属の衰退の感覚として経験されている。この統治的帰属の感覚とは「自分たちがこの社会のあり方を主体的に決めるのがふつうである」という、第3章で述べたノーマリティの感覚を含む。すなわち、「ふつうではない」マイノリティの人々の出現によって自分たちが「ふつうの」暮らしを続ける権利が脅かされているという意識が、統治的帰属の衰退の感覚である。

しかし、マイノリティは決して統治的帰属の感覚をもつことが許されないのだから、それをもつのが「ふつうである」と思えること自体がそもそもマジョリティの特権だったのであり、それこそがマジョリティにとっての倫理的な負い目となる。この倫理的負債を認めることができないマジョリティはフラジャイルになり、自分たちが安住してきた現実を揺るがしている元凶を探しはじめる。そのような人々には、自分たちが生きてきた同じ社会のなかでマイノリティが差別や不公正という別の現実を経験してきたこと、それゆえマジョリティが自分にとっての「ふつう」が特権だったことを認め、マイノリティの主張を受け入れて対話をすることで新しい「ふつう」を共に創造することがより公正な社会への道なのだということが理解できない。排外意識に囚われたマジョリティにとって、マイノリティの人々やその支持者たちは自分自身の「ふつう＝主体性」を脅かす脅威でしかなく、それゆえマジョリティとしての自らの統治的帰属の感覚を「取り戻す（reclaim）」ことによって、マイノリティが経験している別のリアリティを再び周縁化し、不可視化しようとする。*6

マジョリティがマイノリティに対して脅威を感じ、何かを「取り戻そう」とするとき、マイノリティによって自分たちの支配的地位や既得権益が揺るがされている／すでに奪われてしまっている、という感覚がある。にもかかわらず、このようなマジョリティの脅威意識はマジョリティが依然としてマジョリティである関係性のなかで経験される。つまりマジョリティからマイノリティへの排外主義は、自分たちが「強者」ではなくなりつつある／すでに「弱者」になっているという衰退の感覚をマジョリティが感じているものの、実際にはマイノリティの排除を実践できるほどには「強者」であり続けている状況で顕在化する。もしすでに彼・彼女たちが「弱者」になってしまっているとしたら、もはや彼・彼女らには排外主義を実践する力も残されていないはずなのだから。本人たちの意識はどうあれ、実際にはまだ依然として「強者」であるマジョリティが、マイノリティを排斥することは比較的容易である。それゆえマジョリティは排外主義を実践することによって、自分が「強者」であるという統治的帰属の感覚を「効率良く」「取り戻す」ことができる。この「コスト／タイムパフォーマンス（コスパ／タイパ）の良さ」が、生きづらさを感じているマジョリティの人々が、その生きづらさの根本的な原因であるはずの政治・社会的不公正に向き合おうとせず、その代わりにマイノリティの排外主義に走りがちな理由でもある。

先述したように、マジョリティの生きづらさの背景にあるプレカリティは、グローバル資本主義の暴走、気候危機、戦争、パンデミックといった世界的な変動と、国民国家の政治・経済・社会体制における欠陥やそこから派生する不正義を隠蔽するイデオロギーの綻びに由来する。それはアンソニー・ギデンズのいう、人々がそれまでの日常を自明視することができなくなったときに生じる「存在論的不安（ontological insecurity）」（第12章参照）に他ならず、それゆえ仮にマイノリティをすべて排除したとしても、マジョリティの人々が自らを苦しめている生きづらさから解放されることなどまずありえないのは、少し冷静になって（「再帰的に（reflexive）」）考えれば明らかである。しかし、こうした大きな潮流や権力に根源的《ラディカル》に立ち向かうには比較的大きなコストがかかる。だから危機感をもったフラジャイルなマジョリティの人々は彼・彼女たちなりの合理的選択に基づいて、「コスパ／タイパ良く」実行できそうな「問題解決策」であるマイノリティへの排外主義に傾く。それが多くの国家においてポピュリスト政治勢力が、移民や先住・少数民族、セクシュアル・マイノリティや障がい者、貧困層、フェミニストなどへの排外主義を利用して有権者の支持を集めている理由でもある。こうした政治勢力が排外主義的なパフォーマンスをする理由の少なくとも一部は、それが有権者の生きづらさを根本から解消するために真に必要な政治・経済・社会的変革に取り組むよりもはるかに「コスパ／タイパが良い」からであろう。

しかしそれは、あくまで一時的にマジョリティの人々が自分自身の生きづらさを忘れることができる鎮痛剤のようなものに過ぎない。そして始末の悪いことに、この鎮痛剤はアディクション（依存）を伴う。澤井敦が述べるように、アディクションとは「再帰的に自己や関係のあり方を更新していくことを拒絶することを通じて、脅迫的ではあるものの、形としてはルーティーン化された生

＊6　二〇一〇年代半ばに台頭したオーストラリアにおける草の根排外主義運動「オーストラリアを取り戻せ（Reclaim Australia）」については塩原（二〇一九）を参照。なお同時期の日本の保守政権が掲げたスローガンも「日本を取り戻す」であった。

活を実現し、それを通じて存在論的不安を抑える」ための「一種の技法」だからである（澤井二〇一六：一五六-一五七）。いったん排外主義にアディクトしてしまった人々は、問題の根本的な解決にはならないマイノリティの排除を政治の「成果」とみなし、鎮痛剤の効果が切れるたびに次から次へとより強烈な排外主義をさらなる「成果」として要求するようになってしまうかもしれない。

6——「耐えて、しのぎ切ること」と、マイノリティへの「妬み」

このように、ある空間において自らのマジョリティ特権が自明視されてきた統治的帰属の感覚が揺らぐという生きづらさを感じるマジョリティが、その同じ空間を不正義と不公正が存在する現実として生きてきたマイノリティからの告発に向きあいきれずに「逆ギレ」し、マイノリティたちを再び周縁化することで自らの統治的帰属の感覚を取り戻したい、と願うときに排外意識が発生する。そして、「コスパ／タイパ」良く支持を調達しようとする政治勢力やメディアの動員により、それは排外主義として台頭していく。とりわけ新自由主義のイデオロギーが優勢な社会におけるマジョリティの排外主義は、ハージのいうマジョリティがマイノリティに対して抱く「移動性への妬み（mobility envy）」と「耐えて、しのぎ切ること（waiting out）」というメンタリティを通じて広がっていく（ハージ二〇二二：七〇-八二）。

第5章で述べたように、今日の先進諸国のレイシズムは程度の差こそあれ、回避的レイシズムとしての特徴をもつ。そこではレイシズムは道義的に悪であるがゆえに、特殊な「悪い人」のみが加担するものだとされている。それゆえ自分にとっての「ふつう」という現実に生きるマジョリティは、自分はレイシズムに関わっていないと信じている。しかしマジョリティである以上、少なくとも意識や行為の背後にある構造的な次元においては、その人は差別や不公正に間接的にではあってでも関与せざるを得ない。だが、自分が直接加担していない構造的不正義にも責任を負うことには心理的な負荷がかかる。そこに、ネオリベラルな自己責任規範が逃げ道を与える。

社会におけるプレカリティが増大し、実存的移動不可能性としての「行き／生きづまり」の感覚が広がった結果、多くの人々がヴァルネラビリティを感じるようになったとはいえ、個々の人々は依然として自分の人生を「うまく行かせる」ように努めている。それに成功して実存的移動の感覚を維持・回復する（「うまく行く」）人もいるし、そうではない人もいる。しかしここで重要なのは、そのような努力はあくまでも「自己責任」「自助努力」によって行われるべき、というネオリベラルな規範が影響力を増していることである。その結果「ドツボにはまった」人もそこから「自力で」抜け出すことが望ましいとされ、誰かの助けを借りることは恥ずべきことであるとスティグマ化されていく。その一方で、どんなに「ドツボにはまった」困難な状況であっても、それを「誰の責任にもせず」、自力で「耐えて、しのぎ切ろうとする」行為が、英雄的なものとして称賛と感情移入の対象となっていく（前掲書：七四–七五）。

やがて困難な状況に文句を言わず耐え忍び、自分自身の努力で脱出しようと努力することこそが「成熟した／文明的な」態度だとみなされていく。それに対して、自分たちが「ドツボにはまっている」状況の根本的な原因である世界の変化や国家の政治・経済・社会の体制の欠陥、それを隠蔽するイデオロギーに疑問をもち、抗議の声をあげることは「責任転嫁」「甘え」だとされ、「みんな我慢しているのだから、わがままを言うな」と非難されがちになる。それでも社会変革のために行動しようとする人は「我慢することを知らない」「幼稚な／野蛮な」人々だとみなされがちになる（前掲書：八〇―八二）。そのような人々は「アンガーマネジメント」を学んで「落ち着く」べきだと、上から目線で諭されるわけである。[*7]

ここで問題になるのは、気候変動問題への取り組みの不足に対する抗議であれブラック・ライブズ・マター（BLM）運動であれ、多くの社会運動は（実際はどうあれ）若者やマイノリティの「怒り」として表象されてきたということである。[*8]「怒っている」という、まさにそのことによって「幼稚さ」「野蛮さ」と結びつけられ冷笑されがちなこうした運動は、にもかかわらず一定の成果をもたらしてきた。日本も含めた多くの国々で、マイノリティと位置づけられた人々自身やその支援者たちの運動や取り組みの成果として、差別や不公正を是正する施策も次第に行われるようになった。もちろん、それは決して十分とはいえず、あらゆる国家においてマジョリティ優位の構造とマイノリティへの差別や不平等は依然として存在している。だがマジョリティにとっては、マイノリティの地位が実際にどれだけ向上したかは根本的な問題ではない。このプレカリアスな世界のなかでマジョリティ自身は実存的に「停滞」しているのにもかかわらず、マイノリティだけが「向上」しているように見えること自体が問題なのである。しかもネオリベラルな自己責任規範を内面化しているマジョリティには、マイノリティがしばしば政府や「リベラル派」「左派」といった「他人の助け」を借りているように見える。自分は助けてもらえなくとも文句も言わず「じっと耐え忍ぶだけ」なのに、あの「未熟で幼稚に怒っている」マイノリティの人々が「他人の助けに甘えて」「つけ上がっている」と感じてしまう。こうして、実際には依然としてマジョリティ優位の社会であるのにもかかわらず、マイノリティだけが特別扱いされているという反感と妬みの感覚がマジョリティの人々のあいだに広がっていく（前掲書：七〇-八一）。そして「本来はわれわれが享受すべき国家や社会からの恩恵が、マイノリティに横取りされている」という被害者意識が強まっていき「逆ギレ＝フラジリティ」の感覚が正当化されていく。こうして「ほんとうの弱者はわれわれマジョリティだ」という「逆差別」言説が台頭する。

＊7　二〇一九年一二月、ドナルド・トランプ米国大統領（当時）は環境活動家のグレタ・トゥーンベリ氏に対して「グレタは自分が抱えているアンガーマネジメント（怒りのコントロール）の問題に取り組んで、友人と一緒に古きよき映画を見に行くべきだ。落ち着けグレタ、落ち着け！（Chill Greta, Chill!）」とツイッターで揶揄した（「トランプ氏、『今年の人』トゥーンベリさんは『怒りを抑制すべき』」ＢＢＣウェブサイト〔https://www.bbc.com/japanese/50768351〕二〇二四年七月一日閲覧）。

＊8　たとえばＮＨＫが二〇二〇年六月に米国のＢＬＭ運動を紹介したニュース番組において、運動の背景や黒人差別の歴史に関する十分な解説がないままに「粗野で、怒りのコントロールができない」暴力的な黒人男性というステレオタイプを想起させるアニメ動画が使用されたことが批判された（「ＮＨＫ動画に厳しく抗議　偏った黒人像を作った『４００年制度化された差別』」毎日新聞ウェブサイト〔https://mainichi.jp/articles/20200623/k00/00m/030/330000c〕二〇二四年九月三〇日閲覧）。

7――被害者と弱者、そして「ほんとうの弱者」と「マイノリティ特権」

「ほんとうの弱者はわれわれだ」というマジョリティの主張においては、「弱者」と「被害者」がしばしば混同されている。日本語でいう「弱者」と「被害者」はどちらも、自分の意図に反して不利な立場に追いやられた人といった含意をもちうる。あえて両者に違いを見出すとすれば、経済・社会的資源を比較的多く保有する富裕層や権力者であっても、たとえば泥棒に入られた大富豪や政敵に貶められた政治家などのように、ある特定の状況下では被害者になりうる。そのような被害者は、自分のもてる資源を活用して自分が被害者である状況から抜け出そうとすることもできる。だがそうした資源を十分にもたない被害者は、不利な立場に留め置かれる。被害者の位置に社会的に固定化されてしまえば、それは構造的な不公正となる。そのようにして「ドツボにはまった」人々が本書でいう「弱者」である。それゆえ私たちは誰でも被害者になりうるが、被害者であれば誰もが弱者であるわけではない。

また、ある人がある場面では弱者であっても、自分より弱い立場の人々との関係では強者の側に立つこともある。つまり「弱者性」とは本書で論じてきたマイノリティ性のことであり、「強者‐弱者」の関係とはマジョリティ‐マイノリティ関係に他ならない。それゆえマジョリティは被害者になることはあっても、弱者になることは定義上ありえない。ただしマイノリティ‐マジョリティとは関係性であるので、いついかなる場合、誰に対しても常に弱者であり続ける人も原理的には存在しない。

このようにマイノリティは定義上、自分の弱者性を打開するための経済・社会的資源を十分にもつことがない。ただしそれには例外がある。それは自分が弱者であるとあえて認めたうえで、自分が置かれた状況が正義に反することを強調し、強者の道義的責任を追及することである。こうしてマイノリティは自分の弱者性を自分たち自身の本質として呈示することで、それを闘争のための資源に転換する（戦略的本質主義）。この「弱者の武器」は人権や民主主義、自由や法の支配といった、マイノリティへの不公正な扱いを許容しない「普遍的」で「リベラルな」価値観で正当化されている。それゆえ自由民主主義的で普遍主義的な規範が支配的な社会では、マイノリティの「弱者の武器」を前にして、マジョリティは自分たちが道義的に間違っていることを認めざるを得ない。その結果、マジョリティたちが「ふつうに」享受してきた優位性や特権が可視化され、その不公正さが露呈することになる。

このように、自分たちがマジョリティ優位の社会において不正義を被っている弱者であることを強調し、正義の回復を求めるマイノリティのアイデンティティ・ポリティクスは、自明視されてきたマジョリティ特権の存在を可視化することでマジョリティの人々の生きる現実を揺るがす。その結果マジョリティは、「ふつうの人々」であるはずの自分たちがマイノリティからの攻撃にさらされて被害者になっていると感じる。しかも定義上「強者」であるマジョリティは、「弱者の武器」を決して手に入れることができない。自分たちには決して手に入れることができない武器で自分たちの自明の現実や既得権益を攻撃されることで、彼・彼女らは反撃できない立場に追い込まれる。このようにしてマジョリティたちは、（彼・彼女らの主観からすれば）自分には直接の落ち度はないのに「ただマジョリティであるがゆえに」なすすべもなく糾弾されるという「被害」を経験することになる。もちろん先述したように、マジョリティは実際には依然として、マイノリティとの関係からすれば強者である。にもかかわらずマイノリティのアイデンティティ・ポリティクスにさらされることで、自分たちは単なる被害者ではなく弱者になってしまったとマジョリティは錯覚する。こうしてマジョリティたちは「ほんとうの弱者はわれわれだ」と主張するようになる。

自分たちこそが「ほんとうの弱者」だと主張し、マイノリティからの逆差別を訴えるマジョリティたちは、その根拠として自分たちが被った「被害」を強調する。「被害者」と「弱者」の取り違えが起こるのは、まさにこのときである。たとえば混雑する鉄道路線のラッシュ時間帯に女性専用車両を設けることが男性への「逆差別」だという人はその根拠として、男性乗客が女性専用車両に乗れず、他の車両に乗車して混雑を耐え忍ばなければならないという「被害」を主張する。そのとき、そもそも女性専用車両は女性を男性からの性加害（痴漢）から守るために、換言すれば満員電車という社会構造のなかで「弱者」の立場に置かれた女性乗客の尊厳と安心安全に電車に乗れる権利を擁護するために設けられたという経緯が無視される。女性専用車両があることで男性乗客が女性乗客より混雑を強いられることが仮に事実だったとしても、その「被害者」である男性乗客が女性乗客との関係性において「弱者」になったわけではない。もし男性乗客の主張が受け入れられて女性専用車両が廃止された場合、男性乗客は被害者という状況から抜け出すことができるが、女性乗客は依然として弱者のままである。*9

「ほんとうの弱者はわれわれだ」というマジョリティの主張は、「弱者ぶっているマイノリティは、実はマイノリティではない」という「マイノリティ特権」言説と表裏一体である。この言説は「ポリティカル・コレクトネス（PC）の上に胡坐をかき、政府やリベラル派・左派に甘やかされてつけ上がっているマイノリティ」という先述したシニカルなイメージを土台にしている。マイノリティはそれらに守られていまや権力をもつようになったのだから、ほんとうは「弱者」などではないのだと、マイノリティの弱者性そのものが否認される。被差別部落出身者は「同和利権」を、在日コリアンは「在日特権」をむさぼり、アイヌ民族の一部が「アイヌ利権」を独占し、労働組合は「組合貴族」となった一部の幹部に牛耳られ、弱者＝マイノリティを支援する市民運動は、左翼組織や外国の政府から報酬をもらって動員され、たまに座り込みをする「プロ市民」が担っていることにされてしまう（安田二〇二三）。第8章で述べるように、「ニセ同和」「ニセアイヌ」「偽装難民」など、より直接的に彼・彼女たちの集合的アイデンティティ自体が否認される場合すらある。そこ

*9　ここでは、女性専用車両という施策を無条件で擁護しているわけでは必ずしもない。男性乗客にとっての「被害」を最低限にとどめつつ女性乗客の尊厳と権利を擁護できる別の方法があれば、そちらも検討されるべきだろう。あるいは満員電車で性加害を受けるのが女性だけではなく男性やセクシュアル・マイノリティでもありうることを鑑みれば、より根本的な構造変革、この場合は「満員電車」を世の中からそもそもなくすための都市部への人口集中の是正などが重要であることは言うまでもない。

には、人権や民主主義、正義を主張している人々は「うさんくさく」、裏の顔をもつ「偽善者」か「ニセモノ」に決まっている、というシニカルなまなざしがある（津田二〇一六）。

第7章 マイノリティの排除から暴力の遍在へ
――排外主義としての「共生」(2)――

1――マイノリティへのバイアスと犯罪者化

前章で述べたように、「ほんとうの弱者はわれわれだ」と主張することでマイノリティの弱者性を否定するマジョリティの排外主義は、マイノリティを政府や一部のマジョリティ支援者によって「甘やかされ」て「つけ上がっている」存在として表象する。そこには、マジョリティがもつマイノリティに対する否定的なバイアスが影響している。

エバーハートが指摘するように、「同質のものを一つのグループとして捉えるカテゴリー化」は、「絶えず流れ込んでいる過剰な刺激を整理し、管理することを可能にしている脳の普遍的な機能」である。その効果は強力であり「いったんカテゴリーを決めてしまえば、私たちが認識する現実は、決めたレッテルに合わせて調整されてしまうのだ」。しかし、そうしたカテゴリー化そのものは人間の基本的能力だったとしても、そのカテゴリー化がどのように形成され、誰に何をレッテル貼りするのかは文化的な要因が関係している（エバーハート 二〇二〇：三一-三五）。このようにして形成された社会的集団に対する考えがステレオタイプであり、そこから引き起こされる態度が「偏見」、ステレオタイプから偏見が引き起こされるプロセスが「バイアス」と呼ばれる（前掲書：三九-四〇）。バイアスはその人の現実感覚《リアリティ》を強く拘束しており、それは他人へと容易に「伝染」し、親から子へと世代を通じて受け継がれる（前掲書：四八-五三）。

米国には黒人をはじめとする人種的マイノリティに対する警官の暴力が問題とされ、それに抗議する社会運動が繰り広げられてきた歴史がある。ブラック・ライブズ・マター（黒人の命は大切だ）という、ある意味当然なスローガンをわざわざ掲げなければならないのは、白人の命に比べて黒人の命が大切にされてこなかった歴史と現状があるからに他ならない。頻発する警官による黒人市民の射殺事件の背景には、黒人と犯罪や銃、暴力を結びつける強力なバイアスが影響しているとエバーハートは論じる。とっさの判断を強いられる状況において警官がこうしたバイアスに囚われてしまうと、その人が普段は善良な人物であったとしても目の前の黒人に対して強い恐怖感を覚え、実際には無害な相手が銃を持っていたり暴力をふるおうとしていると錯覚し発砲に及ぶというメカニズムが存在している（前掲書：六八-八二）。

ある集団に対するバイアスは否定的なものでも肯定的なものでもありうるが、いずれにせよその集団への過剰一般化を伴っている。「マイノリティはみな犯罪者である」も「マイノリティはみな良い人たちである」も、過剰一般化である。とりわけ否定的なバイアスに基づくマイノリティの「犯罪者化（criminalization）」が、あたかも根拠のある主張であるかのように錯覚されてしまうことがある。たとえば人種的な外見によって相手を判断する「レイシャル・プロファイリング」によって、警察が特定の人種的特徴をもつ人を「犯罪者が多い集団」とみなして集中的に取り締まることは問題を引き起こす。集中的に監視して取り締まること自体が「奴らは犯罪者に違いない」というバイアスを強化し、他の集団であれば強硬に取り締まることはないような行動や軽微な過失・違反などに対する過剰な暴力や摘発を引き起こすことがあるからである（前掲書：八六－一一二）。その結果、予言の自己成就的にその集団の犯罪検挙率が高くなり、その集団を狙い撃ちにした強硬な取り締まりが「合理的」なものとして正当化されてしまう。一方、自分たちを守ってくれるはずの警察が、むしろ自分たちを狙い撃ちにしているという事実は、標的となったマイノリティの人々に強い無力感や疎外感を与え、自己肯定感やメンタルヘルスを悪化させる（前掲書：八三）。その結果として一部の人々が逸脱や犯罪に走ってしまったとしたら、マジョリティの犯罪者化というバイアスが自己成就的に現実化し、それがマイノリティへのバイアスをさらに強化する悪循環を生み出していることになる。

警察官によるレイシャル・プロファイリングは米国だけの問題ではない。日本においても、警察官が「外国人に見える人」に対して集中的に職務質問を行い、在留カードの呈示を求めていることを示唆する事例は多い（下地二〇二一：六八－六九）。その背景には「外国人」と犯罪を結びつける偏見の歴史がある。ジョエル・マシューズが論じるように、第二次世界大戦前の日本において、植民地化された朝鮮半島出身者は社会秩序を乱す「不逞鮮人」として犯罪者化された。それは敗戦後も日本に残った在日コリアンに対する「第三国人」という蔑称に変化し、戦後日本の在日コリアンへの差別やヘイトスピーチのボキャブラリーに影響を与えている（マシューズ 二〇一七）。テッサ・モーリス＝スズキが記述したように、犯罪者化された在日コリアンのイメージは戦後日本の入管政策の形成にも影響を与えた（モーリス＝スズキ 二〇二三）。

第2章で述べたように、移民の増加や集住が治安の悪化を招くという主張には実証的な根拠が乏しい。にもかかわらず日本政府や一部の自治体は少なくとも一九九〇年代から、外国人、とりわけ非正規（「不法」）滞在者を犯罪増加や治安悪化の原因だとするキャンペーンを繰り返し展開してきた（鈴木 二〇二二：三五、外国人差別ウォッチ・ネットワーク編 二〇〇四）。二〇一六年当時の出入国管理局長の通達では二〇二〇年に開催予定だった東京オリンピック・パラリンピックを念頭に、「不法」残留者やそのうち本国への強制送還を拒否する者などを「我が国社会に不安を与える外国人」と名指しし、その大幅な縮減を求めている（児玉 二〇二二：二三五）。日本政府からは「不法」残留者とみなされる難民認定申請者を支援する人々からは、実際にこの時期、入管当局の取り締まりが厳格化したことが報告されている（周 二〇二二：一七二―一七三）。それは後述する二〇二〇年代前半における送還忌避者の犯罪者化と、それを根拠とした入管法改定に帰結した。

2──「人として」扱われない他者

このようなマイノリティへの否定的なバイアスは、マイノリティへの排外意識をもたらすことがある。それがある論理によって正当化されれば、排外意識は排外主義へと顕在化する。永吉は日本社会の外国人への排外意識に関する研究動向をレビューしつつ、「排外主義の正当化を促す要因」に注目する必要性を示唆している（永吉 二〇一六：一四八-一四九）。その正当化の論理として強力に作用するのが、「ひとでなし」としての他者という言説である。それは「あの他者は、その悪い性根のゆえに自分たちと同じ『人として』の権利や尊厳が保障される必要はない」という想像のされ方である。

もちろん、他者を「ひとでなし」と呼ぶ人が、その相手をヒト以外の生物種だと（「人ではない」と）ほんとうに考えているわけではないだろう。この場合の「人」は、権利をもち、尊厳を認められ、社会の構成員とみなされる個人、つまりシティズンシップを有した人格（「市民」）という意味である。[*1] 言うまでもなく、誰であろうと「人として」平等に人権や尊厳が保障されるべきである。しかし実際には、「ひとでなし」と非難される人は私たちと同じ権利や尊厳をもつ仲間ではないとみなされがちである。つまり、私たちはそのような「ひとでなし」に「人として」の権利やメンバーシップ、すなわちシティズンシップを、少なくとも部分的には認めていない。

この観点からいえば、マイノリティとは定義上、自身のもつ差異のために、共同体の「フルメンバー」だと事実上認められていない人々、つまりシティズンシップを不完全にしか承認されていない人々である。それは単に法的な権利・義務・構成員資格の問題にとどまらない。そこに否定的なバイアスが影響することで、マイノリティに「人として」の十全な権利や尊厳を認められないのは、彼・彼女らが「ひとでなし」すなわち市民としてもつべき規範や美徳をマジョリティと共有していない人々なのだから当然だ、とみなされることでもある。マイノリティはそのような意味で「非-市民化」されがちである。

現代日本の排外主義者たちの用いるマイノリティ排斥のレトリックをみてみれば、マイノリティが「ひとでなし」として非-市民化されていることは明らかである。「在日特権」や「同和利権」を貪る人々、「反日左翼」「非国民」「敵国の手先」といった背信者、生活保護受給者への「不正受給」「税金泥棒」、トランスジェンダー女性への「女性の安全を脅かす」という恐れ、そして第8章で述べる難民認定申請者に対する「偽装難民」というレッテルなどである。こうした排外主義のレトリックは、その過激さや醜悪さにもかかわらず、自分を排外主義者だと自覚していない、かなりの範囲の人々に黙認ないし自明視されがちである。そこには、まさにマイノリティが実際に、法的な意味でのシティズンシップを十分に承認されていない事実が影響している。つまり、彼・彼女らが制度的に十分な「市民」として扱われていないことが、彼・彼女らを自分たちとおなじ「人として」扱う必要がないというバイアスを正当化している可能性がある。

たとえばシティズンシップからの制度的な排除が外国人への排外主義を助長する雰囲気を生み出

す可能性は、学校教育や支援現場でも報告されている（大谷二〇二二：二一〇－二一一、金二〇一八：八－九）。そして次章で論じるように、政府が外国人住民のあいだに「不法」や「偽装」が混在していることを強調しその排除を正当化することが、「排外主義の正当化を促す要因」として作用している。その結果、シティズンシップの非／誤承認という制度的要因が、マジョリティによる排外主義を助長するように作用している可能性がある。逆に永吉によれば、北欧諸国では福祉制度が移民に開かれていくことが人々の移民への排外意識を抑制していた（永吉二〇一八：一六七）。福祉制度への包摂とは移民の社会的シティズンシップを保障し、福祉国家を支える社会的連帯（第1章参照）を共に担う「市民」として政府が公的に承認することを意味する。もちろん、このような国々でも排外主義が存在しないわけではないが、政府によるマイノリティのシティズンシップの承認には排外主義を抑制する効果があることが示唆される。

ところで、他者を「人として」扱わないことには、「市民」として扱わないという以前に、その他者を文字通りの意味で「人間以下の存在」として扱うという含意もある。マイノリティへのレイシズムや排外主義では、そのようなレトリックが頻繁に用いられる。[*2] つまり、マイノリティはしばし

＊1　シティズンシップは多義的な概念だが、ある政治共同体に所属することによって得られる権利、そこから派生する義務、そしてその義務を果たすことによって発生する徳、そしてそれらによって生じる、その共同体の構成員であるというメンバーシップと本書では定義しておく（塩原二〇一二b：七四－七七）。

ば「非-人間化（dehumanization）」されている（Trounson *et al.* 2015; 大治 二〇二〇：一五七-一六四）。かつての疑似科学的な古典的レイシズムでは、有色人種は文字通り「人間（＝白人）以下」の種であるとみなされていた（河合 二〇二三）。このレイシズムによる非-人間化の極北が第二次世界大戦におけるホロコーストだが（小林 二〇二三：二三〇-二三二）、戦後においても、黒人がしばしば類人猿（「サル」）になぞらえて差別されてきたように、多くの社会でエスニック・マイノリティや社会的弱者は人間以外の生き物のイメージと結びつけられ、劣っていて対等な人間として扱う必要がない存在として表象されてきた（エバーハート 二〇二〇：一五三-一七四）。現代日本におけるヘイトスピーチでも、マイノリティはしばしば「有害生物」呼ばわりされる（有田 二〇一三）。人ではなく有害生物なのだから「排除／駆除」しても何の問題もなく、むしろ「良いことをした」と排外主義者たちは開き直ることもできる。

3——例外状態における暴力と死

■入管収容施設における暴力

外国人は「煮て食おうが焼いて食おうが自由」と言い放った一九六九年の国会答弁に象徴されるように（安藤 二〇二二：一八八、木下 二〇二三：九五）、外国人の非-市民化／非-人間化は日本の入管行政の宿痾であり続けてきた。一九七八年には、外国人の在留に関する国の広範な裁量権を認め、外国人の権利は入管法の枠内でしか認められないとした最高裁判決（マクリーン判決）があった（鈴木 二〇二一：四三、木下 二〇二三：一〇二）。外国籍者を「人（市民）ではない」存在として扱うこうした入管行政の暗部が露呈するのは、非正規滞在者（「不法残留者」）に対する入管収容施設における処遇においてである。そこでは暴力と死が、文字通りの意味でありふれたものになっている。そのような暴力を経験した外国人たちの多くは、入管は自分たちを「人として扱っていない」と感じ「人として扱ってほしい」と訴える（滝 二〇二三：五五、田巻 二〇二三：七六）。入管当局はあくまでも「法令を遵守して」対応していると主張しているが、その法令自体が、現場の職員の恣意的な裁量を大幅に許容するものになっている（木下 二〇二三）。その結果、収容された外国人にとって、入管収容施設は「無法地帯」として経験されることになる（平野 二〇二三：五〇‐五一）。

入管収容施設とは、退去強制事由に該当すると思われる外国人の違反審査を円滑に行うとともに、違反審査の結果、退去強制令書が発布された外国人を確実に送還するための施設である（鈴木 二〇二二：一六）。一九九〇年代初め頃から、そこに収容された外国人が施設内部で暴行を受けていることが関係者のあいだで知られるようになった（高橋 二〇二二：九八）。高校教諭であり外国人住民支援に

＊2　たとえばドナルド・トランプは二〇二四年四月の演説で、不法移民の犯罪を問題視し、不法移民は「人間ではなく動物だ」と発言した（「トランプ氏、不法移民は『人ではなく動物』　国むしばむと警告」ロイター通信ウェブサイト〔https://jp.reuters.com/world/us/FHMDRDPUPVKJNLU46ELDYOJIZI-2024-04-03/〕二〇二四年七月八日閲覧）。

取り組んでいた高橋徹は、勤務先の高校を卒業して入管に就職した秋山さんにその内情を尋ねるために電話をかけた。しかし秋山さんは、入管収容施設内部の実態に耐えられず、すでに退職した後だった。

「先生、人間を殴る音、初めて聞きましたよ」。電話口で開口一番、秋山さんが私に伝えたのはこの言葉である。秋山さんのこの言葉は今も耳に残っている。「殺したっていいんだって先輩たちは言うんです。事故ということになるんだって」「片足のイラン人が手錠で吊るされていたのを見ましたよ」。電話口で語る彼の言葉の一つひとつが衝撃的で耳を疑う。

（高橋 二〇二二：九八－九九）

高橋をはじめとする、この問題に関心をもった弁護士や市民によって結成された入管問題調査会は、一九九〇年代から二〇〇〇年代初めに起きた入管収容施設における人権侵害や暴行事件を次々と明らかにした。そこでは入管職員による収容された外国人へのレイプ、日常的な暴行や監禁、傷害致死、そして子どもの強制収容といった「信じがたい蛮行」が報告されている（高橋 二〇二二）。もちろん、すべての入管職員が暴力に加担していたわけではなかった。当時の入管収容施設の職場において暴力がどのように位置づけられていたのかを、高橋は以下のように考察している。

また現場警備官は「なめられるとこっちがやられてしまう」という恐怖感をつねに持ち続け

ていた。したがって、自分は暴行を加えない者も、こうした暴行を実行できる一部の仲間に「頼っている」構造が見えてくる。「外国人は皮膚病などの病気を持っているから、彼らと接触したら、手で目をこするな！」と現場警備官は先輩職員から指導されていたという。仕事で被収容者と接触した後は、手を消毒するように言われていて、収容施設の中に職員用の消毒薬が常備されていた。「恐怖感」と「不潔感」、これが職員が持っていた（持たされていた）外国人観だった。

（高橋 二〇二二：一一六）

無抵抗の黒人を射殺する米国の警官のように、日本の入管職員も収容施設に収容されている外国人に対して「こっちがやられてしまう」という恐怖感を覚えていた。そして米国において黒人が類人猿に近いものとして非‐人間化されてきたように、入管収容施設の「不法」滞在外国人は、触ったら手を消毒しなければならないほど「不潔な」存在として非‐人間化されていた。こうしたバイアスが制度化された状況のなかで、入管収容施設内部で暴力が恒久化していた。

二〇一〇年代以降、入管収容施設内部における露骨な暴力は減少し、子どもの収容も基本的になくなったとされる（鈴木・児玉編 二〇二二：二七六）。それでも、入管収容施設に収容されている外国人への暴力や人権侵害は後を絶たない。二〇一九年には、東日本入国管理センター（茨城県牛久市）に収容されていた、難民申請中のトルコ出身のクルド人であるデニズさんに入管職員が暴行を加えた事件が発覚した（平野 二〇二三）。言うことを聞かない被収容者を取り押さえる行為を入管当局は「制圧」と呼ぶが、デニズさんは入管職員に対して暴行はしていないと否定している。だが入管職員は、デニズさんを意図的に痛めつけるやり方で「制圧」に及び、危険であるがゆえに刑務所でも使用が制限されている革手錠の使用や特別室への隔離も行われた。このような被収容者への事実上の懲罰としての「制圧」は、デニズさんの事件以外でも入管収容施設内でしばしば実施されているという。その後、デニズさんは国に対して損害賠償を求めて提訴し、東京地裁での裁判において、入管センター内で「制圧」を受けているデニズさんの様子を入管当局が録画した映像を国側が証拠として提出した。この映像は、その後インターネットでも公開された。*3 二〇二三年四月の東京地裁の判決では、入管職員によるデニズさんへの「制圧」と称する行為の一部を違法と判断し、デニズさんへの損害賠償の支払いを命じた。

そもそもデニズさんが「制圧」を受けたのは、二〇〇八年以来、三回の難民申請を却下され、入管センターへの収容と仮放免を繰り返すなかでメンタルヘルスに不調をきたしていた彼が、医師に処方されていた向精神薬の服用の許可を入管職員に求めたことからくるトラブルであった。二〇二〇年三月に仮放免されたデニズさんは、制圧された出来事のフラッシュバックや再収容への不安にさいなまれ、ＰＴＳＤの診断を受けた。緊急搬送されたものも含め、数十回の自殺未遂を繰り返している（平野 二〇二三：五二）。このような自殺未遂は、入管収容施設に収容された者や仮放免中の人々のあいだでは決して特殊なことではない。鈴木江理子によれば、二〇〇六年から二〇二〇年のあいだに毎年一七～六八人が入管収容施設内で自殺未遂を起こしている。そして自殺を含め、入管収容施設内部で死亡する外国人は後を絶たない。鈴木によれば、明らかになっているだけでも一九九七年から二〇二一年までに二〇名の外国人が収容施設内で死亡している。報告されている死因としては病死が九件ともっとも多く、それに次いで自殺が六件、不明が三件、入管職員による暴力による死が疑われる事案、そして被収容者が行ったハンガーストライキによる餓死が各一件である（鈴木二〇二二：二三-二四）。病死に関しては、後述するウィシュマさんの事例をはじめ、入管施設に収容された外国人は、持病があったり体調不良を訴えても施設内ではしばしば適切な治療を受けられず、施設を出て病院に入院することも容易ではないという実態が指摘されている。また入管収容施設への収容には期限が定められておらず、数年以上にわたり施設に拘禁される人がいるなど、収容の長期化が問題視されている（前掲書：一八-一九）。いったん仮放免されて施設の外に出られたのに再び収容されることも多く、難民認定や在留特別許可への展望が見えないなかでの長期的・複数回にわたる収容により絶望して精神を病む非正規滞在者が多いことも指摘されている（平野二〇二三：四八）。それが、入管収容施設内や仮放免中の難民認定申請者の自殺・自殺未遂の頻発と関係している。

多くの論者が指摘するように、入管収容施設の内部はジョルジョ・アガンベンのいう「例外状態」（アガンベン二〇〇七）が常態化した超法規的な空間となり、そこに留め置かれた被収容者たちは人間としての尊厳ある生を奪われ、ただ生物学的な存在として「モノ化」され、人間としての権利

＊3　大橋毅「【特別転載】入管長期収容問題を考える⑥　安全・安心社会のために拷問を受ける——デニズ氏のケース」移住連ウェブサイト（https://migrants.jp/news/blog/20201010.html）二〇二四年七月九日閲覧。

を尊重しなくてもよい「剝き出しの生」として扱われる（鈴木 二〇二一：二五‐二七、平野 二〇二三：五一‐五二）。こうして非‐人間化された被収容者たちへの暴力は、そもそも暴力として認識されなくなる。それは「有害生物」に危険を感じて殺しても、たいていの人がそれを暴力だと思わないのと同じことである。人間以外の生き物でも、虐待したり殺すと法律で罰せられるのであれば思い留まることもあるだろうが、例外状態が恒常化した場所ではたとえ殺しても「事故ということになる」。

逆にいえば、入管収容施設の職員が被収容者を自分と同じ「人として」みてしまえば、良心の呵責に耐えられなくなり、かつての秋山さんのように退職する者も出てくるのだろう（高橋 二〇二二：一一七）。退職した入管職員のなかには、入管収容施設の内部で起こっている不正義を告発し、改善のために活動している人々もいる（加藤編 二〇二三）。一方、職場に留まった者のなかにはメンタルヘルスに変調をきたして休職せざるを得ない職員が増えているという（大西 二〇二三：八九）。職員は良心の呵責からくるストレスから自分自身の心身を守るために被収容者を「人とみなさない」ように努めざるを得ないのかもしれない。ひとりひとりはごくふつうの人々であるかもしれない入管職員の感覚がマヒしていくことで、入管収容施設内での暴力が再生産されていくことになる（小林 二〇二三）。

■ウィシュマさん死亡事件

二〇二一年三月に起きたウィシュマ・サンダマリさん死亡事件は、外国人の犯罪者化、非‐市民化／非‐人間化、そして例外状態としての入管収容施設における暴力と死という、これまで考察してきた要素が絡み合って起こったものである（指宿 二〇二三）。二〇一七年にスリランカから留学生として来日したウィシュマさんは、何らかの事情で二〇一九年一月に在留資格を失う。同居していたスリランカ人男性からドメスティック・バイオレンスを受けたという彼女は二〇二〇年八月に警察に出頭したが「不法残留」として逮捕され、名古屋入管に収容される。同居していたスリランカ人男性からの脅迫を恐れたウィシュマさんはスリランカへの帰国を拒否したが、収容施設内で体調が悪化していく。二〇二一年二月に行われた尿検査の数値はウィシュマさんは入院して治療を受けなければならない状態であることを示していたが、入管職員は彼女が入管施設から出たいがために支援者の入れ知恵で「詐病」しているというバイアスから適切な処置を行わなかった（小林 二〇二三：二二六）。自力では起き上がれなかったり飲食も満足に行えなくなるほど衰弱したウィシュマさんが、施設内で職員から「人として」扱われていなかった様子が、入管が撮影した記録映像には残されていた。

三月一日、ウィシュマさんはカフェオレを飲み込もうとして、鼻から出してしまったが、これに対して、職員は「鼻から牛乳や」と述べ、五日、ウィシュマさんが聞き取り困難な声を出したことに対して、職員が「アロンアルファ?」と聞き返し、六日には、「あー」と声を出すだけで、意思を示すことができないウィシュマさんに対して、職員が、「ねえ、薬きまってる?」と問いかけた（「薬がきまる」とは、違法薬物を摂取して、その効果が表れていることを表現する隠語である）。なお、職員は、これらの発言を笑いながら行っていたことが、遺族が観たビデオには映っているが、〔ウィシュマさんの死亡の経緯について入管が作成して公表した〕報告書にはその旨の記載がない。（指宿 二〇二三：二六、〔 〕は引用者）

こうした入管職員の発言について、入管が作成した報告書では「フレンドリーに接したいなどの思いから軽口を叩いた」などと弁明されている（出入国在留管理庁調査チーム 二〇二一：八一–八二）。だが「一か月前から吐血・血尿の症状が見られ、死亡直前で声もまともに発せない人に対して、それを〔笑いながら〕言葉にすること自体、人格や人権を尊重する姿勢が担当職員から欠落していたことが分かる」（小林 二〇二三：二三四、〔 〕は引用者）。三月五日からウィシュマさんは危篤状態に陥り、六日の朝には脈拍が確認できないほどになっていたが、入管当局が救急搬送を要請したのは午後になってからであった。午後三時二五分に搬送先の病院で、ウィシュマさんの死亡が確認された。

スリランカにいたウィシュマさんのふたりの妹は、姉の死の真相を解明することを、日本人弁護士の協力のもとに名古屋入管に訴えた。来日した妹たちは、ウィシュマさんが死に向かっていく様子を入管が記録した映像で視聴したが、そこでの入管の対応や姉の衰弱した様子に衝撃を受けた。「姉は動物のように扱われ、殺されたようなもの。人道的な対応もまったくない」。姉の死の映像は妹たちの心の健康までも蝕むことになり、映像のフラッシュバックが続いたひとりの妹はスリランカへの帰国を余儀なくされた。なおこの映像はその後、名古屋地裁で閲覧が可能になり、多くのメディアがその内容を報道した（指宿 二〇二三：二九–三二）。

4――「戦時社会」と「良い／悪い」外国人

前章では、現代世界に遍在する「生きづらさ」がマジョリティからマイノリティへと偏在させられていくプロセスとしての排外主義を考察した。本章で検討してきたのは、そのプロセスにおいて付与された否定的なバイアスによって他者が犯罪者化、非‐市民化／非‐人間化され、超法規的な例外状態へと追いやられる過程であった。こうした超法規的空間は、市民社会の監視や関心の目が行き届かない国民社会の周縁において発生しやすい。モーリス゠スズキはそのような領域を「ワイルドゾーン」と呼んだ（モーリス゠スズキ 二〇〇四）。彼女が示唆するように、国民国家の境界線を管理する出入国管理政策は、とりわけそれが国益や国家安全保障の観点と結びついたとき、超法規的なワイルドゾーンを生み出しやすい。たとえ物理的に内陸部や都市部にあったとしても、入管収容施設とは制度上、国境なのであり、当局の裁量による超法規的措置が発生しがちな場所なのである。こうした出入国管理施設、あるいは戦争捕虜収容施設といった場所がワイルドゾーン化する事例は、二〇〇〇年代において米国が捕虜虐待を行ったイラクのアブグレイブ収容所、あるいはオーストラリアが開始した、ボートピープルを国外に建設した収容施設に送る「パシフィック戦略（パシフィック・ソリューション）」などにおいても見出すことができる（小林 二〇二三：二一九、飯笹 二〇二〇、ブチャーニー 二〇二四）。

こうした超法規的空間は、メディアや市民団体によってその実態が暴露され、市民社会による監視の目が行き渡るようになれば消失し、法の支配が回復されるのだろうか。もちろん、まさにそのために多くのジャーナリストや支援団体、活動家などが政府当局の不正義を告発してきた。にもかかわらず少なくとも日本に関していえば、超法規的空間を生み出す入管政策の恣意性は二〇二三年の入管法改定においても温存され、むしろ強化された側面もある（児玉 二〇二四）。この入管法改定の布石になったのが、二〇二一年に出入国在留管理庁（入管庁）が公表した「現行入管法上の問題点」という文書である。その内容は次章で詳しく検討するが、それは入管収容施設に収容されている送還忌避者や仮放免者の一部が過去に犯した「前科」やその「刑期」を強調し、彼・彼女らを犯罪者やその予備軍として印象づけた（小林 二〇二三：二三六-二三八）。そうした犯罪者化によって人々のバイアスが操作されることで、難民認定申請者の人権を著しく侵害する法改正が黙認されやすくなるだろう。

こうして例外状態の常態化した状況をハージは「戦時社会（warring societies）」と呼んでいる。それは実際に戦争状態にあるということではなく、「非常時」であるという口実によって「平時」においては守られるべきだとされている価値規範や法律を守らないことが、その社会のなかで隠されることなく正当化されている状況をいう（ハージ 二〇二二：四三-四八）。「きれいごと」だけでは私たちの安全は守れないのだ、と叫ばれるこうした状況においては、第5章で論じたシニカルで奇妙なナショナリズム、すなわち分断としての同化主義が強く作動することになる。その結果、それまではシティズンシップを部分的ではあれ認められていた人々、すなわち第1章で述べた「半-市民」としての外国人住民も、排除される側へと押しやられていく。その結果、「不法」在留外国人と「合法」在留外国人の線引きがあいまいになっていく。

その代わりに台頭するのが、「良い／悪い移民（難民）」を二分する論理である。この二分法は、移民・難民の受け入れを厳格化しようとする主張のなかにしばしば含まれる。排除しなければならないのは秩序を乱し国益を損なう「悪い移民」なのであって、マジョリティ優位の社会秩序を受け入れた「国益」に適う「良い移民」を排除しているわけではないのだとされる。日本の入管が掲げていたスローガンに「ルールを守って国際化」というものがあるが、厳しく取り締まるべきは「ルールを守らない」悪い外国人なのであり、マジョリティ日本人が定めた「ルール」に則って暮らしている良い外国人とはむしろ「共生」すべきである、というわけである。その場合「良い外国人」はマジョリティ日本人中心の社会秩序にすでに同化しているわけだから、社会秩序を乱す「悪い外国人」は「良い外国人」にとっても脅威であるはずである。なのにもし、排除される他の外国人に同情したり彼・彼女たちを擁護したりするのであれば、それこそが、その人自身が日本人に完全に同化しきれていない証拠ということになってしまう。このように「悪い外国人」を排除することが同時に、誰が「良い外国人」なのかを選び出すための「テスト」にもなっている（第4章参照）。これが第1章で述べた、日本における「外国人材の共生」の言説に潜む「共生のための排除」の論理である。

たとえ「良い外国人」としてマジョリティ日本人から「共生すべき」対象と認定されても、排外主義から無縁でいられるわけではない。彼・彼女たちは、自分が「良い外国人」であることを証明するために、日本人からの「追試」を制度的・日常的に受け続けなければならないからである。入管問題に関心をもつ小説家の木村友祐は、アフリカ出身の難民認定申請者サイさんの日本人の妻である晴佳さんと偶然知り合い、取材を申し込んだ。波乱と苦悩に満ち、不条理や不正義に立ち向かっていく晴佳さんとサイさんのストーリーを聴き取っているさなか、木村はある戸惑いを覚える。それは、サイさんと出会って交際を始めた当初、晴佳さんは別の男性と結婚していた（夫婦関係がうまくいかずに離婚を考えていたが）からであった。「取材者としての打算的な思考」から、そのような「大人の事情」をはらんだ結婚の経緯を「このまま書いて読者が同情・共感できるだろうか」という考えが浮かんだ。しかし木村は、そのように考えてしまった自分の反応自体に問題があることに気づく。

人権が尊重されず困り果てている人にかかわろうとする局面で、同情と共感が必要だろうか。そもそも、仮放免者や難民（及び難民認定申請者）とその家族は、誰もが同情・共感を寄せる「かわいそうな人たち」あるいは「無力で従順な人たち」でなければならないのだろうか。故国での悲惨な経験の説明も尽くされていて難民性も充分、おとなしく無垢な二人が恋に落ちて結婚したものの国から放置されているという、そんな「かわいそうな人たち」の像から少しでもずれていたら、何か問題があるのだろうか……。

（木村 二〇二二：二〇二）

難民認定や在留特別許可を受けるためには、マジョリティ日本人から「おとなしく無垢な」善良な外国人であると思われなければならない。少しでもそのイメージから外れたとたん、マジョリティ日本人は犯罪者化されたバイアスを通じて彼・彼女らをみるようになり、その難民性を、あるいは婚姻や恋愛関係ですら「偽装」ではないかと疑うようになる（山本 二〇一〇）。こうして木村は、自分が無意識のうちにサイさんや晴佳さんを「裁判官のように判定」しようとしていたことに気づく。

ここで言いたいのは、入管が難民認定申請者の難民性や家族の正当性をあたかも裁判官のように（でも明確な基準もなく恣意的に）判定するように、このぼく自身も、専門家でもないのに彼らが「ほんとうかどうか」を無意識に判定しようとしていなかったか、ということだ。

（木村 二〇二二：二〇三）

入管に「良い外国人」として「判定」されれば、彼・彼女らは合法的な在留資格を得られる。しかしそれで「テスト」が終わるわけではない。彼・彼女らはその後も、マジョリティ日本人に従順で同化に努める「良い外国人」だと周囲から「判定」してもらえるようにふるまっていかなければならない。その「追試」でしくじったとたん、「良い外国人」だとみなされていたはずの人々は、実は「良い外国人のふりをしている悪い外国人」なのではないかと疑われ、場合によっては「合格判定」を取り消される。日本に住む外国籍者が取得しうるもっとも安定した身分のひとつである「永住者」の在留資格をもつ人すら、そうである。二〇二四年六月に可決成立した改定入管法によって、軽微な入管法違反や法令違反、税金や社会保険料の未納をした人などが永住資格の取消しの対象になりうることになった。この次に待っているのは、帰化した外国人の日本国籍をはく奪可能にする法改定かもしれない。そうなれば、帰化した日本国籍者は国籍をはく奪されうる国民として「二級国民」化することになる。現にオーストラリアでは二〇一五年の国籍法改定で、テロ集団に関与したオーストラリア国籍者が他国籍を保持可能な重国籍者である場合、その人物が出生に基づいてオーストラリア国籍を取得していたとしてもそれをはく奪することが可能になった（坂東 二〇一六：二七〇–二七六）。

＊＊＊

本章までの考察で、マジョリティによるマイノリティへの同化主義と排外主義は相互に補完しあいながら連鎖していくプロセスであることが明らかになった。すなわち、排外主義とはマジョリティの生きづらさをマイノリティに押し付けて排除すると同時に、マジョリティに同化させるべき対象を選び出すための「テスト」の実践であり、そのようにして選び出された対象に対してマジョリティが「マウントを取る」ことで統治的帰属の感覚を回復させつつ、そこから排外主義の標的になる人々を再び選び出す「テスト」の実践が同化主義なのである。生きづらさを抱えて心が脆く《フラジャイルに》なっている人ほど、マイノリティへの排外／同化主義に依存《アディクト》しやすい。それゆえ「コスパ／タイパ」の良さから排外主義を煽る勢力が存在する限り、排外主義が同化主義を助長し、同化主義が排外主義を助長する無限ループとなり、社会は際限なく分断していく。排外主義によって安心を得ようとしたマジョリティ国民の理想は、未完に終わる。そして同化主義を真に受けたマイノリティの夢は挫折し、例外状態と暴力の影に怯えながら生きることになる。排外主義的ポピュリズムによって権力を得て既得権益を守ることができるエリートたちを除けば、誰ひとり幸せにならない。結果的に、マジョリティによるマイノリティへの排外／同化主義は、それが守ろうとしていた国内の「共生」やマジョリティ国民の連帯、平和や民主主義、リベラルな価値観そのものを腐敗させていく。

これまで論じてきたように、従来のリベラル多文化主義／多文化共生も同化主義の一形態である。それはマジョリティの優位性の構造を前提としているがゆえ、この悪循環と腐敗を根本的に止めることはできない。したがって、同化主義と排外主義の無限ループを前提とするのではなく、それを乗り越える別の「共生」のあり方を模索しなければならない。次章以降で、そのようなオルタナティブな転回の可能性を考察していきたい。

第8章　「難民」とは誰のことか

――共生の越境論的転回（1）――

1――「偽装難民」言説

前章では、日本の難民認定制度の問題点を事例として取り上げた。ここで改めて国際法における「難民（refugee）」の定義を確認しておくと、一九五一年の難民の地位に関する条約（Convention Relating to the Status of Refugees）および一九六七年の難民の地位に関する議定書（以上二つが難民条約と呼ばれる）では、refugee を次のように定義している。戦争や武力紛争から逃れてきた人々も、この定義に当てはまれば refugee とみなされる。なお refugee と同様の状況に置かれているが国内に留まっている人々は「国内避難民（Internally Displaced Persons: IDPs）」と呼ばれている。

人種、宗教、国籍もしくは特定の社会的集団の構成員であることまたは政治的意見を理由に迫害を受けるおそれがあるという十分に理由のある恐怖を有するために、国籍国の外にいる者であって、その国籍国の保護を受けることができない者またはそのような恐怖を有するためにその国籍国の保護を受けることを望まない者及び……常居所を有していた国の外にいる無国籍者であって、当該常居所を有していた国に帰ることができない者またはそのような恐怖を有するために当該常居所を有していた国に帰ることを望まない者*1

日本も難民条約を批准しているが、日本政府に難民認定申請を行った人々のなかで難民として認定される数が少ないことはよく知られている。一九八〇年度から二〇二三年度までの難民認定申請者総数一〇万五四八七名に対して、難民条約に基づき認定された人(条約難民)は一四二〇名と約一・三%に過ぎない。難民としては認められなかったが人道上の配慮で日本への在留が認められた六〇五四名、二〇一〇年から受け入れが始まった第三国定住(難民キャンプなどで庇護された難民を、最初に庇護を求めた国ではなく新たに受け入れに合意した国が受け入れること)での受入れ者二七六名、二〇二三年から受け入れが始まった補完的保護(難民条約上の難民には該当しないが、他国の保護を必

*1 UNHCR駐日事務所「難民の地位に関する1951年の条約」(https://www.unhcr.org/jp/treaty-1951)二〇二四年八月九日閲覧。

要とする人々を受け入れる法的枠組み）としての受入れ者二名を含めても、その数は決して多くはない。[*2]この認定率の少なさについては、難民の法的定義の解釈の狭さ、難民認定審査基準の過度の厳格さ、および制度の運用上の問題点などが以前から指摘されてきた。一方、二〇一〇年代後半から難民認定申請者数自体が急増していくにつれて、難民に該当しない（ことを申請者自身も理解している）にもかかわらず、日本での就労や滞在の継続を目的に難民認定申請を行う人がその大半を占めており、それが「本来庇護すべき者」を適切に保護できない元凶になっているという論理が、難民認定率の低さに対する批判への反論として強調されるようになった（橋本 二〇二四：一二四－一三八）。二〇一八年に制定されて毎年改訂されている「外国人材の受入れ・共生のための総合的対応策」においても、「濫用・誤用的な難民認定申請」への対策が課題として挙げられている。[*3]

難民認定申請者のなかに、難民としての要件を満たさない人が含まれることは事実である。しかしその事実から「ほんとうの難民」だけを「厳格に」選び出さなければならない、という主張が直ちに導き出されるわけではない。過剰に厳格な審査を行うことで、庇護すべき人を庇護できなくなる可能性が出てくるからである。緊急の状況で脱出せざるを得ない難民が、自分が難民である十分な証拠を事前に準備して難民認定申請の際に提出することは困難であり、そのような事情を加味して審査を行うことが国際社会では定着している（前掲書：一三四－一三五）。国連難民高等弁務官事務所（ＵＮＨＣＲ）の『難民認定基準ハンドブック』も「疑わしきは申請者の利益に」という原則を掲げている。

申請者がその主張を裏づけるために真に努力をしても、その供述のいくつかの部分について証拠が欠如することがあり得る。……難民がその事案のすべてを「立証」できることはまれであって、もしこれを要求するとすれば難民の大半は認定を受けることができないことになろう。それ故、申請者に「疑わしきは申請者の利益に」の原則（灰色の利益）を適用することが頻繁に必要になる。

（国連難民高等弁務官〔UNHCR〕駐日事務所二〇一五：五四）

そもそも、難民認定申請者が政府に難民だと認めてもらえるだけの証拠を準備することができなかったこと自体が、何か悪いことであるわけではない。にもかかわらず日本政府は厳格な難民受入れを維持するため、そのような難民認定申請者を犯罪者とみなすバイアスを助長してきた。加藤丈太郎によれば、難民認定申請者数がこの時期に急増した背景には、在留資格がある状態で難民認定

＊2　出入国在留管理庁「我が国における難民庇護の状況等」（https://www.moj.go.jp/isa/content/001414757.pdf）二〇二四年八月六日閲覧。なお、このほかに一九八〇年度から二〇〇五年度まで、いわゆるインドシナ難民（約一万一〇〇〇人）を閣議了解などに基づいて受け入れている。また二〇二三年一二月から二〇二四年二月までのあいだに主にウクライナからの避難民一一一〇名が補完的保護を申請し、うち六四七名が一次審査で認定された（出入国在留管理庁「令和5年における難民認定者数等について」〔https://www.moj.go.jp/isa/publications/press/07_00041.html〕二〇二四年八月六日閲覧）。

＊3　出入国在留管理庁「外国人材の受入れ・共生のための総合的対応策（過去の資料）」出入国在留管理庁ウェブサイト（https://www.moj.go.jp/isa/support/coexistence/04_00019.html）二〇二四年八月六日閲覧。

申請をした者には日本で生きていくために申請から半年後に就労を認めるという当時の入管当局の制度運用が、日本社会で弱い立場に立たされた外国人が合法的に就労を続ける手段として認知されてしまったという経緯がある。行政としてその事態に何らかのかたちで対処することはもちろん必要であっただろうが、入管当局はそうした難民認定申請者に事実上「偽装」というレッテルを貼り、それを一部のマスメディアを通じて世間に流布するという対応をとった。この「難民偽装」言説は難民認定申請者全体に対する否定的なイメージを増幅するとともに、難民の受け入れに対して消極的な世論を醸成し、日本政府の難民認定数の少なさや難民認定手続きの過度の厳格さを正当化する役割を果たした（加藤 二〇二二：一九六―一九八）。前章でも触れた二〇二三年の入管法改定の際も、同様の世論誘導が試みられた可能性が高い。この改定では、難民申請を三回目以降行った人などを難民認定手続き中は強制送還されない規定（送還停止効）の例外とし、国外退去させることが可能になった。入管庁はそれ以前より、政府のいう「送還忌避者」に日本での犯罪歴を有する者が含まれることを強調した文書を繰り返し公表し[*4]、それが一部のメディアによって報道されていた（小林 二〇二三：二三六―二三八）。このような経緯もあり、難民認定申請者を「偽装難民」とみなす言説は、日本社会のなかで大きな影響力をもつに至っている[*5]。

難民認定申請者に「偽装」というレッテルを貼るこうした言説は、彼・彼女らが「難民」であることをまさに否定しようとする。「難民」という言葉はもともと弱者性を強く表象しているうえ「自業自得」という自己責任論からの非難の標的にもなりにくい。それゆえ難民を庇護することが道義的に望ましいということ自体は、難民受入れに反対する者であっても認めざるを得ない。つまり難民認定申請者が難民であるという認識自体が第6章で述べた「弱者の武器」として、日本政府の政策への批判を正当化している。それゆえ政府の方針を擁護する側は「日本に来る難民認定申請者の大多数は、実はほんとうの難民ではない」という論理を強調しがちになる。そして「ほんとうの難民」を選び出して救済するためには、圧倒的多数の「ほんとうの難民ではない人」を厳格に排除しなければならないという「共生のための排除」（第7章参照）の論理が展開される。

2——認識的不正義

外国人を「偽装」とみなす主張自体は近年出現したものではなく、たとえば「偽装難民問題」は、インドシナ難民を受け入れていた一九七〇年代から論点化していた（滝澤 二〇一七：二九一）。マジョ

＊4　出入国在留管理庁「現行入管法上の問題点（令和3年12月）」（https://www.moj.go.jp/isa/content/001361884.pdf）、同「現行入管法の課題（令和5年2月）」（https://www.moj.go.jp/isa/content/001390378.pdf）二〇二四年八月六日閲覧。

＊5　難民支援協会「日本に来るのは『偽装難民』ばかりなのか？　難民認定、年間わずか数十名の妥当性を考える」難民支援協会ウェブサイト（https://www.refugee.or.jp/report/refugee/2018/02/japan_recog18/）二〇二四年八月七日閲覧。

リティがマイノリティをすでに同化した／これから同化可能な存在か、それとも排除すべき同化不可能な存在か判定する「テスト」の実践（第4章参照）の恣意性がより強化されたという意味において、「偽装」というスティグマ化は「不法（illegal）」というスティグマ化とは一線を画している。

「不法」とは文字通り、法に抵触している状態をいう。それゆえ「不法」と名指しされた人は自分が実際には法に抵触していないことを示して反論することができる。あるいは、その人を「不法」たらしめている法そのものの問題点を指摘することも可能である。それに対して「偽装」とは、合法的な状況にある他者の合法性自体が偽りではないかと疑うことである。この場合、疑われた人が「合法である証拠」を示しても、そのような証拠自体が「偽装」であると疑われてしまう。

「偽装」を疑われがちな外国人は難民認定申請者だけではない。たとえば「留学」の在留資格で滞在している人々は、「留学生とは名ばかりで、実は出稼ぎ目的で来ているのではないか」と疑われることがある。もちろん、初めからそのような意図で留学ビザを取得した人もいるだろうが、多くの留学生は真面目に学校に通っている。ここで問題なのは、留学生を「偽装」して出稼ぎに来ているのではないかと疑われた外国人が「留学」という在留資格が書かれた「本物の」在留カードを見せても、相手はおそらく納得しないことである。その在留カードが本物だとしても、そもそもあなたは勉強することが目的ではなくお金を稼ぐことが目的でその「本物の」在留カードを取得したのではないかといわれるのが「偽装」を疑われるということだからである。

学生なのだから勉強するのがあたりまえで、それ以外の目的を優先したら「偽装」といわれても仕方がないのだろうか。私は大学教員なので、ろくに授業に出てこない「日本人」大学生が少なからずいることを知っている。だがそうした日本人が「偽装大学生」だと非難されるところを見たことはない。勉学だけが大学に在籍する目的ではないと私自身は思っているが、仮にそれが「学生の本分」だったとして、それ以外の活動をより重視する学生を「偽装」と呼ぶとすれば、アルバイトに精を出す日本人大学生、体育会やサークル活動に打ち込む日本人大学生、早い時期から授業そっちのけで就活に励む日本人大学生はみな「偽装大学生」であるはずだが、実際にはそのように呼ばれることはない。

同じように、外国人、とりわけ非先進諸国出身の外国人女性が日本国籍の男性と結婚すると、日本に滞在するためのビザ（在留資格）目当ての「偽装結婚」なのではないかと疑われることがある。その人が日本人配偶者との「本物の」婚姻届を見せても無駄である。そもそも結婚した動機が「不純」だから「ほんとうの夫婦」ではないのだと思われているからだ。前章でも触れたように、国際結婚カップルが「ほんとうの夫婦」かどうかは合法的な婚姻の有無に加えて「愛情があるかどうか」に基づいて判断されがちになる。もちろん、恋愛に基づいて結びつくのが「望ましい夫婦関係」だという「ロマンティック・ラブ・イデオロギー」は、日本人どうしの婚姻関係にも影響を与えている。だが日本人が相手の収入や財産、安定した生活目当てで愛のない相手と結婚しても、あるいは愛情が冷めてしまった後も婚姻関係を続けていたとしても、それは「偽装結婚」とは呼ばれない。ここにも、同じようなことをしても外国人だけが「偽装」とみなされるというダブルスタンダードが存在する。

同じようなことをしても外国人のみが「偽装」を疑われるということは、疑われるようなことをしたから疑われるのではなく、そもそもその人が外国人だから疑われている、ということを意味する。つまり、そこには外国人に対する否定的なバイアスが影響している。実際にその集団に、自分は難民だとは思っていないのに難民認定申請している人が比較的多いかどうかは、ここでは問題ではない。自分は難民だと信じて難民認定申請したのに、難民と認められないどころか犯罪者として扱われてしまう人がひとりでもいれば、それは不正義なのである。

ミランダ・フリッカーは、社会的弱者がマジョリティとの非対称な権力関係のなかで、現実の認識のあり方を構成するプロセスへの参加を不当に妨げられることを「認識的不正義」と呼んだ（フリッカー二〇二三：二七二）。難民認定申請者であるというただそれだけの理由で「偽装」だと疑われ、信用されないという状況は、認識的不正義のひとつである「証言的不正義」、すなわち「聞き手が、偏見のせいで話し手の言葉に与える信用性（credibility）を過度に低くしてしまう」ことだといえる（前掲書：一―二）。そこにおいて働いている偏見は「難民」という「アイデンティティに対するネガティブな偏見」である（前掲書：四七―四八）。この偏見は、人々の内面の深いところから、その人の判断力を規定している（前掲書：三四）。証言的不正義は、その対象となった人々を「十全な人間以下の存在」として貶める（前掲書：五九）。それは人々の主体性を奪い「主体からモノに格下げする」のである（「認識的モノ化」）（前掲書：一七二）。こうして持続的な証言的不正義を被った人々は力を奪われ、自己形成そのものが阻害される。その結果、証言的不正義はその対象を、付与されたステレオタイプがまさに表現するような人間として社会的に構成する自己成就力をもつことになる（前掲書：七三）。

前章で紹介したウィシュマさん死亡事件を分析した岸見太一によれば、彼女が入管職員などから適切な処置を受けられずに死に至った過程にも、証言的不正義をはじめとする認識的不正義が作用していた（岸見 二〇二四）。難民認定申請者は「偽装」というバイアスのもとに証言的不正義の状況に置かれ、犯罪者化され、認識的にモノ化（＝非-市民化／非-人間化）される。人間として扱う必要がないのだから、前章で述べたような入管収容施設内の人権侵害も黙認される。また二〇一八年以降、難民認定申請した外国人が審査期間中の就労許可を得るのは困難になっており、多くの申請者が就労を禁止された状態にあるとみられる。生活困窮者と認められる仮放免中の申請者のごく一部に対して、政府の予算から保護費が支給されているが、その金額は不十分である（橋本 二〇二四：一九一-一九四）。仮放免期間中も、就労は許可されない。支援もなく就労も許可されなければ難民認定申請者は生きていけない。彼・彼女らの一部が生き延びるために「不法に」就労すれば彼・彼女たちの犯罪者性が自己成就的に証明され、あるいは支援に頼り続ければ「怠惰」「福祉依存」といった不道徳性のスティグマが強化されていくという、明らかな不条理が存在する。

3——「難民」と「私たち」との境界を再考する

これまで論じてきたように、難民認定申請者に対する「偽装難民」というバイアスは、彼・彼女たちに対するレイシズムや排外主義を正当化する象徴暴力の行使という側面を強くもっている。しかし一方で、難民には「悪い人」はおらず、みな「良い人」であるというイメージにも、それもまた過剰一般化であるというのにとどまらない問題がある。この場合の「良い人」には、マジョリティの意志に逆らわない「従順な人」というイメージが紛れ込んでいるからである。このようなイメージは、マイノリティの主体性を無視した、マジョリティの統治的帰属の感覚（第4章参照）を前提としている。それゆえ難民が主体的に自分たちの権利を主張したり不公正な扱いに異議を申し立てると難民の主体性が可視化され、マジョリティの統治的帰属の感覚が動揺する。難民はみな「善良な弱者」だと思い込んでいたマジョリティは「恩知らず」と「逆ギレ」し、「弱者の武器」を行使するマイノリティへの「妬み」からやがて「ほんとうの弱者」は自分たちであると確信し、排外主義に傾斜していくかもしれない（第6章参照）。

もっとも実際には、「私は難民についてあまり知らないので、良い過剰一般化も悪い過剰一般化もしておらず、中立である」と思っている人も多いかもしれない。そのような人であっても、実際にはバイアスと無縁ではない。たとえば難民問題について中立的であると自称する人でも「政府は財政難なので、難民を受け入れて支援する余裕がない」という理由で難民受入れに反対することがありうる。橋本直子による試算では、難民認定申請者への公的支援の年間予算規模は、担当職員の人件費や諸経費を含めて三～四億円ほどである（橋本 二〇二四：一九二―一九四）。これが多いか少ないかは、ここでの論点ではない。重要なのは、難民を受け入れて支援する余裕などないと主張する同じ人物が、その何百倍、何千倍もの支出を政府が教育、社会福祉、軍備の拡充、国家的イベントの開催などにつぎ込むことに賛成することが可能なことである。つまり「難民の受け入れや支援をする財政的余裕がない」という主張は、政府が絶対的に金欠だということではなく、難民への支出は

「優先順位が低い」といっているのである。[*6] それではなぜ、難民の受け入れや支援は優先順位が低くなりがちなのか。それは、難民の受け入れや支援が「私たち国民」の生活や福利に直接関係しないこと、すなわち「他人事」であり、余裕があるときに限り「助けてあげればよい」とみなされているからである。

難民を「邪悪な犯罪者」か「善良な弱者」として過剰一般化することも、また難民の受け入れや支援を「優先順位が低い」課題だとみなすことも、移民を他者化し、移民問題を「他人事」とみなすまなざしから派生している。それでは難民を「私たちと同じ」存在だと考えれば、問題は解消されるのだろうか。しかしマイノリティを「私たちと同じ」とみなすことには、マイノリティが受けてきた歴史的苦難や、いま現在も被り続けている社会的不公正を無視・軽視する危険がつきまとう。「あなたの気持ち、私にもわかる！」と「共感する」マジョリティが、「あなたに何がわかるのか」とマイノリティに拒絶されがちな理由がこれである（塩原 二〇一七b：一六七）。その拒絶の経験も、マジョリティの「逆ギレ」を引き起こす。

それゆえ考察を進める前に、（refugee やＩＤＰｓという意味での）「難民」は私たちと同じではない、

＊6　別の政策領域についてではあるが、「予算配分の優先順位が低いこと」と「予算が不足していること」のすり替えというこの論法について、ある大学院生が二〇二三年五月のテレビ討論番組で鋭い指摘をしたことがネット上の話題となった（今野晴貴「ＳＮＳで１０００万回再生！大臣を『論破』した大学院生が伝えたかったこととは」〔https://news.yahoo.co.jp/expert/articles/4c159ac93bbcacf29bb08298 1f19d43332c087d0〕二〇二四年八月八日閲覧）。

という事実を再確認しておきたい。というより、私たちと同じ他者など、厳密にはひとりもいない。重要なのは「私たちと同じ」と「私たちとは異なる」のあいだにあるものを考えることである。すなわち「難民」と「私たち」との境界のあり方を再考することに他ならない。これから私が考察したいのは「難民は私たちと同じである」ではなく「私たちもまた（彼・彼女らとは異なった意味でかもしれないが）難民である」と想像することの可能性である。

■「生きる力」と生きづらさ

第6章で検討した移動性《モビリティ》という概念から出発しよう。「難民／移民」と「私たち」とでは、前者は「移住」という物理的移動をする人々であるのに対して、後者はそうではないと区別されがちである。この「移住者としての彼・彼女らと定住者としての私たち」という想定も再考される必要があるのだが、それについては次章で批判的に検討する。

一方、「移民」と「難民」の境界線は、実存的移動のあり方の違いとして理解できる。一般的に難民（refugee/IDPs）は移民（migrant）に比べて、より非自発的な移動性をもつとみなされている。すなわち移民は機会を求めて自発的に移動しようとするのに対して、難民は苦難を逃れるために非自発的に（強制されて）移動せざるを得ない存在であるという対比が強調される。*7 もちろん実際には「自発的」移動と「非自発的（強制）」移動は厳密に分けられるものではない（小泉二〇二四：四五-四八）。国際法によってrefugee/IDPsだと定義されない人々のあいだにも、非自発的移動という特徴はしばしば見出される。たとえば国際的な人身売買取引の被害者などがそれに該当する。いわゆる「環境難民」「気候難民」などと呼ばれる、災害や気候変動によって移動を余儀なくされた人々は、難民条約における「難民（refugee）」として定義することは難しい（Rosignoli 2022）。それでも、彼・彼女らも程度の差こそあれ、非自発的な移動を強いられた人々である。

また、たとえば故郷で職に就けないため国外に行かざるを得ない人、そうした親とともに、あるいは先に出稼ぎ移住をした親に呼び寄せられて、後ろ髪をひかれる思いで自国を旅立つ子ども、母国での厳しい受験競争に挫折し、国外留学に人生一発逆転を賭ける学生はどうだろう。むしろ実際の移動の大半は、移住先に機会や幸福を見出したいという自発的動機と、状況が許せば自国に留まっていられたかもしれないという非自発的な要因とがないまぜになった状況のなかで行われている。

とはいえ、あくまでも理念型としてとらえるならば、完全に能動的な移動性と究極的に受動的な移動性を、バウマンのいう「旅行者（tourist）」と「放浪者（vagabond）」というメタファーに対応させることができる（塩原 二〇一七b：二九‐四一）。そして、「放浪者」の一例としてバウマンが挙げていたのが難民（refugee）である（バウマン 二〇一〇：一二一）。ただし大半の人々は、「放浪者」としての難民と「旅行者」としてのグローバルな超富裕層といった両極端の中間に位置している。

＊7　国際移住機関「移住（人の移動）について」国際移住機関ウェブサイト（https://japan.iom.int/migrant-definition）二〇二四年八月九日閲覧。

彼らは、ある時点で自分がどの場所にいるのかもわからない人びとであり、同じ場所でつぎの日の朝を迎えるのかどうかも定かではない人びとである。……いかなる生命保険も被保険者を死から守ることができないのと同様に、旅行者の生活様式に関するいかなる保険も、旅行者を放浪者へと落ちこぼれることから守ることはできない。

それゆえ、放浪者とは旅行者にとっての悪夢であり、それはつねに追い払う必要のある旅行者の「内なる悪魔」である。……つまり、放浪者の現在の姿ではなく、旅行者がなるかもしれない姿が彼らを怯えさせるのである。（バウマン二〇一〇：一三六-一三七、強調は原文）

第1章で述べたように、あらゆる社会構造・制度・規範が流動化した液状化する近代において、人々がこれまで拠り所にしていた物事が不確かになり、個人の力では制御困難なリスクが増大していく。このプレカリアスな時代における人々の移動性とは、実存的移動の（不）可能性と程度によって表現される「力」である。ここでいう「力」とは、「生きる力」などと表現可能な「力」のことであり、スピノザのいう「コナトゥス」のようなものかもしれない。國分功一郎によれば、コナトゥスとは、「その個体が自らの存在に固執しようとする傾向性」であり、一定の方向性を与えられている（國分二〇二二：一九八-一九九）。「存在している以上、存在し続ける方向に向けて力は働き、外力の作用がない限り、力はそのように働き続ける」（前掲書：二〇一）。この、自らの存在の方向に向けて動こうとする力としてのコナトゥスは、その物の「本質」である。人間に関していえば、コナトゥスは「意志」「衝動」「欲望」といった「自らを突き動かす力」である（前掲書：二〇二-二〇四）。

つまり本書の文脈では、コナトゥスとは実存的移動（人生において「前に進むこと」）を生み出す「力」のことである。

バウマンのいう「旅行者」とは、もちろん実際の観光客のことではない。それは、自分の望む物理的・象徴的な「場所／位置」に向けて移動する「力」を比較的多くもっている人々、すなわち、「自らが自らの行為の原因になっている」、つまり自らの行為が自らの力を表現しているというスピノザ的な意味での「能動的な」移動をしている人のことである（前掲書：二二一-二二三）。他方、「放浪者」とは、まさにそのような能動的移動をする力をもっていないがゆえに、自らの行為が自分以外の何者かの力を表現しているという意味での受動的な移動を経験している人々のことである。この受動的な移動性をわかりやすくいえば、自分以外の誰か・何かに「やらされている／流されている」感に満ちた象徴的・物理的移動だといえる。第6章ではマジョリティの排外主義の源泉としての「生きづらさ」について検討したが、まさに「やらされている／流されている」感を強く抱きながら生きていかざるを得ないような人生を、私たちは「生きづらい」人生と感じるだろう。グローバル化と呼ばれる社会変動には、私たちが希望に向けて能動的に移動する可能性を広げている側面が確かにある。だが同時に、そうした社会変動が増大させるプレカリティにより、私たちすべての受動的な「生きづらさ」が増幅し再生産されることも避けられない。その意味で、私たちはみな「旅行者」であると同時に「放浪者」でもある。そしてバウマンのいうように難民が「放浪者」の典型であるとすれば、私たちすべてが実は「難民」でもある、ということもできるのではないか。

■「難民」としての私たち

もちろん、私たちすべてが国際法でいうrefugee/IDPsであるといっているわけではない。そもそも「難民」という日本語は、refugeeという英語の訳語として使われるようになる以前から使用されてきた。市野川容孝によれば、「難民」という言葉は江戸時代以来、「災難に見舞われた人、困難に遭遇している人」といった意味で用いられており、なおかつ元いたところから他の場所に移動したかどうかが難民であるかどうかの要件ではない。また「難民」がrefugeeの訳語として広まったのは一九七〇年代以降であり、それ以前は「避難者、亡命者」といった訳語が一般的だった（市野川・小森二〇〇七：七三-七五、九二-九七）。市野川は日本語の「難民」の用法を整理し、「生活上の大きな困難に直面・遭遇している人」という広義の用法を「受難民（sufferer）」とし、より狭義の用法として、その受難から逃れるために今いる場所から脱出する人を「避難民（refugee）」、今いる場所からの移動そのものが受難であり、自分の意思に反してなされる場合を「流難民（exile）」、そして今いる場所にそのまま居続けることが受難と結びつく場合を「耐難民（resistant）」と概念化している（前掲書：一一二-一一四）。混乱を避けるため、これ以降、本書では国際法上で定義された難民および国内避難民に限定する場合はrefugee/IDPsと表記し、「難民」という漢字二文字は市野川のいう「受難民」の意味で、refugee/IDPsを含むより広い範囲の人々を指す概念として使用する。

私たちは確かに、市野川のいう「受難民」の意味で「難民」という言葉を使用することがある。そのような例として、「〇〇難民」という慣用表現がある。*8 ネットカフェ難民、原発難民、帰宅難民（帰宅困難者）、難民女子高生、ランチ難民、就活難民、サークル難民、美容液難民、などといったフレーズが思いつくだろう。そこでは「難民」とは「自分の意志とは無関係に難しい状況に直面した人々」といったニュアンスで用いられている。ただし、ただ困った状況に陥るということだけではなく、そこに何らかの不正義の帰結が存在する。つまり程度の差こそあれ、国家や社会からの十分な庇護、あるいは権利や尊厳の保障を受けることなく、排除され、自らの居場所を失う経験をした人々のことを、日本語で「難民」と呼ぶことが多い。

こうした「○○難民」という表現に対しては「『ほんとうの難民（refugee / IDPs）』に対する配慮や尊敬が足りない」という批判が起こりうる。このような批判は「○○難民」を比喩表現、つまり本来はrefugee / IDPsではない誰かをrefugee / IDPsに喩えていると理解することから生じている。だが日本語の「難民」が国際法上のrefugee / IDPsだけを意味するものではない以上、「○○難民」を比喩表現ととらえる必然性はない。「原発難民」「ネットカフェ難民」「難民女子高生」「就活難民」といったフレーズは、第6章で述べたような現代社会における私たちの生きづらさを表現したものである。「ランチ難民」「サークル難民」「美容液難民」といった、部外者からは大袈裟だと受け止められかねない表現でさえ、少なくともそのような状況に置かれた当人にとっては深刻な問題でありうるのに、それに見合った公共の関心が集まらず公的な措置がなされていないという意味で、何らかの生

＊8　小池克憲「○○難民という慣用表現について」note（https://note.com/katsukoike/n/n2ac6fc2599e1?fbclid=IwAR1WHN5W0ykTy7mhexb_oCbhDRgqiY3wM8L4pD79ZH512yEvR53kDqo60s）二〇二四年八月九日閲覧。

きづらさと不正義を含んでいる。[*9] 日本語でいう難民を「何らかの不正義の帰結として、生きづらさを比較的多く抱えさせられた人々」と解釈しうるのであれば、彼・彼女らはその生きづらさの源泉となる不安定さ《プレカリティ》を比較的多く抱えた人々、すなわち「プレカリアート」でもある。第6章で紹介したハージの概念を借りれば、実存的に移動困難な「ドツボにはまる」経験をしている人こそが、難民なのである。

それゆえ「〇〇難民」は決して比喩表現ではない。これまで述べてきたように、現代に生きる私たちはみな、程度の差こそあれ例外なくプレカリティを抱えて生きている。コロナ禍で「入院難民」「救急車難民」（これらは単なる医療資源の不足だけではなく、医療制度・政策の機能不全によって引き起こされた側面があった）になった／なるかもしれない経験をした私たちは、自分もまた例外なく「難民状況」に陥った／かもしれないということを、まさに感じたのではなかったか。あるいは、地球温暖化を通り越して「地球沸騰化」（第12章参照）が叫ばれるようになった世界がこのまま破局的な未来へと突き進んでいくとすれば、私たちは文字通り「気候難民」になることを免れないのではないか。

■「ホーム－レス」としての難民

「放浪者」という言葉には、決まった住処をもたないこと、つまりhomelessnessという含意がある。一般的にホームレスという日本語は、いわゆる無宿者を指して用いられる。しかし「ホーム」とは象徴的には、自分が「能動的に＝自分らしく」いられる場所のことでもある（そうではないとき、人は自分が「アウェー」な状況に置かれていると感じる)。そのような象徴的な意味でのホームを失うこと、つまり「ホーム-レス」になるということは、「やらされている/流されている」感に満ちた「居場所のない=生きづらい」人生を送るということであり、それこそが私たちが「難民」になるということではないか。換言すれば、私たちとは異なる「難民」という人間が存在するのではなく、私たちはみな程度の差こそあれ、潜在的であれ顕在的であれ、自分の力ではない何かによって流されてしまっているという意味での難民状況《プレカリティ》のただなかにある。現代という時代に生きる私たちすべてが、程度の差こそあれホーム-レスな「難民」なのである。

繰り返すが、国際法上のrefugee/IDPsの置かれた苦境と「私たち」の生きづらさとが「同じ」であるといいたいわけではない。そこにはとても大きな「違い」が存在する。それゆえ私たちは彼・彼女たちに安易に自己同一化すべきではない。だが彼・彼女たちの苦境がどんなに絶望的で悲惨に

---

*9 たとえば「ブラック職場」で働いている人にとって「ランチタイム」は日々を生き延びるために欠かせない時間なのかもしれない。コロナ禍で明らかになったように、「サークル」に所属できるかどうかは大学生の孤立を防ぐうえでとても重要である。肌の弱い体質の人にとって、「化粧品」の選択は困難と苦悩を伴うだろう。そして都市政策や人口政策、保健衛生・医療政策を担う行政、あるいは企業や大学などには、そうした人々の困難を緩和するための何らかの責任が生じるかもしれない。もちろん「戦争や迫害を経験してきた人々と比べて、そんなことは大した問題ではない、がまんしろ!」と言いたくなる気持ちは理解できる。だが、なんの躊躇もなく「がまんしろ!」と言ってしまえるその姿勢には、より深刻な苦難を被っている人々の状況を自分とは無関係な「他人事」とみなす世間のまなざしを強化し、問題の改善を結果的に難しくしてしまう危険がある。

見えたとしても、それでも、それは私たちの経験の延長線上にあるのだ、と勇気をもって言い切ることも必要だといいたい。ある経験が別の経験の「延長線上にある」ということは、両者が「似ている」ことを必ずしも意味しない。しかし一万キロ先の地点が一メートル先の地点の延長線上にあるという意味で、両者は「つながっている」。私たち自身の生きづらさの経験をたどっていった想像を絶するほどはるか彼方に、彼・彼女らの生きづらさの経験がある。どんなにかけ離れていたとしても、私たちが直面しているホーム-レスな現実は彼・彼女らの直面する故郷喪失の現実と接続している。その意味で、難民状況は私たちと彼・彼女らをつなげるのである。このつながりを想像できずに、彼・彼女らの苦境を「私たちの経験とは根本的に違う」と思ってしまった瞬間に、私たちと彼・彼女たちは分断され、refugee/IDPsは「私たち」とはまったく異なる存在として他者化されてしまう。

それゆえ「○○難民」は、比喩表現ではない。このように考えることはrefugee/IDPsが直面してきた苦難を軽視することでは決してなく、むしろその逆である。それにより、自分も抱えている生きづらさを、自分には想像もできないほど過剰に不公正なかたちで押し付けられてしまった存在として、refugee/IDPsを他者化せずに想像することが可能になるからである。refugee/IDPsたちの経験は、いまはあまりにもかけ離れて見えているかもしれない。だが私たちも、彼・彼女たちとは異なったあり方だったとしても、プレカリティのなかで生きている。その自分の経験を参照することで、refugee/IDPsに安易に感情移入したり自己同一化することなく「私もまた、過去・現在・未来のいずれかにおいて、彼・彼女たちとは別のあり方で、難民であった／あるかもしれない」と想像してみることが可能になる。それは非‐人間化され、「戦時社会」（前章参照）において例外状態に置かれた他者としての refugee / IDPs を再‐人間化することでもある。

ただし、ある関係性においてマジョリティの立場に立つ人々が自分自身のなかに難民状況を見出したからといって、その人がマジョリティではなくなるわけではないことは強調しておく。かつて徐京植は、日本の植民地支配と戦後処理のなかで困難な立場に置かれた在日朝鮮人を日本社会における「半難民」として位置づけた（徐 二〇〇二）。マジョリティ日本人が自分自身の内に難民状況を見出したからといって、在日朝鮮人を難民の位置に追いやった日本社会の歴史的責任から免除されることはない。むしろ、いまや「同じ人間」として想像できるようになった彼・彼女たちを、にもかかわらず難民の位置に留め続けてきたことへの責任に真摯に向き合う契機としなければならない。同様に、国際法上の refugee / IDPs が生み出されてきた歴史にも私たちは関わりがある。彼・彼女らが refugee / IDPs となった苦境の原因をたどれば、そこには植民地主義の歴史的プロセスにおいて形成されてきた「グローバルサウス」を収奪することによって「グローバルノース」が恩恵を享受するシステムがあり、国民国家形成と資本主義の発展のなかで生じてきた不公正な構造があり、温存され、再生産されてきた家父長制、レイシズムその他のイデオロギーがある。そうしたシステム・構造的な不正義のなかで、私たちが負うはずだったかもしれない生きづらさを私たちの代わりに背負っている存在として生み出されたのが refugee / IDPs なのだとしたら、その意味でも彼・彼女たちの直面する現実は私たちと連累（implicate）している（第10章参照）。その連累から生じる責任を考えることから、私たちは逃げることができない。

4――難民と出会う／つながること

もし私たちすべてが「内なる難民状況」を抱えているという意味での「放浪者」であるのだとしたら、バウマンのもうひとつのメタファーである「旅行者」についてはどのようにとらえればよいのだろうか。先述したように、私たちは能動的な移動と受動的な移動の両方を物理的にも象徴的にも経験しているという意味で「放浪者」であると同時に「旅行者」である。あらゆる人にこの両者が内在しており、誰がどちらとして自己を呈示し、他者から承認されるのかは程度の違いに過ぎない。とはいえ本書の読者の多くは、自分は受動的な「放浪者」というよりは能動的な「旅行者」であると確信しているか、少なくともそのようにありたいと願っているのではないか。自分はどこにでも行けて、何にでもなれると信じている／信じたい人々にとっての物理的・象徴的な移動は、「放浪者」にとってのそれとはまったく異なる経験のように思われるかもしれない。

自らの「旅行者」としての能動的移動可能性を信じ続けられる人、あるいは自らの「放浪者」としての受動的移動可能性を否認し続けられる人は、相対的に高度な人的資本、文化資本、社会関係資本を保持しているだろう。そのような人々が国境を越える際には、受入れ先の政府からは「グローバル人材」「グローバル・エリート」として歓迎される（五十嵐・明石編 二〇一五）。資本主義諸国の政府は例外的な制度を設けてでも、そのような「人材」を誘致しようとする。文化的、物理的な意味での境界線を容易に越えることを可能にする資本を備えたこのような人々が経験するグローバル化とは、まさに国境がますます意味をもたなくなる「超-市民」の夢である（第1章参照）。

一方、人々が「放浪者」として経験するグローバル化の現実は、それとは異なっている。これまで述べてきたように、ドッボにはまったホーム-レスたちは物理的にも象徴的にも動けない、あるいは受動的に流される存在である。もしくは入国を拒否されたり難民申請を却下されたり、収容施設に閉じ込められている庇護申請者たちのように、彼・彼女たちはしばしば国家権力によって動くことそのものを許されない「耐難民」である。こうした「非-市民／半-市民」たちは物理的・象徴的な境界線の内側で、ますます閉塞させられていく。

それゆえ例外的に優遇される「旅行者」たちと例外状況に置かれた「放浪者」たちは社会的・制度的に分断させられ、「違う世界を生きている」ように見える。だが、たとえグローバル人材と呼ばれる人でも、自分がほんとうにどこにでも行けるわけでもなければ、何にでもなれるわけでもないことに気づいている。同様に、どのような悲惨な状況に置かれた難民であっても、残されたひとかけらの能動性・主体性を握りしめて懸命に耐え忍び、生きている。だから refugee/IDPs をはじめとする、私たちの想像を絶する苦難をくぐり抜けてきた難民たちと私たちのあいだにある分断は、実は見せかけの構築物なのだともいえる。それでも私たちがそこに分断を見てしまうとしたら、それは多くの場合、私たち自身が「旅行者」という願望・幻想に身を委ね、内なる難民状況を否認しているからであろう。バウマンが指摘しているように、私たちは自分が「放浪者」であることを否認し「旅行者」であることを信じ続けるために他の「放浪者」を必要としている。

同様に、逆説的な意味で、旅行者はこのオルタナティブ〔放浪者〕を、可能な限り忌み嫌うべきものとみなすことに既得権益をもっている。放浪者の運命が魅力に欠けているほど、旅行者の遍歴はさらに輝きを増す。放浪者の苦境が悪化するほど、旅行者であることがますます爽快に感じられる。もし放浪者がいなければ、旅行者は彼らを発明しなければならないだろう……。

（バウマン二〇一〇：一三九、〔 〕は引用者）

それゆえ自分自身の内部に「放浪者＝難民」を見出そうとしない限り、私たちは自分の目の前にいる難民と出会い／つながることはできないのだ。だからスタディツアーやボランティア活動などを通じて refugee/IDPs を含む難民たちと話したり一緒に生活しても、それで難民と出会ったことになるとは限らない。彼・彼女たちの経験を自分とは根本的に異なるものだととらえ、悲惨な人生を歩む無力な存在として、自分とは直接関係しない存在ととらえている限り、私たちは難民と出会い／つながることはないのだろう。彼・彼女たちの内なる主体性に気づき、そして自分自身の内なる難民性に気づき、両者のつながりを想像しようとしはじめたとき、私たちは難民と出会いはじめる。

一方、たとえばスタディツアーやボランティア活動などで実際に refugee/IDPs に会う機会がなくても、私たちは自分の内なる難民に出会う経験を通じて彼・彼女たちの経験を想像するようになるのかもしれない。それはある意味で「意図せざる出会い」の経験だといえる。この意図せざる出会い、すなわちセレンディピティは、いつ起こるのか定義上、予測できない。だから「セレンディピティを生み出す経営」とか「セレンディピティを活かすビジネス」のような宣伝文句でいう「セレンディピティ」はもはやセレンディピティとは呼べない。セレンディピティとは、「何かに役立つ」ことがあらかじめ想定された出会いの外側で起こる出会いである。

人間は「出会い」をコントロールできない。「わたしは出会うぞ!」という思いだけで「出会い」をつくりだすこともできない。「出会い」は、考えてみれば不思議な現象で、概念とか知識とはぜんぜん別のものなのだ。処方せんのような「知識」は、一時的に有効な「解決」めいたものを示してくれるように思えるけれど、それは先にも言ったように、人間のほんとうの成熟とは無関係のことだ。マニュアルのような知識は、ある種の「学び」を増殖させるかもしれないけれど、だれかに出会って、葛藤しながら自分が練られていくということを想定しないからだ。(風巻・金二〇二三:二一七)

この偶然の出会いを通じて、私たちは他者の現実を部分的に自らの経験と接続する。その瞬間に、分断されているように見えていた世界は別の装いを見せはじめる。それは自分のことを「旅行者」だと信じたい人々にとっては必ずしも愉快な経験ではない。否認していた自らの「放浪者」としてのプレカリティを突き付けられるのだから。にもかかわらず、私たちが分断社会という構築された現実を乗り越えなければならないのであれば、こうした出会いの経験は避けて通れない。では、どのようにしたらもうひとつの現実への越境が可能になるのだろうか。

第9章 「移民」とは誰のことか
――共生の越境論的転回(2)――

1――「移民」と「外国人」?

■「住民」「勤労者」「生活者」……

日本政府は二〇二四年末現在、「外国人」は受け入れても「移民」は受け入れていないという公式見解を維持している。だが政府は「移民(政策)」の定義を明確にせず、「例えば、国民の人口に比して、一定程度の規模の外国人を家族ごと期限を設けることなく受け入れることによって国家を維持していこうとする政策」は取らないとしている。*1 この文言からは、在留の期限がなく、入国当初から家族とともに日本に住んでいる外国人を政府は移民とみなしているとも解釈できるが、後述するように、これは国際社会の通念に照らせば非常に狭い定義である。なお入管法に定められた「永住者」の在留資格で日本に在留する約八九万人（二〇二三年末現在）[*2]の外国籍者には、在留の期限がない。これに在日コリアンなどの「特別永住者」約二八万人を加えると約一一七万人の外国籍者が、「在留の期限を設けることなく」すでに日本に住んでいるが、こうした人々も日本政府は移民と呼んでいない。

永住者はともかく、それ以外の外国人は日本に永住するとは限らないから移民とは呼べないのではないか、と考える人もいるかもしれない。しかし現時点で「永住する意志」があるかどうかと、実際に永住するかどうかは別問題である（Liu-Farrer 2020: 7）。在留外国人も「私たち」と同様に、ライフスタイルやライフステージの変化を経験するからである（川村ほか編二〇〇九）。現在の居住地を「終の棲家」にするつもりでも、子どもの成長や独立、親の介護、本人や配偶者の病気、転勤、転職、失業、離婚、死別、加齢、被災などに伴い、別の場所に引っ越す可能性は誰にでもある。誰にとっても、現時点での意志はあくまで「希望」「予定」でしかない。逆に短期間の「出稼ぎ労働者」のつもりで国境を越えた人々が、永住意志をもたないまま住み続け、気づけばその地に「移民」として根を下ろしているといった事例は、移民研究ではありふれている。「移民や他国での生活や経験は

＊1　衆議院議員奥野総一郎君提出外国人労働者と移民に関する質問に対する答弁書（平成三〇年三月九日受領　答弁第一〇四号）。

＊2　出入国在留管理庁「令和5年末現在における在留外国人数について」（https://www.moj.go.jp/isa/publications/press/13_00040.html）二〇二四年七月一六日閲覧。以下、本章の在留外国人数は同じ出典による。

しばしば当初の計画通りに進まないため、出発時点での移住者の意図は、後の行動を予測することにほとんど役立たない」(カースルズ・ミラー 二〇一一:二五)。それゆえ、永住意志は「移民」と「外国人」を区別する基準にはならない。

また永住者を含めた外国人の多くは、日本政府自身によって日本社会の「住民」として位置づけられている。すなわち入管法では三か月以上日本に滞在する、特別永住者を除くほとんどの外国人を「中長期滞在者」、それに特別永住者をあわせて「在留外国人」と呼んでいるが、この在留外国人には日本国籍保持者と同様に、居住する自治体での住民登録が求められている。「住民」として登録された外国人は地方自治法に基づき自治体から行政サービスを受ける権利をもち、住民税などの納税の義務を負うことになる(宮地 二〇一八)。一年以上日本に住み、日本国内で働いた外国人は原則として所得税を納めるし(出入国在留管理庁監修 二〇二四:八四-八八)、観光客ではないので消費税の免税措置もない。学校教育法一条に定める日本の学校に通う外国人留学生については、その出身国と日本政府が結んでいる租税協定の内容によっては日本でのアルバイト収入にかかる所得税の支払いが免除される場合もある。だが本書を執筆している二〇二四年末時点では、そもそも日本国籍のアルバイト学生も年収一〇三万円以下であれば原則として所得税を徴収されないし、勤労学生控除が適用されれば年収一三〇万円以下は所得税を免除される。

つまり二〇二三年末時点で約三四一万人まで増加した在留外国人の多くは、細かな制度の違いはあっても、日本国籍者と同様に納税者、勤労者、消費者である。日本で生活するという側面に注目した「生活者としての外国人」という行政用語も使われている。ではなぜ、彼・彼女らを「移民」

と呼ぶことができないのだろうか。

■「移民」の定義について

「移民」という日本語は英語のmigrantの訳語として用いられる。migrantは国際移住機関(International Organization for Migration: IOM)によって次のように定義されている。

「移民〔migrant〕」とは国際法などで定義されているものではなく、一国内か国境を越えるか、一時的か恒久的かに関わらず、またさまざまな理由により、本来の住居地を離れて移動する人という一般的な理解に基づく総称です。[*3]

これはおそらく、migrantのもっとも広い定義である。この定義が示しているのは、migrantとは国境を越えているかどうか、移動した距離や理由の如何を問わず「移動した経験のある人」を指し、それゆえ「移住(migration)」とは「移動する経験」全般を意味するということである。migrantは「移住者」とも訳せるが、こちらのほうがこうしたニュアンスをうまくとらえている。近年では日本国

＊3　国際移住機関「移住(人の移動)について」国際移住機関ウェブサイト(https://japan.iom.int/migrant-definition)二〇二四年七月一七日閲覧、〔 〕は引用者。なお、この日本語の定義のもととなる英文はIOM(2019: 132)。

内での（主に都市部と地方部のあいだへの）居住地の移動にも「移住（者）」という表現を使うことが増えている。ちなみに都市部からの「地方移住」を推進する公益法人である「一般社団法人移住・交流推進機構」の英語名はJapan Organization for Internal Migrationである。[*4]

実際、同じ国のなかでの移住者は、英語ではinternal/domestic migrantsと呼ばれる。それに対して「国境を越えて移住する人々」という意味で「移民」という言葉を使うとすれば、それは厳密にはinternational migrants（国際移民）という英語と対応する（IOM 2019）。つまりmigrant/migrationはinternational migrant/migrationとinternal migrant/migrationの双方を含む上位概念である。とはいえ実際には「移民」がinternational migrantsの意味で用いられることが多いため、本書でも特に断りがない限り、国際移民という意味で「移民」という言葉を用いてきた。なお英語圏においてもmigrantはinternational migrantsの意味で用いられる場合が多い。たとえば代表的な移民研究の教科書であり、一九九三年に初版が刊行され二〇一九年に第六版が刊行されたスティーブン・カースルズらの著作のタイトルは*The Age of Migration*であるが、その内容はinternational migrationについて扱っている（同書の副題は*International Population Movements in the Modern World*であり、邦訳された書名は『国際移民の時代』である）（カースルズ・ミラー 二〇一一）。なお「移民政策（migration policy）」という術語も、各国における国際移民の受け入れと統合に関する政策を意味することが多い（Shiobara *et al.* [eds.] 2020）。

ＩＯＭは「国際移民」を、一時的か恒久的かにかかわらず「その人が市民あるいは国民であった国家……の外部にいる人々」と定義している（IOM 2019: 112）。またＩＯＭは、原則として在留の期限がなくその国に滞在できる資格をもった外国人のことを「永住者（permanent residents）」、在留に期限を想定して滞在している人を「長期滞在／単期滞在移民（long-term/short-term migrants）」「一時的移民（temporary migrants）」などと呼んでいる（前掲書）。

こうしてみると、先述した現在の日本政府の見解は「移民」を著しく狭く解釈していることが確認できる。とはいえ、ここでは日本政府による「移民」の解釈が「間違っている」といいたいわけでも、ＩＯＭの migrant の解釈が「正しい」と主張したいわけでもない。各国の政府が法律や政策で migrant を独自に定義することは可能だし、国際機関や研究者が独自の migrant の定義を行うことも原則として自由である。ここで強調したいのは、それらの定義は普遍的なものではなく、あくまで技術的・便宜的な区別に過ぎないということである。「移民」と「私たち」を区別する境界線は時と場所によって異なりうるし、制度や状況が変わればこれからも変化していくものである。

2——「移民」と「日本人」？

結局のところ、日本政府が主張するように「移民」と「外国人」を厳密に区別することは困難である。にもかかわらず彼・彼女たちが「外国人」と呼ばれ続けることで、本書で批判してきた「日

＊4　一般社団法人移住・交流推進機構ウェブサイト（https://www.iju-join.jp/）二〇二四年七月一七日閲覧。

本人／外国人」の二分法という暗黙の想定が維持される。それにより彼・彼女らは「私たち日本人」とは本質的に異なる他者であるという固定観念が強化される。しかしそれは、彼・彼女らを「移民」だと認めた途端、「日本人」との境界線があいまいになるということでもある。「外国人」は少なくとも法制度的には国籍によって日本国籍者としての「日本人」と区別することができるが、「移民」は社会通念であり、日本国籍を取りさえすればそうみなされなくなるわけではない。その結果「日本人」というカテゴリーの内部に、日本国籍を取得した移民、国際結婚家庭の子ども（「国際児」）や日本で生まれ育った「移民第二世代」以降といった「移民的背景をもつ（migrant-background）日本人」というカテゴリーが顕在化することになる。

日本にはすでに、移民や移民的背景をもつ日本人がたくさん住んでいる。永住者や特別永住者を含めた在留外国人に、日本国籍をもつ「帰化者」や、日本国籍の国際児、正規の在留資格をもたない超過滞在者を含めれば、二〇一八年の時点で少なくとも四〇〇万人が日本にいた（望月二〇一九：七四-七九）。この数は今後も増加していくことが予想される。ある推計では、二〇一五年時点で約三三二万人であった移民的背景をもつ人口が二〇六五年には約一〇七六万人となり、総人口の一二％を占めるとされる（是川二〇一八）。二〇二三年に発表された別の将来人口推計では、二〇七〇年の日本の総人口八七〇〇万人のうち一〇〇〇万人が日本国籍をもっていない（国立社会保障・人口問題研究所二〇二三）。こうして移民的背景をもつ日本人が増加する結果、「日本人」と「移民」の境界線はますますあいまいになっていく。

川上郁雄は、国際結婚家庭の子どもや在外邦人家庭の子ども、いわゆる帰国子女や外国にルーツをもつ子どもなどが有する、異なる言語環境間を物理的・制度的に移動した経験と記憶に注目し、彼・彼女たちの移動性、複文化性、複言語性を「移動する子ども」という概念で分析することを構想した（川上二〇二一）。だが言語の観点からの移動や国境をまたいだ移動ではなかったとしても、自分あらゆる「日本人」が「移動する経験」をしていることは確かである。近代以前においては、自分の生まれた土地から一歩も外に出ずに生涯を終える人はいまよりは多かったかもしれない。しかし近代以降、人々の社会的・地理的流動性が高まっていき、さらにグローバル化と呼ばれる時代に入ると、IOMがいう「一国内か国境を越えるか、一時的か恒久的かに関わらず、またさまざまな理由により、本来の住居地を離れて移動する」人々はますます増加している。

本書の読者のうち、これまでの人生で一度も（移動距離の長短や恒久的・一時的を問わず）「住む場所が変わった」経験をしたことがない人はどのくらいいるのだろうか。いままで経験がなかったとしても、将来はどうだろうか。みなさんが学生だったとして、これから社会人になってもずっと親元で暮らし続ける人、やがて自分自身が高齢者となったときに介護施設などに移り住まずに、生まれ育った家で一生を終える人が、どのくらいいるのだろうか。仮にそのような人がいたとしても、その人が「移動しなかった」のは単なる偶然でしかなく、「移動した人」とのあいだに何か根本的な差異があったわけではない。私たちは過去・現在・未来のいずれかの時点で、少なくとも可能態としては「移動する経験」をするのであり、私たちと「移民」とのあいだに本質的な違いは存在しない。

私たちと「移民」の境界は、故郷との結びつきや移住先におけるライフスタイルの多様化という面でもあいまいになっている。二〇二〇年には全世界で約二億八〇〇〇万人（IOM 2024）という移民の多くは、前章で考察した難民（refugee/IDPs）など強制移動を経験した人々の一部を除けば、移動交通手段や通信手段の発展によって出身国とのつながりを強く保ったまま暮らしていくことができる。ＳＮＳで母国の人々とつながり、母語のネットメディアから情報を得て、故郷の家族や友人とビデオ通話し、安価な航空券でしばしば里帰りをする。つまり彼・彼女たちは、移住する前の社会関係や人間関係によって構成された現実と、「移民」としての現実を同時進行的に生きる「レンチキュラーな複数的現実（lenticular realities）」を経験している（Hage 2021）。[*5] 移住先に永住するとは限らず、故郷に帰還したり、別の国に再移住することもある。また経済的な理由だけではなく、「自己実現」や「生活の質」つまりウェルビーイングの追求に関連する動機による「ライフスタイル移住」も、とりわけミドルクラスの人々のあいだで増加している（長友二〇一五）。

そのような事例として、現代オーストラリアの日本人移民コミュニティを挙げる。白豪主義と第二次世界大戦後の強制送還によって戦前からの移民コミュニティが途絶した後、一九七〇年代の多文化主義政策開始以後にオーストラリアにやってきた日本人永住者たちのあいだでは、「移民」という日本語は経済的苦境などの事情で祖国を離れて苦労を重ね、現地に同化していった人々を指すものであり、自分たち自身は「日本人」であるという意識が強かった。私がオーストラリアで現地調査を始めた二〇〇〇年代初頭でも、オーストラリアで永住権を取得して長年暮らしていても自身のことを「移民」だと思わない「日本人」に出会うことが多かった。経済大国となった日本からオーストラリアに移住して豊かなライフスタイルを楽しんでいる「私たち日本人」は、昔の「日系人」や他の発展途上国からやってきたアジア系「移民」とは違うというのである（塩原二〇〇八）。

しかし二〇〇〇年代半ばには、自分自身を「移民」だと自称している日本生まれの永住者たちに頻繁に出会うようになった。国際結婚などで移住し現地のコミュニティに参画している人々を中心に、そのような意識が広まっていたのだ。多文化主義を標榜するオーストラリアの移民向け支援施策を活用しながら、彼・彼女たちは自分たちの生活をより豊かにし、子どもに母語や母文化を伝える実践を行っていた（塩原 二〇一六）。こうした永住者第一世代たちは言語・文化・民族的アイデンティティの点では「日本人」であると同時に、オーストラリア社会に migrant として編入されていった（渡戸ほか編 二〇一七）。そこから、日本をルーツのひとつとする日系オーストラリア人第二世代も生まれてきている（Hamano *et al.* 2023）。

3――「水道の蛇口」という幻想

ジェームズ・ホリフィールドは国際移民の統制が国家のセキュリティや市民の経済的福利の充実

＊5　レンチキュラーとは、見る角度によって異なる絵が見えたりする印刷物のことである。ハージはこの語を用いることで、ある物事や出来事が人々の視座の違いによって複数の異なる諸現実として経験されること、そして、ひとりの人が複数の視座を往来することで同時進行的に複数の諸現実を生きることが可能であることを示唆した。

と同じように重要な課題となっている国家を「移民国家（migration state）」と定義し、グローバル化の時代における自由民主主義・資本主義国家は必然的に移民国家としての側面をもつと主張した（Hollifield 2004）。日本政府がどう呼ぼうが、事実上の移民や移民的背景をもつたくさんの人々が住む日本も、この意味ではすでに移民国家である（望月 二〇一九、宮島 二〇二二）。人類学者のグラシア・リュー・ファーラーも、現代日本を「エスノ・ナショナリスト移民国家（ethno-nationalist immigrant country）」と規定している（Liu-Farrer 2020: 8）。

にもかかわらず、「日本は移民（外国人労働者）を受け入れるべきかどうか」という論点をめぐって、一九八〇年代以降二〇二〇年代に至るまで繰り返し論争が行われてきた（明石二〇一〇）。これが、現に日本に住んでいる移民／外国人の存在を無視した議題設定であることは言うまでもないが、もうひとつの問題は、このような議論がなされる際、移民を受け入れないという選択肢がありうることが自明の前提になっていることである。

だが、どのような国家であれ、日本を含めた自由民主主義国家であればなおさら、国境における人の移動を政府が完全に統制することは不可能である。前章までで考察した庇護申請者や非正規移民といった人々については、その受け入れの是非をめぐって激しい論争がしばしば行われる。しかしそれを脇に置いたとしても、自由民主主義国家の移民受入政策には国家による移民の統制を困難にする要因が内在している。*6

第一に、少子化と労働力不足、生産性の向上や創造性をもたらす「高度外国人材」へのニーズなどを背景に、国家間での移住労働者の誘致競争が過熱している（日本経済団体連合会 二〇二二）。永住者の在留資格を取りやすくし家族呼び寄せの便宜を図ることは、移住労働者誘致のためのインセンティブにもなる。日本政府はすでに「高度人材ポイント制」や在留資格「高度専門職」を設置し、「高度外国人材」「特別高度人材」の永住許可要件の緩和、配偶者への就労許可、親の呼び寄せなどの優遇措置を講じている。さらに外国人留学生の日本での就職促進、在留資格「特定技能」の新設、技能実習制度の拡充などで「外国人材」を誘致しようとしている。

しかし私たちと同じように、「外国人材」もただ金を稼ぐためだけではなく、程度の違いこそあれ、自己実現やキャリア形成を通じた望ましいライフコース、充実した私生活、家族の幸せや子どもの将来なども考慮した、ウェルビーイングが達成された人生を送ることを望むはずである。ということは、こうした人々に日本で長く働いてもらうためには、良い労働条件や報酬だけではなく、彼・彼女たち、あるいはその家族が安全・安心・幸福に日本社会のなかで暮らせる環境を整えなければならない。それは住民としての彼・彼女たちに安定した法的権利を付与し、人間関係や地域社会に参画できるように努め、差別や不公正を被ることなく権利や尊厳を保障し、「よそ者」扱いをやめて社会の一員として包摂することである。つまり、それは彼・彼女らを「移民」として扱うことを意味する。そうでなければ「外国人材」はこちらの期待どおりに日本に定着してくれないだろう。国際的な労働力誘致競争が過熱するほど、自分や家族を社会の対等な構成員として承認し、権

＊6　以下の記述は、塩原（二〇二三c）の一部を大幅に改稿したものである。

利や尊厳を認め、ウェルビーイングに配慮してくれる他の国を彼・彼女たちは選べるようになるからだ。

第二の要因は、「家族移住（family migration）」の受け入れである。先進諸国の移民受入れのかなりの部分が、国際結婚移住や子ども・親などの呼び寄せによって構成されている。日本の入管法にも結婚移住や家族呼び寄せに対応する在留資格（「日本人の配偶者等」「永住者の配偶者等」「家族滞在」「特定活動」の一部）によって、二〇二三年六月末時点で少なくとも四二万人が滞在している。

今日の先進諸国では「国益＝メリット」を増進するとされる移民を優先的に誘致する一方で、その国家にとって潜在的にでも「コスト」になるとされた移民の流入を抑制し、そして国家にとっての「リスク」と判定された移民を厳格に排除する方針が多くの国々で採用されている。これが選別的移民受入政策などと呼ばれる潮流である（小井土編 二〇一七）。こうした政策において、家族移民の受け入れは抑制されがちである（Joppke 2021: 87-101）。技術移民（高度人材）の家族は、しばしば技術移民本人よりも人的資本が低く、社会保障コストが高い人々であるとみなされているからである。

にもかかわらず、この家族移民を完全になくすことは不可能だし望ましくもない。自由民主主義国家では公序良俗に反しない限り恋愛の自由は保障されており、家族と共に暮らす権利は人権のひとつと位置づけられているからである。もちろん権利や自由には一定の制約があり、無制限ではない。また外国人と結婚することが公序良俗に反すると、いまだに信じている人もいるかもしれない。それでもグローバル化が進む現在、国際結婚や家族呼び寄せを制限することは、「私たち」自身やその家族が、自分と国籍が異なる人と恋に落ち、家族をつくり、共に生きる自由と可能性を制限することである。自由民主主義国家を名乗る以上、そのような制限には制約がなければならない。

このふたつの要因を検討しただけでも、日本がグローバル資本主義に組み込まれた自由民主主義国家である限り、移民の受け入れを完全に止める選択肢は最初から存在していないことがわかる。といっても、私は国家が移民の流入を統制すべきではないと主張しているわけではない。移民受入れの統制は主権国家の重要な機能だが、それを完全に遂行することは不可能だといっているだけである。だがこのあたりまえのことが、しばしば忘れられてきた。「日本は移民（外国人労働者）を受け入れるべきか」という繰り返されてきた論争では、「水道の蛇口」を開けば水が出て、閉めれば止まるかのように、人の移動を完全に統制できるという前提が自明視されがちであった。数多くの事実上の移民が住む現代日本の姿は、それが幻想に過ぎなかったことを示している。もちろん、多くの国で反移民や外国人排斥を掲げる政治勢力が影響力を強めているのも事実である。「国境に壁をつくって不法移民を締め出す」「ボートピープルを追い返す」といった排外主義的ナショナリストのプロパガンダへの支持の広がりがもたらす影響は、慎重に分析すべきである。ただし、そのような政治勢力が政権を奪取したとしても、その国家がグローバル資本主義（新自由主義）と自由民主主義の枠組みから逸脱しない限り、プロパガンダではなく移民政策として実施可能な合理的な選択肢は限られている。*7

4――何をしに日本へ？

この「水道の蛇口」幻想の根強さは、政府の選別的移民受入政策が、マジョリティ国民の統治的帰属の感覚に基づいていることを示している。すなわち、どのような移民を選別して受け入れるのかを、マジョリティ国民にとっての利益を基準としてマジョリティ国民およびその意志を代弁する政治制度が決定することが自明視されている。政府による新自由主義的な選別的移民受入政策がしばしば、前章までで論じてきたような一部の移民・難民への犯罪者化や非‐市民化／非‐人間化を伴うのはそのためである。つまりそこで行われる「選別」とは、ただ「役に立つ移民かどうか」だけではなく、マジョリティ国民にとって「良い移民か悪い移民か」という観点からも行われている。その際に、マジョリティ国民がしばしば選別の基準とするのが「移住の動機」である。

私が授業で大学生と行うディスカッションでも、外国人が「日本に移住した動機」が論点になることがあった。「きちんとした」理由や動機があって日本に来た人なら信用できるが「怪しげな」外国人には日本にいてほしくない、というわけである。その際に「きちんとした」移住の動機だとみなされやすいのは、勉学のためであったり、自分の専門性を活かした「やりがいのある」仕事に就くためであったり、趣味や生き方など、自分の「やりたいこと」「夢」を追求するためであったり、ロマンティック・ラブとしての「国境を越えた恋愛」（前章参照）を成就させるためであったりする。

逆に、もし移住の動機が「お金を稼ぎたい」だけなのであれば、その人は単なる「出稼ぎ」であり、そのうち帰国するので支援が不要な存在とみなされ、犯罪者化のスティグマにさらされる場合すらある。「あなたはなぜ移住してきたのですか」という「悪意のない」質問が、その国にいても良い「きちんとした」存在であるかどうかを「テストする」マイクロアグレッション（第5章参照）として作用しうるのである。

「きちんとした移住の動機」として「お金を稼ぐ」ことではない「自己実現の物語」が期待されるという傾向は、先述したライフスタイル移住という概念とも関係している。ライフスタイル移民は移住前に貧困・窮乏状態にはなく、経済的要因以外の動機によって移住する人々であると想定されている（長友二〇一五）。それゆえライフスタイル移住とはミドルクラス（中間層）あるいは富裕層の人々に特徴的な移住のあり方だとされる。とはいえ実際には、ミドルクラス移民のライフスタイル移住だとされる行為が金銭的な要因にまったく左右されていないとは考えにくい。彼・彼女らの「自己実現」の追求のための移動の多くは、自身のミドルクラス的な価値観に見合うだけの生活／収入水準を確保できることが前提となっているはずである。また彼・彼女たちの「移住の動機」は歴史的・地理的・政治的な構造によっても規定されており、それゆえ経路依存的でもある。

＊7　本書の原稿は二〇二四年末までにほぼ書き終えた。「自由民主主義の枠組みから逸脱しない限り」というこの文言には、決して逸脱すべきではない、という提言のニュアンスが含まれていることを正直に述べておきたい。

そして、これは何も移民に限ったことではない。自分のことを移民ではないと思っている「私たち」の経験した移動の動機もまた、個人的な思いだけではなく歴史・経済・社会的な背景にも規定されてきたし、金銭的な要因も絡んでいるはずである。たとえば大学進学や就職のために地方から大都市に移住するのは個人的な動機に基づく行動かもしれないが、多くの有名大学や大企業が東京をはじめとする大都市圏に集中していることには歴史的・社会的・経済的な背景がある。そのような有名大学や有名企業にあなたが入りたいと願うようになった背景には、あなたの育った家庭にどのくらいの経済的余裕があるか、あなたがどのような教育を受けてきたか、あなたの故郷で就職の機会がどれだけあるか、といった要因も影響している。つまり「移民」の場合であっても「私たち」の場合であっても、人の移動とはそもそも個人的な動機に構造的要因が複雑に絡み合って発生する社会現象であり、その絡み合い方は多岐にわたり、一定のパターン化はできてもすべてを法則化しきれるものではない。

その意味では、人が移動する経緯は「人それぞれ」だともいえる。実際、「私たち」に含まれる人々、つまり自らが帰属する集団の構成員とみなされる人に対しては、その集団に参加した動機は「人それぞれ」だと気にされないことが多い。むしろ、その人が集団のメンバーとなりうる資格があり、メンバーとしての責任や義務を果たしているか(つまりその集団のなかで「市民権」をもっているか)どうかが重視される。大学生であれば、入試の際に第一志望でその大学に入ったとしても、他の大学に落ちて仕方なく入学したとしても、きちんと学費を払って学生としての責任を果たしてさえいれば資格や待遇に違いがあってはならない。あるいは、あなたがどんな動機でいま住んでいる土地に引っ越してきたとしても、きちんと住民登録をしてその土地のルールを守って住んでいれば地域住民として対等に扱われるべきである。

ということは、私たちは自分たちが移動する動機は「人それぞれ」でよいと考えているのに、移民／外国人が私たちの社会に移動してくるときには、私たちが納得できるような「きちんとした」動機が必要だと考えがちだということである。第7章で論じたように「きちんとした」動機をもっていない移民／外国人の移住を「怪しい」と感じてしまうのは、彼・彼女らが怪しい言動をしたからではなく、そもそも私たちが彼・彼女らを最初から「私たちの仲間」だと思っておらず、私たちの社会でのシティズンシップ（市民権）を認めていないからなのである。

5——方法論的ナショナリズムと移住経験

ここまで述べてきたように、「日本社会は移民を受け入れるべきかどうか」という、もはや陳腐化した議題設定を上書きする発想の転換が必要とされている。すなわち、①日本政府が「在留外国人」と呼んでいる人々は「移民」であること、②日本はもうすでに、たくさんの移民が住む多民族・多文化的な「移民国家」であること、そして、③日本がグローバル資本主義の枠組みのもとでの自由民主主義国家である限り、移民の流入を完全に統制はできないことである。こうしたマインドセットの刷新とともに、日本がどのような移民政策を採用していくのかが議論されるべきである。

だが、必要な発想の転換はそれだけにとどまらない。今日の日本社会にはすでに多数の「移民出自の日本人」が住んでおり、その数は増加していくことが予想されている。それゆえ根本的に必要なのは、④「移民」と「私たち日本人」の本質的な区別が不可能であるという発想に立ち「日本人と移民の二分法」の前提となってきたマジョリティ日本人の優位性の構造を批判的に問いなおすことである。

先述したように、migrantは移民とも移住者とも訳される。そして「移民」よりも「移住者」のほうが、国際移住と国内移住の両方を包含した意味で用いられることが多い。誰かが日本国内の比較的遠いどこかから「私たちの土地（ホームランド）」に引っ越してくれば、その人は「移住者」と呼ばれうる。だがその人が日本人であれば、私たちはそのinternal migrantを「移民」とは呼ばない。つまり私たちが「移民」の含意をinternational migrantに限定しがちなのは、私たちが「日本」をホームランドとして想像し、「移民」をその外部からやってきた他者だとみなしているからである。私たちが他者を「移民」として認識し、その経験を自分たちとは本質的に異なったものとみなす過程には、その人自身に内面化されたナショナリズムが影響を与えている。ここでいうナショナリズムとは私たちの現実認識の枠組み（リアリティ）に影響を与えるバイアスであり、「国境を越える移動」が他のどんな移動よりも重大な「違い」を私たちにもたらすことを自明視する方法論的ナショナリズムである（第3章参照）。

「日本は移民を受け入れるべきではない」あるいは「日本は移民国家ではない」という主張の背景には、日本は「単一民族社会」あるいは民族・文化的に「同質的な」社会である（べきである）という現実感覚としてのナショナリズム（第3章参照）がある（Liu-Farrer 2020）。もちろん、本書で議論してきた移民／外国人住民の存在は言うに及ばず、先住民族として日本政府に承認されたアイヌ民族や、近代初期まで独自の王朝を維持してきた琉球の存在を鑑みても、日本が単一民族社会ではないことは明白な事実である（塩原二〇一二b、二〇一七b）。にもかかわらず、日本は諸外国と比較すれば同質的な社会であるといったレトリックは、依然として多くの人々の想像力を制約している。その結果、日本には他の「移民受入れ先進国」と比べて心理的・社会的・法制度的な「準備」が足りないから、（少なくとも準備ができるまでは）移民国家になるべきではないと主張される。その際、他国の情報が取捨選択され「教訓」として持ち出されることも多い。こうして日本がすでに移民国家であるという現実は隠蔽され、移民たちがいままさに日本で直面している問題状況は「将来の課題」として先送りされてしまう。

6——グローバル都市と一軒家

ある授業で、大学生に次のような問いについてグループ討論をしてもらったことがある。

あなたが次のA・Bの移住をするとしたら、どちらがより、あなたにとって「これまでと違った」生活だと思いますか。その理由も考えてください。

A　あなたがいま住んでいる街〔注：東京都市圏を想定〕と同規模で、同じくらいグローバル化され、インターネットやSNSもこれまで通り使用できる海外の都市で、ビジネスパーソンとして働き、生活する。

B　インターネットや携帯電話も使えず、周囲に人も住んでいない日本国内の山奥や離島の一軒家で、ほぼ自給自足の生活をする。

Bのケースに、「インターネットが使えない（オンライン・ネットワークからの離脱）」「自給自足（グローバル資本主義からの離脱）」といった条件を加えたのが、この議論のポイントであった。予想どおり、大多数の大学生が海外のグローバル都市への移住（A）よりも、日本国内の僻地への移住（B）での生活のほうが、いまの生活との違いや困難が大きいだろうと回答した。もちろん、日本語が通じない海外の大都市で暮らすことに困難がないわけではない。しかし移動交通手段とインターネット、自動通訳・翻訳アプリが発達し、グローバルな物流システムや消費文化が発展している現在において、日本の大都市に住むミドルクラスの若者が自身のライフスタイルや消費行動、友人や家族とのつながりを保ったまま国外のグローバル都市で暮らすことは、以前よりもはるかに想像しやすくなっている。それに加えて、現在の若者たちはそれ以前の世代よりもオンライン・コミュニティに親しんでおり、対面でのコミュニケーションとオンライン上のコミュニケーションの境界をシームレスに往来するようになっている。それゆえ多くの学生は、インターネットや携帯電話がつながらない国内の僻地で暮らしていくことのほうが、いまとはより「違う」生活であると考えたのであろう。

このような思考実験は、国際移住は国内移住に比べて難しく、したがって移民には「きちんとした」移住の動機が伴うはずであり、また彼・彼女らを受け入れるには行政やマジョリティ社会からの支援が必要であり、それゆえコストがかかり、統合に失敗したときのリスクがある、といった固定観念に再考を迫る。また移民は特別な支援を受けており「私たち」よりも優遇されている、といった「逆差別」の主張を再検討することにもつながる。先述した一般社団法人移住・交流推進機構は、総務省からの委託などを受けて地方移住推進のための事業や「地域起こし協力隊」事業などを実施しているが、そのウェブサイトでは地方移住を後押しするための自治体の支援制度が検索できる。[*8] 住宅、子育て・教育、就業・起業、交通など、多くの自治体がさまざまな公的支援制度を準備しているが、その多くは移住者に限定した支援ではなく、その自治体の住民を対象とした制度である。だが、このような情報を一か所にまとめ、地方移住を検討している人々にアクセスしやすくしていることも「情報流通」というひとつの重要な支援である。

一方、総務省は「地域における多文化共生」として、「生活者としての外国人」に向けた全国の自治体における支援施策を推進してきたが、そうした施策は①コミュニケーション支援、②生活支援、

*8　一般社団法人移住・交流推進機構ウェブサイト（https://www.iju-join.jp/support_search/index.html）二〇二四年七月一七日閲覧。

③意識啓発と社会参画支援、④地域活性化の推進やグローバル化への対応に分類されている（総務省二〇二〇）。その具体的な内容をみてみると、行政・生活情報の多言語化や日本語教育の推進（①）や多文化共生への意識啓発（③）そして外国人住民との連携・協働による地域活性化・グローバル化への対応（④）など、外国人住民固有と一応はみなせるニーズや特徴に合わせた支援もあるものの、教育機会や労働環境、災害時の支援体制、医療・保健、住宅、感染症対策、相談体制など、外国人に限定されない住民としてのニーズに対応するものも多い。むしろ多くの場合、こうした基本的な住民ニーズのために各自治体が実施している行政サービスへと、日本語非母語話者住民、あるいはそのような家族のもとで育った外国につながる児童生徒、そして日本での就業を希望する留学生などが円滑につながるように相談・支援するかたちになっている。このような制度設計をオーストラリアの移民支援政策では「主流化（メインストリーミング）」と呼んでいる（塩原二〇二〇）。

外国籍や日本語非母語話者であろうがなかろうが、私たちは程度の差こそあれ、住民としてのニーズを抱えている。そしてそのようなニーズはしばしば、国内であろうが国境を越えてであろうが、移住によって顕在化する。たとえ隣の自治体に引っ越すだけだったとしても、ゴミ出しなどの行政のルールは変わるかもしれないし、乳幼児への医療費補助のあり方や保育所の空き状況も異なるかもしれない。新しい隣人の予期せぬ騒音に悩まされたり、近所づきあいがうまくいかずに孤立したり、トラブルに巻き込まれるかもしれない。子どもの勉強や進学をめぐって、転校先の先生や保護者とは考え方や価値観が異なるかもしれない。日本人が国内移住しようが外国人が国際移住しようが、移動する経験自体がその人にニーズを発生させうるのであり、それに対処するために行政から受ける支援は、それが日本人に対するものであろうが外国人に対するものであろうが、移住者に対する支援なのである。もちろん、どのように移動を経験するのかによって、その経験がもたらすニーズやその切実さには違いがありうる。一般的に、国境を越えて異なる言語・文化圏に移住することのほうが、隣町に移住するよりは困難が大きいことも予想できる。にもかかわらず、それがどんなに大きな違いに見えたとしても、あくまでも私たち自身の移住経験の延長線上に位置づけることが可能だということが、ここでは重要なのだ。だが実際には、国際移住と国内移住のあいだに何か根本的な違いがあり、それゆえ国際移民への支援と国内の移住者への支援はまったく異なるものである、とみなされがちである。私たちがそのように感じているとしたら、それは「私たち国民」と「移民」を区別する方法論的ナショナリズムによって構築された現実感覚《リアリティ》に囚われているからである。

7──「定住者」と「移住者」?

私たちの移住経験と「移民（migrant）」の移住経験を本質的に異なるように認識させているのが方法論的ナショナリズムなのだとすると、それを相対化したときに見えてくるのは、私たちもまた「移住者（migrant）」であり、「移民（migrant）」と私たちのあいだに本質的な区別は存在しないというもうひとつの現実である。だが、この現実はしばしば周縁化されてきた。デヴィッド・グレーバーとデヴィッド・ウェングロウが主張するように、人類の歴史はしばしば、移動する人々による狩猟・採集社会から定住する人々による農耕社会へと移行し、人口の集中、富の蓄積、貧富や身分の差の拡大や統治機構の制度化をへて国家が発生するという単線的な図式で描かれてきた（グレーバー・ウェングロウ 二〇二三）。それは、西洋諸国による植民地主義や国民国家によるエスニック・マイノリティへの同化政策を正当化するイデオロギーとしても機能した。こうして伊豫谷登士翁が指摘したように、近代国民国家において「定住」こそが常態であり「移動」とは逸脱の状態であるという認識が定着することになった（伊豫谷 二〇一九：六－八）。マジョリティは自分たち自身をホームランドに「根付いて（rooted）」住んでいる定住者だと認識し、マイノリティを「根無し草（rootlessness）」のよそ者、見知らぬ者、周縁化された者としての「ストレンジャー」（徳田 二〇二〇：一七三－一七七）だと認識するようになった。一方、近代化に伴って国家内の地方から都市への労働者の人口移動や階層間の社会的移動はむしろ流動化していった。結果としてコミュニティとのつながりや帰属意識が希薄化した人々を結束させるために、国民国家の境界線を強調するナショナリズムが活用されることになった（ゲルナー 二〇〇〇）。こうしてマジョリティ国民が自分自身の帰属する国民国家を「ホームランド」として認識し、国家の領域内で移動する人々を「定住者」である「私たち」、そして国境を越えて移動してくる人々を「移民」として認識する二分法が確立されていった。

ということは、人々が他者や自分自身を「定住者」であると想像するか「移住者」あるいは「移民」と認識するかは、自らのホームランドをどのように想像するかによって異なってくるということでもある。私が二〇〇〇年代末に調査した北海道のある観光地の例を挙げれば、明治の開拓期に本州から移住してきた日本人の末裔からみれば、一九八〇年代のバブル期に移住してペンションを営んできた六〇代の日本人世帯も、より近年にやってきた日本人「地方移住者」も、その地域が国際的に有名なリゾートになってから増加してきた外国人の「移民」も、程度の差こそあれ、すべて定住者としての自分たちにとっての「よそ者」である。一方、先住民族であるアイヌの視点からみれば、日本人はすべて明治以降に本土から移住してきた「和人（和民族）」である。

私自身を例にすれば、私はさいたま市（旧浦和市）で生まれ育ち、オーストラリアで数年間暮らしたのち帰国し、結婚後はずっと横浜市に住んでいる。さいたま（浦和）市民であった年数と横浜市民でいる年数はいまではそれほど違わなくなってきたが、いまだに横浜では自分を「よそ者」のように感じることがある。東京に住む人に対しては「私は浦和で生まれて横浜に引っ越しました」と「移住者」として自己紹介するが、たとえば関西出身の人に対しては「私はずっと東京の郊外で生まれ育ちました」と「定住者」として自己紹介することもある。そしてオーストラリアに住んでいたときは「日本から来ました」と名乗り、日本人「移民」のひとりとして認識されていた。このように私が「定住者」「移住者」「移民」のいずれとして自己呈示し、他者から認識されるかは、私がホームランドをどのように想像し表現するのかによって変わってくる。それゆえ私たちのホームランドを「ネイション」に限定して想像させようとする方法論的ナショナリズムのバイアスを相対化すれば、誰もが定住者であると同時に移住者／移民（migrant）であり、それらの諸現実を同時進行的に生きていることが理解できるようになるのだ。

8——「根付くこと」と「移動すること」？

私たちは定住者／migrantという複数的現実を同時進行的に生きているという気づきは、鈴木弥香子が「新しいコスモポリタニズム」論の特徴として挙げた「ワールド・オープンネス」すなわち、「世界を一つではなく、複数のものとして考えるという考え方」と通底する（鈴木 二〇二三：三八）。方法論的ナショナリズムを乗り越えることでこのような視座を獲得しうるとしたら、本章で試みたのは新しいコスモポリタニズム論の旗手のひとりでもあったウルリッヒ・ベックのいう「方法論的コスモポリタニズム」の実践だったともいえる（前掲書：五九）。「根無し草」のエリートの発想であると批判されてきた古典的コスモポリタニズムとは異なり、一九九〇年代以降に台頭した新しいコスモポリタニズム論は、ローカルな帰属（根付くこと）を放棄することなく国境を越えた視座や連帯、規範を実現する可能性を模索するものであった（前掲書：三二一－三七）。鈴木のいう「根のあるコスモポリタニズム」とは、ハージが記述した移民にとっての「根付き（rootedness）」の感覚とも共通している。

私がこれまで世界中で出会った多くの移民にとって、はるかに強い根付き《ルーテッドネス》の感覚とは、空間を静的に占有し、そこに縛り付けられて身動きが取れないような感覚ではなかった。反対に、彼・彼女らのルーツは逆説的にも、一対の翼のようなものとして経験されていた。これは、ドゥルーズが「リゾーム」という概念でいわんとしていたことではないかと、私には思える。……ドゥルーズは肯定的かつ移動という観点から、根付くことの異なるあり方を記述していたのである。（ハージ 二〇二二：三四七―三四八）

ハージは、移民にとってのルーツとは「私たちと共に在り、共に動くルーツなのである」という。それは移民たちを力づけ《エンパワリングし》、実存的に人生を歩んでいく力を「駆り立てている（propelling）」ものである（ハージ 二〇二二：三四八）。ルーツとは、ホームランドを離れる移住者たちの旅の安全を祈って贈られたお守りのようなものだ。それは、前に進もうとする勇気を移住者に与えてくれるし、たどり着いたその先の土地で、先住者たちのルーツと排除しあうようなこともない。ルーツをもつことは移動することと両立するばかりか、人々を実存的移動へと駆り立てる力でさえありうる。こうした根付きの感覚は、依然として支配的である偏狭で領域的な、「私のルーツか、あなたのルーツか。この土地は私のものか、あなたのものか。あなたはここに帰属するか、あそこに帰属しているのか。あなたは主権者か、それとも私が主権者なのか」といった二項対立の論理で展開される植民地主義的な帰属のあり方に対抗する、オルタナティブな帰属のあり方を示唆している（前掲書：三四九―三五二）。

前章では「私たちもまた難民であり、弱者である」ことを論証し、本章では「私たちもまた移民／移住者（migrant）であり、ストレンジャー（よそ者）である」ことを論証した。あなたが自分のことを定住するマジョリティだと思っていたとしても、あなたもまたマイノリティとしての現実を同時進行的に生きており、migrantとして移動している。あなたは自分のホームランドに根付いて、根無し草の人々を「迎え入れてあげる」わけではない。あなたもまた移動する人々のひとりとして、自分自身のルーツをこの場所に持ち込んでいるのであり、それを他の人々の持ち込んだルーツと共生させていかなければならない。そうすべきなのではなく、そうしなければならないのだ。なぜなら次章以降で論じられるように、個人の実存という意味でも種としての存続という意味でも、私たちは他者と共生しなければ生き延びられない時代に生きているからである（鈴木二〇二三）。

そして重要なのは、方法論的ナショナリズムやレイシズム、植民地主義の影響を比較的受けていない状況では、私たちは現に、そのような共生をある程度実践できているということだ。もちろん、私たちは家族や友人、近隣や職場、学校での人間関係でトラブルを抱えながら生きているのが常であり、ときには深刻な対立に発展することもあるが、たいていの場合はなんとか折り合いをつけて、やり過ごす知恵を学びながら生きている。他人と共存することに過度な期待はできないが、かといって極度に絶望する必要もない、といったところだろう。ところがひとたびナショナリズムやレイシズム、植民地主義といったバイアスに囚われたとたん、私たちの社会がマイノリティによって崩壊する、共生など偽善で非現実的だと大騒ぎを始め、やがてそれが自己成就的予言として独り歩きを始める。だが共生というプロジェクトは、そのような大それたものではない。私たちがなんとかこうして生きていることそれ自体が、共生なのだから。言い換えれば、共生とは目指すべき未完の理想ではなく、いまそこに存在している、ひとつの現実なのである。

第10章 多文化共生から「違う世界を生きている人々の共生」へ
――共生の存在論的転回に向けて(1)――

1――「symbiosis としての共生」の限界を越える

これまで本書で論じてきたことを、現代日本の文脈に落とし込みながらまとめておく。第1章で論じたように、一九九〇年代から普及し二〇〇〇年代半ばに行政用語として確立した「多文化共生」に対して、それが「日本人／外国人」の二分法と「日本人」の優位性を前提として外国人住民の日本社会への適応を促すパターナリズムとしての「コスメティック（うわべの）・マルチカルチュラリズム」という側面をもつことが批判されてきた（モーリス＝スズキ 二〇〇二、岩渕編 二〇一〇、塩原 二〇一二b）。そうした批判に対し、二〇一〇年代以降の政府の多文化共生理念では外国人住民の主体的な社会参画が強調され、その方向性を共有する研究者からは「多文化共生二・〇」「多文化共創

（multicultural synergy）」（小泉・川村編 二〇一六）といった理念も提唱された（Shiobara 2024）。にもかかわらず、従来の支配的な多文化共生の理念は必然的にマイノリティへの同化主義に帰結することが第2～5章で論証された。

とはいえ、現代の先進諸国においてはマジョリティのエスニック文化への露骨な同化の強制は差別であるとみなされることが多い。それゆえ文化多元主義や多様性の尊重といった理念が影響力をもつ社会では、同化主義は「マジョリティの価値観の共有の強要」という形態をとる傾向がある。その際、マジョリティの「価値観（values）」として強調されるのはエスニック文化というよりは、自由民主主義、資本主義、人権といった「市民的」とされる規範であることが多い。このような市民的価値観は先進諸国における既存の（マジョリティ国民中心の）政治・経済・社会制度を正当化しており、それゆえこの「価値観の共有の強要」とは主流社会への構造的同化の要求であり、「価値観」の内実を恣意的に決定できるマジョリティの特権を前提としている。

しかし第5章で論じたように、この同化主義は達成不可能な理想に過ぎない。同化主義を推進すればそれだけ、マジョリティの内部（「同胞」）のなかから新たに同化すべき「内なる他者」を際限なく生み出してしまい、その結果、社会の分断をむしろ進めてしまうからである。マイノリティの人々が同化主義を内面化し、自ら進んで同化しようとした場合でさえ、同化の目標となるマジョリティの「価値観」の内実が恣意的に変わりうるため、マイノリティは常に「まだ同化していない他者」として潜在的に排除されうる立場に立たされ続ける。それゆえマジョリティにとっての秩序維持の戦略としても、マイノリティにとっての政治・経済・社会的参加の戦略としても同化主義は必然的に行きづまり、排外主義に帰結することになる。

一方、二〇一〇年代末から日本政府が用いている「外国人との共生社会」という理念では、「外国人材」のもたらす労働力や多様性の「活用」を強調する傾向が強まっている。これは日本でも二〇〇〇年代から紹介されるようになったダイバーシティ・マネジメント論（尾崎 二〇一七）や、二〇一〇年代後半に行政やマスメディアで活発化したSDGsに象徴される多様性の礼賛の風潮とも共通点がある（岩渕編 二〇二一）。多様性の活用という論理は、他者を「飼いならし」て道具化しようとする、近現代に生きる人々を強く拘束する関係性のあり方（序章参照）を前提としている。すなわち、そこではマジョリティ国民中心の秩序を堅持し、マジョリティの利益のために「多様性」を活用すべく、マイノリティのもたらす差異を管理することが想定されている。しかもそれは「活用できない／有害な」多様性の排除を「共生のための排除」の論理によって黙認するものでもある（第1章参照）。こうして第6～8章で述べたように、多文化共生の名の下に非正規滞在外国人や難民認定申請者などへの排外主義が正当化され、共生を推進することでむしろ社会の分断が助長されていくことになる。

共生の理念は必然的にマイノリティへの同化主義と排外主義を生み出し、マジョリティ自身をも分断させる……。このような希望のない議論になってしまうのは、「共生」という言葉を調和や安定、文化や価値観の共有といった語彙と暗黙のうちに結びつけて理解してしまうからである。「共生」は、日本社会の文脈のなかで多様な意味で広く用いられている日本語である。仏教用語としての「共生（ともいき）」は古くから用いられてきたが、一九七〇年代には共生という日本語は主に「自然との共生」あるいは「マイノリティや社会的弱者との共生」といった文脈で用いられるようになった（笠井・工藤編 二〇二〇、花崎 二〇〇二）。一九九〇年代頃から、この言葉はマスメディアやアカデミズムで頻繁に使用されるようになった（花崎 二〇〇二、岡本・丹治編 二〇一六、鈴木編 二〇一三、野口・柏木編 二〇〇三）。序章で述べたように、この「共生」という社会科学的概念の英語の定訳はないが、生物学における"symbiosis"概念の日本語訳としての「共生」を流用し、生態系秩序として理想化された「調和」のイメージとともに理解する傾向が根強い。だが生物学でいうsymbiosisは生物どうしの対等で互恵的な関係を必ずしも意味しない（鈴木 二〇一三：四）。それゆえsymbiosisのイメージが人間どうしの関係に無批判に投影されると、既存の社会構造に内在するマイノリティ－マジョリティの非対称な権力関係が自然化され、それがもたらす不正義・不公正が温存・隠蔽されがちになる。その結果、マイノリティや社会的弱者は調和を乱す逸脱とされ、パターナリスティックに「矯正」（同化）させるか、共生のために排除すべき存在とみなされがちとなる。

ということは、「共生」がsymbiosisとは異なる語彙によって語られ、想像されることで、同化主義や排外主義を伴わない共生のあり方を構想することができるようになるかもしれない。そのような「発想の転換」を行うために、第8・9章では「多文化共生」の対象として想定されている「難民」「移民」といった他者と「私たち」を二項対立的に把握する発想を相対化し、自己と他者の境界を越境していく思考実験を試みた。第3章であらかじめ論じたように、現実とは人々が知識を用いて社会的に構築するものであり、それぞれの知識を規定する歴史や制度のあり方によって、人々のあいだで異なった現実が構成されている。それゆえ、私たちの生きる現実は相互に異なっており、私たちは決して他者と「同じ」現実を生きることはできない。しかしこれから論じるように、ひとりの個人にとっての現実の構成に関係する知識や制度のあり方も交差的である以上、ひとりの人間は文脈や対人関係などに応じて複数の現実を必ず経験し、その複数の諸現実を同時進行的に生きることになる。それゆえ、「私たち」にとっての支配的な現実に隠されて周縁化されてしまっているが、自分自身のなかに確実に存在している別の現実のなかに、他者の経験と「重なる（オーバーラップする）」がゆえに私たちにより深い他者理解を促してくれる経験が隠されているかもしれない。その意味で、私たちもまた私たち自身の「難民」「移民」経験をしているのであり、それをもとに私たちが「難民」や「移民」と呼んでいる他者たちの経験ともつながることができる。

2——複数的現実としての「価値観」

共生をsymbiosisとして理解する発想は、単一現実主義（mono-realism）を前提としている。すなわち、「私たち」と「他者」が共生するためには、両者が「同じ」単一的現実のなかに住まわなければならないことが自明視されている。しかも、そのような単一的現実はあくまでもマジョリティの優位性によって特徴づけられた現実でなくてはならず、そのためにマジョリティの「文化」や「価値観」への同化主義が要請され、同化が不可能だとみなされたマイノリティへの排外主義が正当化される。そしてマイノリティがマジョリティとは異なる現実を維持しようとすれば、それは「国民社会の分裂」「並行／柱状社会化」「ゲットー化」などと呼ばれ、マジョリティからほぼ条件反射的に忌避されてしまうことになる。

本章以降で試みるのは、こうした単一現実主義的な「共生」観から、多現実主義（multi-realism）に基づく「共生」観への発想の転換である。そのために、本書でたびたび試みてきたような既存の概念の批判的再検討から考察を始める。すなわちsymbiosisとしての共生観を支えている「価値観の共有」という概念を再検討してみたい。

私たちは日本語の「価値観」を、文脈に応じて以下の三つの次元で使い分けている。第一に、自覚的な「オピニオン（意見）」としての価値観である。これはたとえば「あなたは自由民主主義を支持していますか」といった質問に対する「自分の考え」として表現されている価値観である。オピニオンとしての価値観とは「人々が主観的に共有する意見」（堤林・堤林 二〇二一：三〇）であり、「世論」「輿論」（パブリック・オピニオン）のようなかたちで一定範囲の他者とあらかじめ共有されているという前提とともに個人によって表明される。

オピニオンとしての価値観は、必ずしも合理的・論理的な思考に基づいて表明されるわけではない（前掲書：二九）。また、あなたが「自由民主主義を支持する」というオピニオンをもっていたとして、そのようなオピニオンを二四時間三六五日自覚し、それに従って合理的・論理的に行動することはふつうの人間にはできない。実のところ第5章で論じた帰属意識（アイデンティティ）と同様に、オピニオンには普段は自覚されていないが、他者からの「呼びかけ」（質問）によって生成されて言語化される応答という側面があり、それゆえ相手との関係やその呼びかけられ方によって自分の応答の内容や表現が変わることも多い。つまり、応答としてのオピニオンは他者との関係に規定され変幻自在《マルチ》でもあるし、その個人の育った環境から受け継がれた文化資本やハビトゥスにも影響される。その意味で後述の第三の意味での「価値観」と厳密に区別できるものではない。

第二に、「エモーション（感情）」としての価値観である。ここでいう「エモーション」には好き嫌いや「生理的」とされる嫌悪感なども含まれる。たとえば離婚の原因としてしばしば挙げられる「価値観の相違」というフレーズには、子どもの教育方針などをめぐる「意見（オピニオン）の違い」だけではなく、衛生感覚や食事の味の好みの違い（「トイレで手を洗わない」「味噌汁の味が薄い／濃い」）なども含まれうる。それゆえそれは、オピニオンとしての価値観とは区別される。ただし感情もまた社会的に構築され身体化されているものである以上、やはり後述の第三の意味の「価値観」と厳密に区別できない。

それゆえ「オピニオン」「エモーション」としての価値観は、「リアリティ」としての価値観という第三の次元に集約されていくことになる。ここでいうリアリティとは、私たちが内面化した「世界観」、すなわち「世の中とはこういうものだ」とみなすのが妥当だという、言語化されていない感覚（現実感覚）および、それによって経験される現実のことである。第3章で論じたように、リアリティは人々のもつ広義の知識が客観化・制度化・正当化・内在化されることを通じて構成されるが、人々がどのような知識をどの程度もつのかという配分は異なりうる（バーガー・ルックマン二〇〇三：七〇-七一）。その結果、異なる社会に生きる人々のあいだでは、異なる現実が経験されうる。この現実の違いは、生きている「世界の違い」と形容しうるほどに大きくなることもある。

ヴーダンの神々もリビドー的エネルギーも、ともにそれぞれの社会的文脈において定義された世界のなかにだけ存在するにすぎず、それ以外のところには存在しないかも知れないのである。しかしながら、こうした文脈のなかにおいては、それらは社会的に定義されることによって実際に存在するのであり、社会化の過程を通じて内在化されているのである。田舎のハイチ人はものの怪《け》にとり憑かれており、ニューヨークの知識人は神経症的なのである。このように、ものの怪のとり憑きと神経症は、こうした文脈のなかにおいては、客観的現実をつくり上げていると同時に、主観的現実をもつくり上げている。

（バーガー・ルックマン 二〇〇三：二七〇、強調は原文）

この引用は異なる社会のあいだでの「世界の違い」に言及したものであるが、このような知識の配分や社会化のプロセスの違いはひとつの（国民）社会の内部においても起こりうる。ブルデューのいうハビトゥスとは、まさにひとつの社会の内部における階級・ジェンダー・セクシュアリティ・人種／エスニシティといった社会構造を通じて生成され、世代継承を通じて個人に身体化されていく性向のことであり、それが生み出すものの見方・感じ方、つまり世界観に他ならない。そして個々人のハビトゥスは、さまざまな社会構造の複雑な交差《インターセクション》のなかから形成されていく。インターセクショナリティ（交差性）とは、人種、階級、ジェンダー、セクシュアリティ、ネイション、エスニシティ、障がいなどさまざまなカテゴリーにまたがる権力関係が、社会関係や個人の日常的経験に影響を及ぼすあり方を検討するための概念である（コリンズ・ビルゲ 二〇二一）。同じ社会に住んでいる人々のあいだで、この交差性のあり方には一定の共通性はあるものの、個々人の置かれた社会的地位・階層・環境に応じて多様でありうる。したがって、そこから生成されるリアリティもまた、共有される部分もありつつもひとりひとり異なっている。とりわけある社会のなかで「ふつうに」マジョリティ＝強者と位置づけられがちな人々と、マイノリティ＝弱者と位置づけられることが「ふつうな」人々のあいだでは、彼・彼女らが身体化し経験する「世界＝現実」は大きく異なる。差別や偏見、経済・社会的な不平等の構造が身体化されることを通じて、マイノリティはマジョリティとは異なる世界を、同じ社会のなかで経験するのである。

なおかつ本書で強調してきたように、マジョリティ－マイノリティ関係はあくまでも相対的な社会的位置づけであり、同じ人間が場面によってはマイノリティの立場に位置づけられたり、マジョリティの立場に立ったりする。そうした可変的な交差性のあり方が、同一人物に複数の現実を同時進行的に（レンチキュラーに）経験させることになる。その人にとっての支配的な現実はマジョリティとしての経験かもしれないが、別の場面においては確かにマイノリティとしての経験もしている。つまり少なくとも潜在的には、あらゆる人がマイノリティかつマジョリティとして、同じ社会のなかで複数的な世界をレンチキュラーに生きている。*1

本書ではすでに、オピニオンやエモーションとしての価値観の「共有の強要」すなわち同化主義が不可能であることを示してきた。そして複数的な諸現実として価値観をとらえたときに、同化主義の不可能性はさらに決定的になる。マジョリティがマイノリティの現実を自分たちの現実に同化させることなどできない。同化を強要すればするほど、「マジョリティに同化させられた経験」という、マジョリティのそれとは異なる現実をマイノリティは生きることになるからである。たとえばマジョリティとしての日本語母語話者がマイノリティとしての日本語非母語話者に対して、日本語が共通語として話されることが自明の前提になっている職場や学校という（マジョリティにとっての）現実を受け入れるように迫り、マイノリティがそれを受け入れたとしても、マイノリティがそこで経験するのは「自分にとって母語ではない日本語が共通語であることが自明の前提となっている職場や学校に適応するように迫られ、それを受け入れたという経験」であり、マジョリティの経験とは異なっている。

ただし、人々の生きる現実が複数的であり、あらゆる人がマイノリティとしての現実とマジョリティの現実の双方を経験しうる以上、マイノリティの現実とマジョリティの現実が完全に乖離していることもありえない。たとえば、外国につながる児童生徒は日本の学校でいじめの標的になりやすいとされる（田中 二〇二一：一一六―一一八、一五一―一五二）。もちろん、その経験は日本人の児童生徒が被るいじめとは異なっている。しかしその経験には「重なる」部分もある。だから、いじめを経験したことのある日本人は自身の経験を手掛かりに、外国につながる児童生徒の経験をそれが自分の経験とは異なることを前提にしつつ、理解しようとすることができる（それは自分と他者の経験が「同じである」と感情移入することとは異なる）。教員たちも、それまで日本人児童生徒のいじめの問題に対処してきた経験を手掛かりに、外国につながる児童生徒の直面する困難を、日本人の子どもたちの問題と「重ね合わせ」、両者が異なりつつもいかに関連しあっているか、すなわち「関係的差異」（コリンズ 二〇二四：二九二―二九三）に留意しつつ、より深く理解しようと試みることができる。それは外国につながる児童生徒と日本人児童生徒や教員たちとのあいだに、良い対話的関係が創出される可能性を高めるだろう。このように自己と他者のそれぞれ異なる現実が「重なる（オーバーラップする）」地点を探し出して「つなげる」ことで、他者をより深く理解し、より良い対話的関係を創出することを目指すのが、私が「多現実主義」として提起したい思考法である。

3――多文化主義から多現実主義へ

■ローンオフェンダー

あまりにも異なる現実を経験している人を、私たちはしばしば「あの人とは生きている世界が違う」と表現する。たとえ同じ社会に生まれ育ち、同じ「文化」を共有していたとしても、人々がそれぞれ「違う世界＝現実を生きている」ということがありうることを、私たちはわかっている。こ

＊1　第8章でも述べたが、私たちがある他者との関係でマイノリティの立場に置かれた経験があったとしても、別の他者に対してマジョリティの立場にあることから生じる責任や連累を免れるわけではないことは再度、強調しておく。

の「世界の違い」は、多文化共生や異文化理解といった文脈で強調される「文化の違い」と決して同じではない。「文化の違い」そのものが問題なのではなく、文化の違いがもたらす不公正な社会構造や差別の経験が、マイノリティの人々にマジョリティとは「違う世界」を生きさせてしまうことが問題なのである。

このことを考えるうえで示唆的なのが「ローンウルフ（ローンオフェンダー）」などと呼ばれる、いかなる組織やネットワークにも属さず単独でテロ行為をする人々の事例である。大治朋子は、欧米における移民二世によるローンウルフ型テロリストの出現を以下のように概観する。9・11事件以降に米国や欧州で強まったアラブ系住民やイスラム教徒への排外主義が、その社会に生まれ育ち同化しようと努力してきた移民二世の若者に差別や不正義の経験をもたらす。それへの疑問や怒りにより、彼・彼女たちの一部はイスラムの教えに拠り所を求めるようになる。そうした若者たちの脆弱性（生きづらさ）にイスラム過激主義組織のインターネットなどを通じた宣伝戦略が影響を及ぼすことで、一部の若者がローンウルフとしてテロ行為に走ることになる（大治 二〇二〇：九五－一一四）。それゆえ、移民二世は「文化の違い」によって移住先の主流社会に同化できなかったわけではない。むしろマジョリティからの差別や不公正な扱いというかたちで、マジョリティの生きる現実とは「違う世界」を経験したことへの疑問や怒りが、彼・彼女らがテロ行為へと走るきっかけになっている。

大治は、特に暴力的であったり偏った思想をもっているわけでもない「ふつうの人」がローンウルフとして過激化するプロセスを以下のように整理している。まず、その人にトラウマやストレスをもたらす私的な苦悩や社会的な不正義への疑問や怒りが存在する。それらは本書でも検討してきた、あらゆる人々がもつバイアスによって強化される。その結果、自分の思考に合致し、共感できる物語《ナラティブ》に自己同一化していく。そして過激主義の要素を帯びたナラティブに没入した一部の人々は、他者を絶対悪として非-人間化し、自己を英雄視することで失われた自尊心を回復し、承認欲求を強める。そして最終的に何らかのきっかけ《トリガー》により、その過激思想を実行に移すことになる。それゆえローンウルフ型のテロリズムの根底には「自己実現」の追求という、誰もが抱く感覚が存在している（前掲書：一七四-一二一）。私たち誰もが抱く苦悩や怒り、自己実現への欲求から、何かのきっかけで「ふつうの人」が過激化する可能性がある。とりわけその人が「世界は危険である」「人間は信頼できない」といったネガティブな世界観に囚われている場合、他者に助けを求めることで踏みとどまることが難しくなる（前掲書：二三七-二四四）。

ローンウルフ型のテロ行為は、日本でも「日本人」によってたびたび引き起こされている。国際的に共有されたテロリズムの定義はないが、日本政府はいわゆる「政治目的」に限定されない特定の「考え方」を暴力的に他者に強要したり、その準備活動をすることをテロリズムに類似した犯罪とみなしているようである（前掲書：二四六-二四七）。大治は二〇〇〇年代の日本で起きたローンウルフ型テロ行為として、神奈川県相模原市の障害者施設「津久井やまゆり園」で起きた殺傷事件（二〇一六年七月）、東京・秋葉原の交差点で起きた、トラックでの暴走と刃物による殺傷事件（二〇〇八年六月）を挙げている（前掲書：二五五-二七七）。そのほかにも、類似した特徴をもつ事件はあっただろう。こうした事件を伝える報道からは、「ふつうの人」であった犯人たちがさまざまな生きづらさを経験するなかでネガティブな世界観に囚われ、孤立していくなかで自身の言動や思想を過激化させていったことがうかがえる。

だが人々のもつ世界観や経験する現実の違いは、このような過激化した人々が引き起こした事件でのみ問題になるわけではない。日常における「違う世界に生きている人々」との出会いの例として、私自身が関わっている、生活困窮家庭の子どもたちへの大学生による支援の実践の事例を紹介したい（塩原二〇二二）。

■生活困窮家庭の子どもの支援

私は二〇〇七年頃から、勤務先の大学生が参加するサービスラーニング教育の実践を続けている。授業を履修した大学生は、東京近郊の外国人集住地域を拠点とするＮＰＯに半年から二年間、ボランティアとして継続的に関わる。そして、その多くが生活困窮家庭の出身でもある外国につながる小中高生に勉強を教えたり、彼・彼女たちのための地域の居場所づくり活動に取り組む。そうした子ども・若者は確かに、マジョリティ日本人とは異なる民族文化的背景や自己同一化のあり方を有している。にもかかわらず、大学生たちがまず圧倒されるのはたいてい、そうした子ども・若者が経験している「貧困・格差」の現実のほうである。とはいえ、そこに「異文化」の要素が介在しないわけではない。現場《フィールド》に何度も足を運び、外国につながる子ども・若者たちと関係性を深めていくうちに大学生が気づくのは、彼・彼女たちの身体に刻み込まれた民族・文化的差異に由来する差別や不平等の構造が、彼・彼女たちが経験する現実を立ち上げていく、複雑な交差性のあり方に他ならない。

この多様で複雑な交差性のあり方ゆえに、同じ社会に生きているはずの人々は、それぞれ異なる多様な諸現実《リアリティーズ》を経験することになる。大学生たちは現場で、「大学生」という存在をマンガやドラマのなかでしか知らなかった子ども・若者たちと出会う（湯浅 二〇一七）。それは社会に満ちた悪意あるヘイトスピーチや貧困バッシング、そして「悪気のない」マイクロアグレッション（第5章参照）によって消耗し、制度化されたレイシズムによって生きづらさを募らせ、「行き／生きづまり」（第6章参照）、希望を奪われていく子ども・若者たちと、まさにその同じ社会から活力や未来への希望を駆り立てられて、実存的移動性を授かってきた大学生たちとの出会いである。ある社会で周縁化された人々とそうではない人々とのこうした出会いは、「異文化」との出会い、異なる階層に属する人々との出会いである以上に、同じ社会のなかで異なる世界＝現実を生きている人々との出会いでもある。そして倫理的な観点からみれば、それはモーリス＝スズキのいう「連累」の関係を含む（モーリス＝スズキ 二〇〇二）。すなわち、私たちに恩恵を与えてきた社会構造から不公正な扱いを受けてきたという意味で、私たちが「借りがある」人々との出会いなのである。こうした出会いの場面で私たちが目指さなければならないのは、異なる文化をもつ人々との共生というよりは、自分とは異なる世界を生きる人々との共生であり、そのために必要なのは「異文化の理解」である以上に、他者の現実の背後にある交差性の様相と、それを生きる他者にとっての「合理性の理解」（岸ほか 二〇一六）を通じた、対話の試みかもしれないのだ。

■他者の現実と共に在ること

このような他者との出会いと「共生」をめぐる状況と課題は、「多文化主義（多文化共生）」よりも、ハージのいう「多現実主義」という視座《パースペクティブ》によってより適切に表現することができる。ハージはこの概念を、ブルーノ・ラトゥールやエドゥアルド・ヴィヴェイロス・デ・カストロといった人類学者が提唱する「多自然主義（multi-naturalism）」（第12章参照）に触発されつつ構想した（ハージ 二〇二二：一一五―一一六）。ハージによれば「西洋近代のもっとも偉大な『達成』は、私たちを単一現実主義者（mono-realist）にしたこと、私たちがその中に存在している現実《リアリティーズ》の複数性についての私たちの自覚を、極小にしたことである」。それに対して多現実主義とは、現実《リアリティーズ》の複数性、すなわち私たちの「身体が環境に絡めとられているあり方の複数性」を認識することから出発する（前掲書：一一七）。そのような現実の複数性は、人々に身体化されたハビトゥスの複数性（あるいは交差性）によって構成される（前掲書：一二三）。しかも多現実主義は人々が異なる現実を生きているということではなく、ひとりの人間が重なりあう複数の現実（レンチキュラーな複数的現実）を同時進行的に生きていることを強調する（Hage 2021）。たとえその現実のうちのひとつが「支配的な現実」として、あたかも唯一の現実《リアリティ》であるかのように思い込まされていたとしても、私たちは私たちのなかで周縁化されている別の諸現実《リアリティーズ》を必ず、すでに生きている。その周縁化されたオルタナティブな現実は、他者の現実と同じものではないが、どこかで重なって《オーバーラッピング》いるという意味で、私たちにとっての「内なる他者性」といえる（ラトゥール 二〇二四：六三）。それを再発見し、他者の現実とつなげることで、私たちが「いまそうではない」存在に変わり、他者と「共に在る」可能性が創出される。

……人間の単一性を基盤として他者性を理解するのではなく、他者性を現実界と人間の身体との絡みつきの複数性のうちに位置づけるように促すのである。すなわち、この複数性のうち少なくとも一部は、どこでも同じものなのだという事実、そしてそのことが、よく似た一群の現実《リアリティーズ》をどこにでもつくり出すのだという事実である。それゆえ、仮想的な現実ではなく、より支配的な現実《リアリティーズ》の陰に隠れている傍流の現実だとしても、確かにずっと存在している実際の現実《リアリティーズ》へと節合させることで、私たちは私たちの内なる他者について考えることができるようになる。……そしてもし、私たち自身の社会と文化がたどってきた社会歴史的経緯が、私たちを他の現実《リアリティーズ》ではない、あるひとつの現実《リアリティ》に押し込めてきたのであれば、それは私たちがこうした他の現実《リアリティーズ》……のなかで生きることを単にやめたということを意味しない。そのこと自体が、私たちがそこで生きていることに十分に気づいてはいないが、漠然とした感覚ではあるもののその存在についての感覚をしばしば感じさせられる現実《リアリティーズ》が、ずっと隠されてしまっているということなのである。批判的人類学が批判的な政治へと変貌するのは、ここにおいてである。「私たちがいまそうであるものではないものであること」は、ただ概念として可能であるだけではない。それは物質的にも可能なのである。なぜなら、その人はすでに、まさにその他者性《アザーネス》のなかで、生きているのだから。

（ハージ 二〇二二：一一九－一二〇）

私が取り組んできたサービスラーニング教育の実践に参加した、首都圏の名門と呼ばれる私立大学の学生が経験する現実は、生活困窮家庭に育った外国につながる子ども・若者の現実とは分断しているように見える。だが二〇二〇年から本格化したコロナ禍は、そんな「われわれ」の現実を、異なる視座から見つめなおす契機にもなった。アルバイトに行けずに生活に窮し、キャンパスで実施された無料食糧配布や生理用品の無償配布に殺到した大学生たち。生活費が足りず、オンライン講義を受けるネット環境を確保できなかった大学生たち。実家の家計が苦しく、学費が払えずに休学を余儀なくされた大学生たち。パンデミックが始まった頃にたまたま滞在していた欧州の土地で、アジア人であるがゆえに「コロナウイルス！」と罵声を浴びせられた大学生たち。

もちろん、私の教える大学生たちのなかにそのような経験をした人がいるからといって、私や大学生たちと生活困窮家庭の外国につながる子ども・若者たちのあいだの階層格差やマイノリティ－マジョリティの権力関係を無視していいわけではない。私たちと彼・彼女たちの経験は、大きく異なっている。だがそれと同時に私は、私たちと彼・彼女たちの現実に「重なる」部分を見出しもする。それゆえ彼・彼女たちと私たちは同じではないにもかかわらず、彼・彼女たちは私たちの内なる他者である。同じように、彼・彼女たちにとっても私たちは内なる他者である。

だからこそ、私たちと彼・彼女たちが出会い、相互の現実がつながることが、オルタナティブな社会を創り出す希望をもたらすのである。出会ってつながることそれ自体が、互いの現実を相互に変容させる契機なのだから。私が出会った現場の支援者たちの多くは、そのことをよく知っていた。フィクションの世界の存在だと思っていた「大学生」と出会う経験は、生活困窮家庭出身のマイノリティの子ども・若者たちの世界を確実に変える、と支援者たちは言う。それは「メンターシップ」という言葉でも表現できるが、「メンター」を送り出す立場の私にいわせれば、現場の子ども・若者たちの世界が変わるのと同じくらい（もちろん個人差はあるが）、大学生たちの世界もこの出会いによって変わる。ここでいう出会いとは他者との（勘違いの）自己同一化ではなく、自分には無関係だと思い込んでいた他者の現実の一部が自分の現実とオーバーラップし、やがて自分の現実とつながっていく経験なのだと思う。他者の現実とつながったとき、私たちは他者の現実をより深く理解しようと願い、その瞬間に私たちの現実はすでに変わりはじめている。

このようにして、「生きている世界の違い」とそこにおける私たちと他者たちの関係性を認識したうえで両者が生きる「世界」をつなげていこうとしない限り、「多文化共生」や「異文化理解」の試みは表面的なものに留まってしまう。そのような皮相な「多様性《ダイバーシティ》」の礼賛はまさに第8章で述べた「世界を自分の庭となす」「旅行者」に典型的な「異文化の消費」の誇示になってしまうだろう。それを避けるために「異文化理解」とか「多文化共生」といった言い方をあえて変えてみたほうがよいのかもしれない、と私は考えるようになった。もちろん、実際にメディアや行政、教育現場においてこうした言葉が使われるのを否定するつもりはないし、先述した近年の日本政府が掲げる「外国人との共生社会」という、いっそう問題含みのスローガンに対抗するために「多文化共生」を掲げ続けるという実践的な意義もある。しかし、少なくとも現代世界における「共生」の問題を学問的に考えるときには「多現実主義」という視座を意識したほうがよいのではないかと考えている。

第11章 生きる／考えることとしての対話
――共生の存在論的転回に向けて(2)――

1――対話としての共生

古典的な見方では、ある民族・エスニック集団の「文化」とは同質的で境界画定的で不変なものとして、すなわち文化本質主義（第3章参照）的に理解されてきた。文化多元主義や多文化主義といった理念のなかにも、本質主義的文化観が残存してきた（関根 二〇〇〇）。今日でも、このような本質主義的文化観が語られる場面はいまだに多いものの、少なくとも社会学においては、文化とは社会的に構築されたものであり、その内実や境界は絶えず変化しハイブリッドであることが議論の前提になっている。もちろん、だからといって「文化の違い」が存在しないということではない。第3章で述べたように、個々人のあいだに存在する差異は文化という観念によって説明されることで「文化的差異」として認識される。その意味で、「文化の違い」もまた人々の相互作用から立ち上がるひとつの現実なのである。マルチカルチュラリズム（多文化主義）やインターカルチュラリズム（間文化主義）の「カルチュラル」はそれ自体で存在するのではなく、「マルチ（多）」や「インター（間《あいだ》）」によって生成される何かである。それゆえ私たちは相互作用と協働によって共通の「カルチュラル」なものを新たに創造し、維持していくこともできる。文化とは私たちの相互作用の結果として、あくまでも暫定的に構成される現実に過ぎず、人々のあいだの相互作用にとって所与で不変な前提条件ではありえない。

本書で引用・紹介してきた多くの研究者や実践者たちも、「異／多文化の他者」というカテゴリー化が他者の本質化や過剰一般化をもたらす問題性を理解し、それを乗り越えようとしてきた。実際、これまで「多文化共生」「異文化理解」と呼ばれてきた実践に真摯に取り組んできた人々がほんとうに実現しようとしてきたのは、実は「文化」の共生や理解ではなかったのではないか、と私は思っている。そこで目指されていたのは「文化」や「民族」といったステレオタイプを脱却し、他者を「人として」知ることであった。

私たちは、異文化間教育が「異」というカテゴリーのもとに「異文化」をもった「他者」を対象にして研究を進めてきたのではないかという問題意識をもっていた。「異」、他者、さらに「マイノリティ」を研究者自らがつくりあげ、それを「自文化中心」的な枠組みでとらえることをしてきたのではないかという反省である。……私たちが議論したのは、これまでのように文化を「国家文化」「民族文化」だけに固定することなく、しかも、「異」と「自」という二項対立的な思考の枠からいかに脱却するかであった。（佐藤二〇〇五：三－四）

他者を「人として」知るというのは、相手を自分と「同じ」だとみなすことを必ずしも意味しない。それは他者が自分と「同じか」「違うか」と判定する以前に、彼・彼女たちがどのような暮しをし、何を感じ、どんな問題に直面し、何を希望に生きているのかを知ること、すなわち「他者の現実」を知るということである（前章参照）。しかもその際、ただ知識を得るだけではなく、その知識を血肉化する、つまり「自分の身体に刻みつける」ことが求められていたのではなかったか。それは、しばしば自己陶酔や過剰一般化からくる他者との安易な自己同一化に由来する「同情」や「共感」（第4・7・8章参照）とは異なり、自分と他者が決して同じではないことを前提に、自分自身が傷つかない安全な場所をあえて離れる経験をすることなのではないか。前章で述べたように、それはオピニオンやエモーションとしての価値観の共有／強要を前提とした共生ではなく、「違う世界を生きる人々」どうしの現実をつなげる実践なのである。人々が生きる現実の違いと、同じ社会を生きる人々のあいだの「生き／行きづらさ」の違いを生み出しているさまざまな社会構造のあり方を交差性の視点から分析し、そこから、異なる現実を生きる者どうしがどのように対話することができるのか、それを問い続けることが多現実主義の実践／思考法である。

個人は他者との相互作用を通じて、世界をみるためのリアリティ（現実感覚）を獲得する。私たちは自分自身の現実感覚を介さずに世界を眺めることは決してできない。その意味で、それは私たちが世界をみる際のバイアス（第7章参照）だということもできる。バイアスはしばしば「色眼鏡」に喩えられるが、肯定的なものであれ否定的なものであれ、私たちは常に色眼鏡をかけて日々を送っており、それを外して現実を経験することはできない。ただし、いまかけている色眼鏡を別の色眼鏡にかけかえることならできる。それを可能にするのも、他者との相互作用である。この相互作用を「対話（dialogue）」と呼ぶならば、私たちの生きる現実は他者との対話によって絶えず再構成されていることになる（ガーゲン・ガーゲン 二〇一八）。そうである以上、私にとっての現実は実は私だけの現実ではなく、他者の現実と重複《オーバーラップ》している部分が必ずある。今そこにある自己と他者の境界画定的な境界は見かけほど分断されてはおらず、少なくとも部分的には、境界を越えて結びついた現実なのである。

にもかかわらず、前章で述べたように私たちはしばしば他者を「自分とは生きている世界が違う」と感じてしまう。それが意味するのは、その他者たちとつながった現実が、私たちにとって支配的な現実によって周縁化され、不可視化されている可能性である。第8・9章で考察してきたように、私たちもまた「難民」としてのプレカリティ／ホーム-レスネスを経験しており、「移民（migrant）」としてのモビリティを経験している。他者であると思っていた「移民」「難民」という現実は、すでに／常に自分たち自身の現実と重複している。だがそのことに私たちは普段、なかなか気づけない。

もちろん、私たちの現実と彼・彼女たちの現実が重複しているからといって、私たちと彼・彼女たちがまったく同じ現実を生きているわけではない。私たちと彼・彼女たちは、依然として「違う世界に住んでいる」。にもかかわらず、私たち自身の現実を違った視座からみてみれば、そこに彼・彼女たちの現実との接続可能性が見えてくる。そのような意味で、私たちは複数の諸現実をレンチキュラーに生きているのであり、自分自身のかけている色眼鏡をかけかえることで、自分自身の異なる世界を生きることが可能になるのだ。自分がすでに生きていながら周縁化されている複数的現実のなかから他者と接続可能な現実を見つけ出し、それを共に生きなおしていこうとする対話の営みこそが、「symbiosis としての共生」とは異なる、多現実主義的な共生のあり方なのである。

2――コミュニケーションとしての対話／共生

対話の重要性はさまざまな領域で指摘されてきたが、この言葉には研究領域やそれが使用される文脈によって異なった含意がある。

第一に、人間どうしの明示的・言語的な「コミュニケーション」として理解される対話がある。私自身も二〇一二年の著作で、対話を「他者との相互作用を通じた相互変容を積極的に行い、そこから何らかの合意や同意を生み出そうとする意志」と定義したことがある（塩原 二〇一二b：一三）。後述するように、この定義はその後、徐々に変化していくことになった。

コミュニケーションとしての対話は、マジョリティ中心の既存の維持を自明視しない他者との対等な関係性の構築という意味での共生をコミュニケーションを通じて目指す。イヴァン・イリイチは産業主義によって人間性を奪われていく文明のあり方を批判し、「人間的な相互依存のうちに実現された個的自由」としての「自立共生（conviviality）」を提唱した（イリイチ二〇一五：四〇）。イリイチにも影響を受けた井上達夫らは、日本社会は異質な他者に対して不寛容な同質化社会であり、あらかじめ設定された単一の目標への競争によってますます画一化しているとし、そのようなあり方を変えるために、symbiosisとは異なる「生の形式を異にする人々が、自由な活動と参加の機会を相互に承認し、相互の関係を積極的に築きあげてゆけるような社会的結合」としての共生（conviviality）の理念を掲げた（井上ほか一九九二：二五、塩原二〇一七c：二五－四九）。その井上が提唱した「共生の作法」とは、互いの独立性を尊重しつつ、他者との対等な関係性を絶やさずに、目的志向ではない「会話（conversation）」を続けようとすることを意味する。その営為のなかで、人々は自らの主張や価値観の可謬性を知り、他者との相互作用のなかでそれらを変容させ、異質な他者と同化・同調を前提とせずに共存していくことが可能になる（井上一九八六）。

ただし社会的に抑圧・周縁化されたマイノリティと、彼・彼女らを抑圧・周縁化する側としてのマジョリティの関係性においては、そうした会話の前提となる「対等な関係性」がそもそも成立していない（塩原二〇一二b）。その観点から花崎皋平は、この非対称な関係性のなかで自らが図らずも他者を傷つけてしまう危険（加害可能性）と、自分自身の傷つきやすさ（受苦可能性＝vulnerability）への想像力に根差した、他者との対話を通じた不公正な社会関係の変革の試みの先に共生を展望した（花崎二〇〇一）。

このように、コミュニケーションとしての対話は自分自身の主張が誤っている可能性（可謬性）

を前提としつつ、相手との対等性の構築と合意形成という目標に向けて互いに「変わりあう」ことを目指して遂行される。つまりこのような意味での対話は、そこに関わった人々の自己変容を促すことが想定されている。しかし一方で、こうした明示的な言語的コミュニケーションとしての対話が社会に充溢している理想的な状態は、いまだ完全には実現していないことになっている。むしろ私たちは普段、対話の不足している状態でしばしば生活しており、だからこそ問題解決や共生の探求のために対話を追求しなければならないという論理になる。たとえば暉峻淑子は対話を「基本的には一対一の対等な人間関係の中で、相互性がある(一方的に上の人が下の人に向かって話すのではなく、双方から話を往復させる)個人的な話し合い」と定義している(暉峻二〇一七:八八)。彼女は、こうした対話的なコミュニケーションを子どもの健全な発達、大人の人間性の回復、そして市民社会における人権や民主主義にとって不可欠なものと位置づけている。暉峻にとって、対話とは人間の「言葉の本質」(前掲書:一七五)なのだが、にもかかわらず、彼女が少女時代を過ごした第二次世界大戦前の日本では「社会には対話がありませんでした」と述べている(前掲書:一二九)。そして彼女は、敗戦の教訓を踏まえて対話を重視しようとした戦後日本社会においても結局、対話は根付かず、今日の日本は「対話喪失社会」となり、その結果多くの問題を引き起こしていると主張する(前掲書)。

人々は理想的なコミュニケーションとしての対話から疎外されており、それゆえそれを追求しなければならないというこうした発想においては、対話とは定義上「いいこと」である。「社会から対話が失われていくのを良くないと考える人はいても、対話を悪いと言う人はいませんね」(前掲書:九八)。そして共生は、そのような本質的に「いいこと」としての対話の継続によって実現し、維持されるべき理想状態として描かれる。しかしだからこそ、理想のコミュニケーションとしての対話／共生の提唱は「キレイごと」「偽善」「非現実的」といったシニカルで悲観的な反論にさらされがちである。人間は、そのような理想的なコミュニケーションを永続できるような完璧な存在ではなく、非理性的になったり逆に打算的になり過ぎたりして対話の関係を自ら打ち切ってしまう。あるいは対話をしていると見せかけて、その裏では利害むきだしの権力闘争が展開されている。だから対話によって共生を実現するなど非現実的である、という主張である。

対話／共生をめぐる議論を先に進めるうえで、そんなものは「お花畑」的理想に過ぎない、というこのシニカルな固定観念が大きな障壁になっている。これを乗り越えるため、以下では対話を意識的に行われるべき「良いコミュニケーション」だけではなく、それも含めた「私たちが現に行っている／行わないわけにはいかない（＝現にそこに存在している）」、良いものでも悪いものでもありうる「インターアクション（相互作用）」であると再定義してみる。それが本書でいう「共生の存在論的転回」の試みである。

3——インターアクションとしての対話／共生

言うまでもなく、私たちは明示的な言語的コミュニケーション以外でも、さまざまなかたちで他者との相互作用を行っている。ただ道を歩いているときですら、私たちは行き交う見知らぬ通行人や路上・周囲の環境と、視覚だけではなく他のあらゆる感覚を通じて相互作用している（インゴルド 二〇二一：九六‐一三二）。エレベータや電車のなかで偶然一緒になった見知らぬ人どうしであっても、それぞれの「パーソナル・スペース」の内側に入ったり入られたりすることで互いに影響を与えあっている。あるいは、ケンカの後「同じ空気も吸いたくない」と絶交し、実際に顔も合わせなくなったとしても、依然として相手を嫌悪し続けたり、逆に仲違いしたことを後悔し続けるなどして、互いに影響を与えあうこともある。

ミハイル・バフチンは、「向かい合って話し合う」コミュニケーションに限定されない他者との「相互作用」全般を「対話」と呼んだ（桑野 二〇二一：四、バフチン 二〇一三：二九二‐三三〇）。対話をインターアクションととらえれば、それは私たちの生の常態であり、その状況が望ましいものであろうがあるまいが、私たちは対話抜きには生きられない。すなわち対話とは社会的・生理的に「生きること」そのものを意味する。イリイチが考えたように、個の自立も対話的関係のなかにあって初めて可能になる。桑野隆はバフチンのこうした「対話主義」の思想を「生きることとしてのダイアローグ」と呼ぶ（桑野 二〇二一）。対話が他者との相互作用である以上、それは「他者と共に生きること（＝共生）」そのものを意味する。それは、相互作用によって結びつきつつも「自立した人格どうしの対等な関係」を通じて達成されていく（前掲書：三〇）。人類学者のティム・インゴルドが述べるように、生とは「プロセス」であり「このプロセスとは、絶え間なく展開している関係の場」である。「有機的生とは社会的であり、心／精神の生もまた社会的なものである」（インゴルド 二〇二一：五四一‐五四二）。

社会学や教育学においては、自己は他者とのこうした相互作用によって形成され発達していくものだとされてきた。すなわち個人は自己の内面に社会化された、個別具体的な人間関係を超えた抽象的な価値規範としての「一般化された他者」との対話を通じて人格を形成していく（ミード 一九九五）。ただし近代的な自己観では、いったん自己が確立したら、自己と他者を隔てる境界も確定することが想定されていた。ケネス・J・ガーゲンは、近代の啓蒙主義的な自己観が支配的になるにつれて、人間を「境界によって区切られた、個別的な存在」、すなわち「境界画定的存在（bounded being）」とみなすイデオロギーが私たちの自己観を強く拘束するようになったと主張する。その結果、分断と孤立、自己への低い評価への恐れ、自尊心の絶え間ない追求、他者への不信と冷淡さ、他者との道具的関係性の肥大化、共同性の衰退といった現代社会の諸問題が生み出されているとされる（ガーゲン 二〇二〇：二三-五二）。それに対してガーゲンは、こうした啓蒙主義の伝統を乗り越えた「関係規定的存在（relational being）」としての自己観を提唱する。

ここで私が「関係」と呼んでいるのは、本来は別々に存在する自己と自己とがとり結ぶ関係ではなく、まさにその自己という概念に先行する協調（相互調整）のプロセスのことである。理解可能なすべての行為は、進行中の関係のプロセスの中で生まれ、維持され、消えていくものだということを明らかにしたい。この立場からすると、孤立した自己や、完全に個人的な経験というものはありえない。私たちはともに構成する世界の中に存在している。私たちはつねに関係の中からあらわれ、すでに関係の中にいる。関係の外に出ることはできない。

もっともプライベートな瞬間でさえ、私たちは一人ではない。私はさらに地球の未来さえも、個人やグループではなく、関係を結ぶという生成的なプロセスをいかに育み、保護することができるかにかかっているということを示そうと思っている。

（ガーゲン 二〇二〇：三）

自己を人間の内面にある「精神」としてではなく、自己と自己の「あいだ」にある可変的な関係性としてとらえるこうした思想は、これまでにも国内外の多くの論者によって提起されてきた（高橋・辻 二〇二一）。そこで行われている対話とは、他者とのインターアクションのなかで共有可能な現実を生成する、あるいは自己のなかで周縁化されていた他者の現実を見つけだし、それをレンチキュラーに生きなおしていく営みである。そのような共有された複数的現実のそれぞれにおいて、私たちは他者との関係に応じて自己のあり方を変化させていくだろう。それゆえ複数的現実は複数的自己を伴うものであり、そのどれもが、その現実との対応においては「ほんとうの自分」でありうるが、すべての複数的現実に共通する「唯一の自己」はありえない。このような自己観を、ガーゲンは「変幻自在的存在（multi-being）」と呼ぶ。

つまり、人間の本質は、関係の多様性によって構成されているのである。関係には、私たちが頻繁に関わるものもあれば、その可能性がほとんどないものもある。……ともあれ、私たちは存在の多様な関係性を身にまとって、関係の中へ入っていくのである。

個人は、無数の関係の結節点である。

（ガーゲン 二〇二〇：一九二―一九三）

そして対話がこうした「他者たちと共に生きるプロセス」そのものであるならば、生き方に良い生き方と悪い生き方がありうるように、対話にも良い対話と悪い対話があることになる。もちろん、何が良い／悪い対話なのかという問いに対する答えはさまざまだろう。だがここで重要なのは、私たちが目指しているのが「対話のない悪い状態」を「対話のある良い状態」に変えることではなく、「悪い対話が行われている状態」を「良い対話が行われている状態」に変えることだということである。

「悪い対話」すなわち悪いインターアクションというものは現に存在する、と直感的にいえる。何が悪いインターアクションなのかということには議論の余地があるものの、何らかのかたちで（広義の）暴力を伴う対話をさしあたり悪いインターアクションであると考えてみよう。そのようなインターアクションには、力関係が比較的拮抗したなかで行われるもの（決闘、ケンカなど）と、より非対称な関係性のなかで行われるもの（支配、虐殺、差別、いじめなど）が考えられる。とはいえ実際には、完全に対等な関係性も完全に非対称な関係性も存在しないので、両者を厳密に区別することはできない。むしろマイクロアグレッション（第5章参照）やある種のハラスメントのように、少なくとも加害者側の意識のうえでは対等な関係性のなかで悪いインターアクションが起こることもある。ブルデューのいう象徴暴力（第3章参照）には、非対称な関係を対等な関係に見せかけて遂行される悪いインターアクションという側面がある。

また表面的には直接の関わりがないように見えても、私たちに悪い影響を与えるインターアクションもある。たとえばレイシズムやハラスメント、いじめなどは、その直接の標的になっている人々だけではなく、それを目撃したり、同じ集団のなかでそのようなことが起きたと聞くだけで人々にストレスを与え、幸福感に悪影響を及ぼすという。

「自分は関係ない」と思って自己防衛のつもりで関わらないようにしていても、そうした状況に身を置き、ただ「傍観」しているだけで個人やグループが持っているエネルギーは消耗する。そこで放出された無視というネガティブなエネルギーにさらされると、まるで有毒ガスのように組織全体が蝕まれ生産性が低下する。誰もが心のどこかで「明日は我が身」と感じるからだろう。（大治 二〇二〇：三二四‐三二五）

ハージもまた、他者と関わることに伴う「相互性のネガティブな経験」としてのレイシズムの側面を指摘している。すなわち、レイシズムとは「その人の生きる力を強めるのではなく弱めるような、他者の悪意ある力の存在の中に見出される」のであり、人種化された人々の「ただ近くにいるだけで、その人たちの命や魂を吸い取ってしまい、抜け殻にしてしまうのだ。そのような他者の存在は……私たちを根絶しようとする波動を発する、実在する『存在に対する脅威』なのである」（ハージ 二〇二二：三〇五‐三〇六）。

だがこうした悪い対話を良い対話へと変えていこうとする取り組みも、ケンカ相手と仲直りするといった身近な出来事から国際紛争における停戦・和平交渉まで、私たちの社会に数多く存在している。それは学校のクラスのホームルームであったり、裁判による解決であったり、民主主義的な議会での討議であったり、精神医療の専門家を交えたカウンセリングや「オープンダイアローグ」（斎藤 二〇一五）であったり、制度としてもさまざまなかたちで導入され、不完全ながらも一定程度機能している。良くも悪くも対話に満ちている私たちの社会で、それらをなるべく良い対話にしていく努力はきれいごとでも偽善でもなく現に行われているのであり、万能でも完璧でもなくても一定の成果を上げてきた。それですべての問題が解決するわけではないが、絶望してしまう必要もない。悪い対話を少しでもましな対話にする努力を私たちが完全に止めてしまうことは、私たちが生きている限りおそらくないだろう。対話が生きることなのであれば、それをやめるときはより良く生きようとすることをやめるときなのだから。

4——リフレクションとしての対話／共生

こういわれても、腑に落ちない人はいるかもしれない。世の中には、他人とあまり関わらず独りでいることが好きな「陰キャ」も多いだろう。実はかくいう私もそうである（私の若い頃、そういう人々は「根暗（ネクラ）」と呼ばれていたが）。あるいは、さまざまな事情でひきこもりの状況にある人々もいる。そのような人々も何らかの意味で他者とインターアクションしているとはいえ、それは結局、悪い対話であり、良い対話をするために社交的・外向的な「陽キャ」にならないといけないのだろうか。せっせとSNSのフォロワーを増やしてインフルエンサーになるのが良い対話だというのなら、私のような人間にとってはストレスでしかないし、はっきりいって余計なお世話というものだ。

良い対話とはいかなるものなのか、という問いに明確な答えはない。だが、ただ明るく如才なく多くの他人と関わることだけが良い対話であるとは限らないことは強調しておこう。なぜなら私たちが独りきりで没頭する「自分との対話」も、対話のひとつのあり方に他ならないからである。

バフチンにとって対話とは「生きること」であった。しかしバフチンのいう対話には、ある人が声に出さなくても行っている、聞き手の存在を念頭においた思考、すなわち「内的対話」も含まれている（桑野 二〇二一：五五–六七）。これは決して特別な状況ではない。ハンナ・アーレントも述べたように、「考えているときには私は『一者にして二者』なのであり……つまり、私は、一者として、他者と共生するだけではなく、自分自身とも共生するのだ」（アレント 二〇一八：七五）。つまり「自分との対話」とは必然的に自分自身の「内なる他者」との対話を含んでいる。そしてガーゲンの主張を踏まえれば、私たちがこの「自分との対話」を行う際、そこで対話しているのは変幻自在的《マルチな》存在としての「内なる他者たち」という複数形の「自分」である。そうした「内なる他者たち」は、私たちが確かに経験しているにもかかわらず周縁化された諸現実のなかで生きている、他のさまざまな「自分」である。それゆえ私たちは「内なる他者たち」との対話を行うことを通じて、自分自身のなかで周縁化された諸現実を生きなおしていることになる。

ひとりであれこれ考えていればインターアクションとしての対話ができるというのなら、私のように友だちが少ない「ぼっち」には朗報である。山奥にひとりこもってじっと省察している求道者は、全世界に数億人のSNSフォロワーがいるインフルエンサーと同じくらい、他者と対話しうる。だが、ひとりであれこれ考えていることすべてが対話であるともいえない。それは私たちの「内なる他者たちとの対話」を構成するのが、「リフレクション（reflection）」と他者に対する「想像力（imagination）」だからである。

第3章で述べたように、ガーゲンは「反省／省察（reflexivity）」によって私たちが現実を再構成する可能性を示唆した。この「リフレクション」とは、私たちが自分自身の行為や思考を「ふり返る」ことである。ドナルド・ショーンはこのような自問自答を「行為の中の省察」と呼ぶ。それは「行為の最中に驚き、それが刺激となって行為についてふり返り、行為の中で暗黙のうちに知っていることをふり返る」ことである（ショーン 二〇〇七：五〇）。こうして自分自身の行為や思考を「ふり返る」とき、私たちはそれらを「一歩離れた」「第三者的」視点から眺めることができている。それは、他者を「想像する」ことで自分が他者からどのように見えているのかを理解しようとすることに他ならない。この他者に向けられた想像力とは「個人が知識を活用しながら自らの共感（sympathy/empathy）の限界や制限を押し広げて、他者を理解しようとする努力」と定義される（塩原 二〇一七b：一一–一二）。そしてインゴルドが主張するように、想像力とは「イメージをつくりだす力」ではないし「イメージが存在しないところに物事を再現する力」でもない。想像力とは自己の内面に外の世界の「模型」をこしらえることではなく、自己と外の世界をつなげること、すなわち「創造的な生そのものの衝動」なのである（インゴルド 二〇二一：四七七）。

つまりリフレクションとは、外部の他者たちと内なる他者たちをつなげて想像することである。それゆえ「ひとりであれこれ考えていること」が「外部の他者たちとの対話」へとつながっていこうとする方向性をもたなければ、それは「内なる他者たちとの対話」でもない。イーフー・トゥアンはかつて、現実の探求に向けられた知的活動としての想像力と、閉塞的な自己満足へと向かう「空想」は異なると述べた（トゥアン 一九九一：二三二）。空想が何らかの強迫観念や被害妄想を伴って暴走していくとき、それは「妄想」になる（塩原 二〇一七b：三）。それはバフチンが「モノローグ主義」と呼んだ「他人の応答に耳をかさず」、「応答が決定的な力を持つことを認めない」一方通行的な「〔外部の〕他者なしですまそうと」する姿勢のことである（桑野 二〇二一：五一–五二、〔 〕は引用者）。

私たちは他者を想像しているつもりでも、実は空想や妄想に走っていることがある。自らの内なる他者たちとダイアローグしているつもりが、悪い意味でのモノローグになっていることがある。それゆえ「自分との対話」を行うためには、外部の他者たちとの対話を通じて、それらが内なる他者たちと「リアルに」つながっているか「答え合わせ」しなければならない。もちろん、ここでいう「答え合わせ」は実在の人物との対面的なコミュニケーションに限定されない。外部の他者たちについての知識や情報を集めて「学ぶこと」によっても、「答え合わせ」をすることができる。しかし他者は常に変幻自在《マルチ》であるがゆえ、その「リアル」も常に複数的であり、たった一度の「答え合わせ」では他者を「知ったつもり」になったに過ぎない。こうして「内なる他者たちとの対話」と「外部の他者たちとの対話」のあいだを絶えず往復することで、外部の他者たちの現実と内なる他者たちの現実を次第に重ね合わせ、それによって完璧にではなくても少しずつ、両者をよりリアルにつなげていくことができるようになっていく。そして私たちがより良く生きること、すなわち他者とのより良い対話／共生を望むのであれば、私たちは他者とよりリアルにつながっていくように努めなければならない。それは個々人の責任であると同時に、個々人の想像力の源泉となる知識を得る機会を公正に配分する制度の実現を目指す、社会全体としての責任でもある（塩原 二〇一七c：四四‐四五）。

本章で検討してきた「対話としての共生」とは、言語的コミュニケーションを含むがそれにとどまらない外部の他者たちとのインターアクションと、リフレクションとしての内部の他者たちとのインターアクションとの往復を通じて遂行されていく、他者たちとよりリアルにつながっていこうとする営みである。私たちはいま目の前にいない人々や物理的に言葉を交わすことができない物事についても想像することができるし、その「答え合わせ」を、言葉を通じたコミュニケーションではないあり方で行うこともできる。そのことが意味するのは、私たちが「神との対話」「歴史との対話」などと呼んできた行為についても、メタファーではなく文字通りの「対話」とみなして考察できるということである。この発想の転換がきわめて重要なのは、次章で論じるように、私たちが「自然との対話／共生」とこれまで呼んできたものと、ここまで本書で論じてきた「人間どうしの対話／共生」をつなげることが、今日の世界では要請されているからである。

第12章 つながりとしての共生
——共生の存在論的転回に向けて(3)——

1——人間どうしの共生と、人間と非-人間との共生

前章で論じたように、対話をリフレクションを通じた他者とのインターアクション、つまり内なる他者たちと外部の他者たちをつなげようとする想像力としてとらえることで、いま私たちの目の前にいるわけでもなく、その声を聴けるわけでもない他者との対話が確かに存在することが理解できるようになる。この発想の転換によって可能になるのは、「非-人間(non-human)との対話/共生」を、人間どうしの対話/共生と同列のものとして位置づけることである。対話とは、人間あるいは非-人間との既存のつながりを維持しつつ、それをより公正で望ましいものに組みなおしていくために、その人間/非-人間との言語/非言語的な相互作用を通じて自分の想像力を刷新させて

いく営みなのである（塩原二〇一七b）。

桑野によれば、前章で論じたバフチンの「対話主義」は非‐人間との対話をその射程に含めていなかった（桑野二〇二一：一五一‐一五二）。にもかかわらず、私たちは現に、いろいろな非‐人間と対話している。本書の読者の多くが「動物との対話」「森や植物との対話」「山や海との対話」「愛車との対話」「サッカーボールとの対話」「スキー・スノボとの対話」などと呼びうる経験をしたことがあるか、少なくともそのような経験が何を意味するのか想像できるのではないだろうか。にもかかわらず、それはあくまで私たちと非‐人間の相互作用を人間どうしの対話になぞらえた比喩表現だとされてきた。私たちが人間どうしの相互作用のみを「ほんとうの対話」とみなしがちなことには、「人間どうしの共生」を何か特別でより高等なものだと信じ込む「人間中心主義（anthropocentrism）」の影響が垣間見える（チャクラバルティ二〇二三）。そのような現実感覚には、「自然」と「社会（文化）」を二分し、後者における人間の活動のみに主体性を認める「近代」の思考法が影響している。

ラトゥールが指摘したように、多文化主義もまた西洋近代文明のみが普遍的・科学的事実としてのただひとつの「自然」を飼いならしているのだという「単一自然主義」の現実感覚《リアリティ》を自明視してきた。そこでは西洋近代以外の多様な「文化」は「主観的な」「価値観」としては尊重されるべきだが、「客観的」事実を掌握しているのはあくまでも「普遍的」な西洋近代だとされる。それゆえ多文化主義とは単一自然主義の裏返しに他ならず、そして多文化主義を推進すればするほど西洋近代中心主義が強化されていくことになる。

> 多文化主義は大きな寛容を示しているように見えるが、そこには当然、文化というかたちで人々が自らの存在を維持するために支払わねばならない代償が隠されている。「おそらくあなた方は意味を所有しておられるでしょうが、」と人々は告げられた。「もはや現実を所有されてはいません。あるいは、あなた方が捉えられない世界を表象する象徴的、主観的、集団的、観念的なかたちで、現実を所有されているだけなのです。ところが私たちは現実を客観的につかむことができるのです。誤解なさらぬように。あなた方にはあなた方の文化を愛する権利があります。しかし他の方々にも同じ権利があるわけで、すべての文化は私たちによって平等に価値を与えられているのです。」
>
> （ラトゥール 二〇二〇：二五－二六、強調は原文）

それゆえ文化相対主義としての多文化主義が称揚されればされるだけ、西洋近代の一員だとみなされる人々はそうではない人々に対して象徴暴力を行使できることになる。にもかかわらず、人間（社会）が自然を客観的に把握し管理するというこの「近代主義」の構想は、実際には一度も実現したことはなかったとラトゥールは断言する。

> 私は、「近代主義」とは西洋が関与した出来事についての時代遅れの一解釈とみなすのが一番だろうと確信するようになった。つまり、トクヴィルやフランソワ・フュレにとってフランス革命が革命的にはみえなかったように、西洋は決して近代的ではなかったのだ。近代主義とは、出来事にたいする、ときとしてまったく相反するさまざまな動機からうまれた極端

に偏った解釈に他ならない。（ラトゥール 二〇二〇：三三-三四）

実際には、近代において「自然」と「社会（文化）」は決して二分されてはいなかった。むしろ近代によって生み出されたさまざまな現象は、「科学的事実」とされるものも含め、非-人間（「自然」とされるもの）の作用（action）と人間（「社会」〔文化〕とされるもの）の行為（action）が連関したネットワークとして形成されてきたハイブリッドなのである（ラトゥール 二〇〇八）。このネットワークのうち人間どうしのインター「アクション」のみを「対話」と呼ぶということは、非-人間を「アクション」の主体とみなさないことに他ならない。主体は常に人間なのであり、自然は人間によって働きかけられる客体でしかない、というこの人間中心主義的思考が、自然を人間に都合のよいように管理・加工・収奪してきた近代の側面を正当化していることは言うまでもない（ヒッケル 二〇二三）。

2——社会的不正義と環境危機の交差

それだけではなく、人間どうしの共生と人間と非-人間との共生を分断する発想は、人間どうしの対話／共生にも良くない影響を与えてきた。第一に、この人間中心主義的思考にはマイノリティの人々に対するレイシズムや排外主義を正当化する機能がある。レイシズムや排外主義は、人間（社会）と非-人間（自然）を二項対立的にとらえ、後者に行為主体性を認めない世界観を流用しているのだ。第6・7章で述べたように、マジョリティがマイノリティへのレイシズムや排外主義に加担しても良心の呵責を感じず自己を保っていられるのは、マイノリティを自分と同じ人間とみなさないように非-人間化するからである。いったん非-人間化すれば、それらに人間としての尊厳を認める必要はなくなり、マジョリティは「自然」と同様にそれらを自由に搾取・根絶してもよいことになる。

だからレイシズムはしばしば、差別される側の人々を人間以外の生物に擬して貶めようとする。たとえばマイノリティを「サル」などと呼んで軽蔑する際、サルが人間より劣っているということが前提になっている（Hage 2017: 17-51）。そのような非-人間化と行為主体性の否定によって、他者を自分に都合よく利用する「搾取のレイシズム」（ハージ 二〇二二：二九〇）が可能になる。その一方で、かつてはマジョリティによって植民地化され同化させられ、その多様性を管理されていると思われていたマイノリティが、マジョリティに対して異議申し立てを行う主体として台頭することがマジョリティの統治的帰属の現実感覚《リアリティ》を揺るがし、マジョリティの優位性の衰退という感覚を増幅させている（第6章参照）。マイノリティを「ゴキブリ」や「オオカミ」などと呼んで厄介者扱いしたり恐れたりするとき、彼・彼女らは非-人間化されたうえ「受入不可能（uncontainable）」で「統合不可能（unintegrable）」な他者として表象されている。そのような他者は「統治不能な廃棄物（ungovernable waste）」とみなされ、マジョリティの統治的帰属の空間から排除し根絶やしにする「根絶の政治」が正当化される（Hage 2017: 37-51）。

第二に、このような「根絶のレイシズム」（ハージ 二〇二二：二九〇）の背後にある世界観《リアリティ》は、そもそも維持することが困難になっている(Hage 2017: 77-81)。マジョリティのマイノリティに対するレイシズムや排外主義を正当化する思考も、人間が自然を収奪し破壊することを正当化する思考も、他者を飼いならして道具化するという近代において支配的な他者との関係性のあり方をその基盤としている。ハージはこれを「一般化された飼いならし(generalized domestication)」と呼ぶ(Hage 2017: 85-111)。それは個々の他者だけではなく、その人の住まう環境全体を飼いならすことによってその人の「居場所」を作り出そうとする論理であり、「攻撃(aggression)と支配を通じた居場所(homeliness)の追求によって私たちが存続可能になるという幻想(fantasy)」である(前掲書:92)。ハージは、このような「飼いならし」が一方的な搾取ではなくある程度まで「相互的利益(mutual benefit)」をもたらす場合もあることを指摘している(前掲書:90)。たとえば主人と奴隷、資本家と労働者、植民者と被植民者、あるいは差別する者とされる者とのあいだに「持ちつ持たれつ」「ウィン-ウィン」の関係が成立していることもある。もちろん、それはあくまで支配する側あるいはマジョリティの優位性を前提としたものであり、その背後にある構造的な不公正や差別の存在を隠蔽している。だがそのような「飼いならし」の関係であったとしても、そこに「相互的利益」が存在する限り、それは"symbiotic"という意味での「共生」の関係だといえてしまう(前掲書:90)。

この「飼いならし」の関係こそ、本書で批判的に検討してきた「symbiosis としての共生」の背後にあるものであり、人間どうしの共生をより良いものにしていくために多現実主義の世界観によって乗り越えていくべきものである。だが人間と非-人間との共生をより良い対話にしていくうえでも、それは乗り越えられるべきである。なぜなら気候変動に代表される今日の時代状況は、かつて人間社会によって征服され統制されるべきことが自明視されていた「自然」が人間社会に対して反作用（reacting）しはじめ、人間にとって統治不能な主体として顕在化してきたことを意味するからだ。それは人間中心主義の現実感覚《リアリティ》を揺るがし、人間社会全体に統治的帰属の衰退の感覚をもたらしている。

3——人新世の時代における存在論的不安

国連開発計画（United Nations Development Programme: UNDP）はコロナ禍以前の二〇一〇年代の統計データに基づき、世界人口の約八一％が暮らす七四の国・地域における人々の「安全感の欠如」を指数化した（人間の不安全感指数）。その結果、全体の七分の六の人々、「豊かな」国々に暮らす人々（人間開発指数〔Human Development Index: HDI〕最上位国）に限ってもおよそ四分の三の人々が、暴力的紛争の不安全感、社会経済的な不安全感、個人とコミュニティの不安全感のいずれかの意味で安全感の欠如を感じていた。しかも人間開発指数自体は全体として上昇しているにもかかわらず、人々の不安全感は多くの国で年々増加していた。そしてこのデータは、人々の安全感は人々の他者一般への信頼感（非個人的信頼）と相関しており、そうした信頼感は人々の経済的満足度が高まっても大幅に高まるわけではないことを示唆していた。逆に、人々の不安全感が高いほど、他者への信頼感は低くなった（国連開発計画 二〇二二：四六‐五四、九七‐九九）。こうした状況に拍車をかけているのが「人新世という時代背景」のなかで生じている、気候変動、生物多様性の喪失、感染症、環境破壊・汚染といった「地球規模の危険な変化」だとＵＮＤＰは指摘している。

大気科学者のパウル・クルッツェンは二〇〇〇年に、人間の活動が地質に大きな影響を与えるようになった現代を約一万年前から続く「完新世」と区別し、「人新世（Anthropocene）」という新たな地質区分とすることを提唱した。やがてこの言葉は、地球環境に人間が与える衝撃があまりにも巨大になり、地球環境を維持するシステムそのものに大きな影響を与えるようになっている今日の状況を言い表す言葉として、地質学を超えて広がっていった（ボヌイユ・フレソズ二〇一八：一八-二〇）。

一方、クルッツェンによる提案は地質学界において長年検討されてきたが、二〇二四年三月に国際地質科学連合（International Union of Geological Sciences: IUGS）の小委員会において、「人新世」を新たな地質年代として採用する提案は否決された。[*1] ただし「人新世」が地質学の用語として正式に採用されなかったとしても、人間の活動が地球環境に多大な影響を与え、しかもその変化が急加速しつつあること自体は多くの観測データが明らかにしている（ボヌイユ・フレソズ二〇一八、古沢二〇二四：二七-三二）。たとえば先述のＵＮＤＰの報告書は、「人間の安全保障」が追求してきた人々のウェルビーイングの向上は地球環境へのさらなる負荷を伴ってきたと反省する。その結果として顕在化し

＊１　「人新世、地質年代にならず　否決でも学会『広く使われ続ける概念』」『朝日新聞』二〇二四年三月二三日（https://digital.asahi.com/articles/ASS3Q4R1BS3QULBH006M.html）二〇二四年八月二日閲覧。

た気候変動、生物多様性の喪失・大量絶滅、感染症の流行、環境破壊などの変化は、人間の安全保障の基盤を揺るがし危機を増幅させている。こうして食糧安全保障、人々の健康への影響、暴力的紛争や対立、経済的生産性の低下といった影響が、先進諸国とそれ以外の国々、あるいは国家内部での差別と格差の拡大を伴いつつ深刻化している（国連開発計画 二〇二二：五七―五九、一〇六―一四五）。UNDPの報告書で紹介されているよりもさらに深刻な、人新世における地球環境の破局的変化を予測する研究も少なくない（前田 二〇二三、ボヌイユ・フレソズ 二〇一八：一一九―一三〇、古沢 二〇二四、ヒッケル 二〇二三）。こうした黙示録的な予想が正しいかどうかを検討することは本書の目的ではないが、私たちがすでにラトゥールのいう「新気候体制」の下で生きていることは認めざるを得ない（ラトゥール 二〇一九a）。

人新世という概念が表現している変化は、地球環境問題にとどまらない。パンデミック、生物多様性の危機、原子力、遺伝子操作技術やAI・ロボット技術の躍進などが地球や生命のあり方そのものに根本的な影響を与え、もはや人類はそのような変化や技術を統制することができず、むしろ人類の側が技術に隷属することになるのではないか、という懸念も強まっている。このような状況のなか、人間存在のあり方を根源的に見直すべきだという問題意識を象徴する言葉として、人新世という概念は人文・社会科学や文化・芸術の分野でも普及している（古沢 二〇二四：一八―三二）。

こうした「人新世という時代背景」において、私たちはもはや自然も世界も「飼いならす」ことができなくなりつつある。そのことが、私たちの生きる世界にとっての大きな存在論的不安（ontological insecurity）の源泉になっている。アンソニー・ギデンズによれば、「存在論的安心」とは

「自然的世界ならびに社会的世界が現れのままであることへの確信あるいは信頼」（ギデンズ二〇一五：四一八）であり、存在論的不安とは「存在論的安心が揺らいだ心的状態」（澤井二〇一六：一五九）、すなわち、私たちが慣れ親しみ自明視してきた現実が、私たちにはどうすることもできない要因によって変えられてしまうのではないかという不安である。第6・8章ではマイノリティへの排外主義を駆動させる要因のひとつである、私たちの抱くこの存在論的不安を、「生きづらさ」あるいは「ホーム‐レス」の感覚として説明した。ラトゥールも、エコロジーの問題と社会問題が完全に一体化した現代の欧州において人々が抱く「苦難の感覚」を「ホームレス」という言葉で表現する。

実際、人々は「ホームレス」になったと痛切に感じている。もちろん以前は、ヨーロッパの人々のすべてが、近代化路線のおかげで自分たちはよりよい世界に向かっていると感じることができた。……「進歩」こそが私たちの問題のすべてをいつの日か必ず解決する、そう信じられてきたからだ。……そうした夢やユートピアは、気候変動によって突如断ち切られたのだ。その結果、ヨーロッパ人は、深い淵の上の片持ち梁にただ引っかかっているだけの、空中に宙ぶらりんになっている自分自身を発見することになった。国家主義的で、その多くは人種差別的でもある政治への突然の転換は、ヨーロッパ人の感覚に、「ホームレスのような」、という一つの表現を与えることになったのである。（ラトゥール二〇一九a：二二）

にもかかわらず気候変動問題の実在を否定し、人間による自然の統制、文明の成長や進歩といった従来の近代社会の価値観を堅持しようとする主張は依然として根強い。ラトゥールは、そのような人々が往々にして移民・難民を排斥しセクシュアル・マイノリティの権利を否定し、マジョリティ中心主義へと回帰しようとするのは決して偶然ではないと主張する。陰謀論やポピュリズムに惑わされているとみなされがちなこうした人々は、決して無知で非合理的な人々ではない。こうした人々もまた、気候変動問題の解決に熱心でレイシズムやセクシズムに反対する人と同じように、ハージのいう「一般化された飼いならし」の衰退の感覚を感じている。ただ、彼・彼女が経験する現実のあり方が異なるだけなのである。彼・彼女らは反グローバリスト（大澤ほか二〇一四）の現実を生きており、グローバル資本主義から撤退し、移民や難民が排除された国家の内部で、マイノリティから既得権益を奪われることもなくマジョリティの優位性が守られたうえでの「豊かさ」を追求することで生きづらさから逃れられると信じようとする。一方、グローバリストの現実を生きる人々のなかには、グローバル資本主義の加速とさらなる成長、技術革新によって人々の生きづらさを解消できると信じる者もいる。いずれにとっても、地球環境がもはやこれ以上の「成長」や「豊かさ」の追求に耐えられない、という主張は「不都合な真実」なのであり、それゆえ、それぞれの世界観を代弁するポピュリストたちは気候変動を否定したり、人々のそれへの無関心を助長するようにふるまうのだ、とラトゥールは主張する（ラトゥール二〇一九a：五八－六四）。

このように、人間や非－人間の他者を予定調和的に「飼いならす」ことがもはやできなくなった結果、この世界のなかで居場所をなくした「ホーム－レス」としての「難民」（第8章参照）になりつつあるという人々の存在論的不安の増大が、マイノリティへの排斥と気候危機への懐疑や無関心の両方に通底している。それゆえ、従来はまったく異なるイシューであるとみなされてきたレイシズム／排外主義と地球環境問題の交差性に注目し、両者に取り組む人々の協働を促していく必要がある（Hage 2017）。それはまさに「symbiosis ＝飼いならしとしての共生」という発想を乗り越えていくことを意味する。そのためには、従来の社会学が前提としてきた「社会」に関する見方そのものを再考する必要もある。

4――多現実／多自然主義における「共通世界」の構成と交渉

哲学者のマヌエル・デランダは、ジル・ドゥルーズの「集合体（assemblage）」という概念を用いて、従来の社会学のもつ、個人の行為（ミクロ）、社会構造や世界システム（マクロ）そしてその中間にある実践（メゾ）といった要素のみによって社会を説明しようとする還元論的傾向を乗り越えようとする（デランダ 二〇一五：一一－一二）。デランダによれば、集合体とは「外在性の諸関係を特徴とする全体性」である（前掲書：一二）。ひとりの人間もさまざまな要素からなる集合体であるが、社会的集合体はその人間の身体が含まれる多様な規模や形式の集合体の連結である。それぞれの集合体は「全体とその一部（内在性）」の関係ではなく自己準拠的で、互いに偶然に連結しているに過ぎず、ある集合体から離脱して別の集合体の構成要素になることもできる。ある集合体の構成部分としての集合体はさまざまな役割を担いながら、集合体の同一性を安定させたり不安定にさせたりする

（前掲書：三四）。そして集合体どうしの相互連関から、さまざまな「創発」が発生する。人的ネットワーク、共同体（コミュニティ）、都市、国家、市場、会話、社会運動、社会階級、世界システムといった、従来の社会学がしばしば抽象的な概念に頼って還元論的に説明してきた社会現象が、集合体と創発という概念によって存在論的に理解可能になるとデランダは主張する。

ラトゥールも同様の視点から、従来の主流の社会学のあり方に異議を唱える。彼は既存の社会理論がもつ、私たちの外部にあらかじめ「コンテクスト」としての「社会」が存在すると想定し、「階級」「権力」といった「社会的要因」を自明の前提として事象を「社会的に」説明しようとする傾向を批判した。彼が「社会的なもの《ザ・ソーシャル》の社会学」と呼ぶこのようなアプローチに対して、ラトゥールは自身の提唱してきたアクター・ネットワーク理論（Actor-Network Theory: ANT）のアプローチを「連関《アソシエーション》の社会学」と名づけている（ラトゥール 二〇一九b：二二）。「連関の社会学」は、「社会的なものの社会学」による「社会的説明」が自明の前提としている「社会的なもの」がどのように形成され、維持され、消滅するのかということ自体を解明することを目指す。そこでは「社会的なもの」とは、「特別な実在領域ではなく結びつきの原理」（前掲書：三〇）、すなわちさまざまなアクターのあいだのつながり（の痕跡）としてのネットワークだとされる。

「社会的なものの社会学者」として訓練を受けてきた私のような者にとって、抽象的な「社会的要因」を自明の前提として還元論的に社会を考察することを批判するラトゥールらの指摘は耳が痛い。本書でもずいぶん、「社会的要因」を用いて共生という現象を考察してきてしまったような気がする。とはいえ既存の共生観の刷新という私自身の問題意識にとっても「連関の社会学」という構想は重要だし、折衷的かもしれないが本書でもそのような試みを行ってきた。たとえば第10章で私が「価値観」という「社会的要因」に対して行った考察は、共生を連関や集合体という視座から再考しようとしたものだともいえる。「価値観」とは私たちにあらかじめ与えられた不変で所与の本質ではない。それはその都度形成され、維持され、変化し、解体していく、ある一定の範囲の「連関（つながり）」を、私たちが一時的に記述したものに過ぎない。だからといって、「価値観」の存在やその重要性を否定するわけではない。そうではなく、これまでマジョリティによって占められていた連関のなかで維持されてきた「価値観」が、マイノリティがアクターとして参入してきたときどのように組みなおされ、それがどのような「価値観」を創発していくのかを考えることが重要なのだ。こうした視座に立つことで、所与の「価値観」を共有／強要しなければ「共生」は不可能であることを自明視する「symbiosis ＝飼いならしとしての共生」を乗り越えるオルタナティブが構想可能になる。

ところで、ラトゥールのいう「媒介子」すなわち「集合体〔collective〕」を広範囲にわたってまとめあげて組み立てる存在」（前掲書：四五五、〔 〕は引用者）としてのアクターには、人間だけではなく非－人間も含まれる。この連関《ネットワーク》とそれがアクターたちにとって形成・維持される過程をテキストと

＊2　デランダ（二〇一五）では assemblage が、ラトゥール（二〇一九b）では collective が、それぞれ「集合体」と訳されているが、本書では双方の訳者の意図を尊重し、いずれも「集合体」と記述する。

してどのようにどこまで記述するかによって、私たちが理解する「社会」あるいは「現実」のあり方は異なってくる。その意味で、社会、あるいは現実＝世界は常に、複数的である。そのようにして世界を複数的に記述する作業を地道に続けていくこと、つまり人間および非－人間のあいだのつながりを可能な限り広げていった先に、従来の社会学が「社会」と呼び、ラトゥールが「集合体」と呼んだもの、すなわち「共通世界の共有定義」（前掲書：四六七）が見えてくる。こうして、ある「つながり」とその「組み直し」のあり方が、私たちの倫理観からいって適切なものであるか、そうではないとしたら、どのようにしたら適切なものに組みなおすことができるのかを模索することが可能となる。それゆえ「社会学とは、参与子〔アクター〕が集合体の組み直しに明確に取り組めるようにする学問分野である」（前掲書：四六七、〔 〕は引用者）。したがってラトゥールにいわせれば、社会学とは（彼が論敵とみなしたブルデューらの批判社会学とは異なった意味で）「政治的」であらざるを得ない。

社会学は、その姉妹である人類学とは反対に、形而上学の多元性に決して満足できない。社会学は、この共通世界の単一性《ユニティ》〔統一性〕という存在論的な問いにも取り組む必要がある。……いかなる社会学も連関を「ただ記述する」ことに甘んじることはできず、新たな連関の純然たる複数性からなる見世物をただ楽しむこともできない。……「共生の科学」のラベルを付けるに値するためには、もう一つの務めも果たさなければならない。社会学が科学であるならば、「共生」とはどう関わるべきなのか。共生が問題であるならば、なぜ科学が必要になるのか。答えはこうだ。新たな共生の候補となるものの数のためであり、この共生を可能にすると考えられている収集装置の範囲が狭いためである。

（ラトゥール 二〇一九b：四八八－四八九、〔 〕は訳者）

ラトゥールは、先述した単一自然主義の世界観に基づく近代主義を乗り越えようとする立場を「多自然主義」と表現する（ラトゥール 二〇二〇：三七）。それは西洋近代だけが客観的「自然／現実」を掌握し、それ以外の「文化」は主観的な「価値観」であるとみなすことを拒否し、「さまざまな現実」の複数性を肯定するという視座を、ハージに触発されつつ本書が探求してきた「多現実主義」と共有している（第10章参照）。この多現実／多自然主義の世界観においては、第10章で述べたような意味で「違う世界を生きる」人々どうしがどのように折り合いをつけて共生していけるのかという交渉と妥協が課題となる。

先述したように「科学的」とされる事実であっても社会的に構成された側面を含む「ハイブリッド」である以上、それを根拠に自身の主張を他者のそれに対して卓越化させることには象徴暴力としての側面が伴う。ましてや今日の先進諸国で支配的なリベラル多文化主義（第1章参照）のように、マジョリティが自らの「価値観」を「普遍的」「リベラル」だとして特権化することは正当化できない。それゆえ「違う世界を生きる」人々のあいだで「戦争」が行われていることを認めるべきだ、とラトゥールは述べる。ここでいう「戦争」とは、対立する諸陣営を仲裁する調停者が不在の状況である（前掲書：四六）。この「諸世界の戦争（War of the Worlds）」には、リベラルな諸価値や科学的事実といった「調停者」は存在しない。それでも敵どうしが共存しうる「共通世界」が存在しうるとしたら、それはあらかじめ存在する世界ではなく、「違う世界を生きる」人々のあいだの交渉と妥協という「外交官の理性」によって「構成される」ものでしかない。科学や学問、宗教、自己、市場経済、民主主義のどれも、あらかじめ普遍的な所与として存在してきたわけではない。それがどのように社会的に構成されてきたのかを明らかにしたうえで、異なる世界に生きる人々どうしが共に生きられるものへと交渉と妥協を通じて組み立てなおす「構成主義」の立場をラトゥールは提案している（前掲書：六一－八二）。

私たちが当たり前のものと考えていた共通世界は、実は少しずつ組み立てられてゆくべきものであって、あらかじめ設定されているものではない。共通世界とは、自然と同様に、私たちの背後にあってすでに完成されたものではなく、私たちの前にあって一歩ずつそれを実現させてゆくべき巨大な課題である。共通世界とは、紛争を調停する裁定者のごとく私たちの手の届かぬところにあるものではなく、まさに紛争に賭けられたものであり、妥協が必要な議題——交渉が生じた場合——である。共通世界とは、つかみ取るべきものなのである。（ラトゥール 二〇二〇：五〇－五一）

私たちが理解し、実感し、描き出すことのできるつながり、すなわち現実はそれぞれ異なっているという意味で、私たちはいま共通の「世界」に住んではいない。にもかかわらず、私たちの現実はすべて互いに、すでに重なりあい、つながっている。この現に存在する連関を交渉と妥協を通じて構成しなおし、そこに含まれるすべてのアクターにとって生きやすい共通世界をつかみ取っていく営みがラトゥールのいう「共生」だとすれば、それを本書では「つながり（連関）としての共生」と呼びたい。そしてこの「つながりとしての共生」の構想においては、「人間どうしの共生」と「人間と非‐人間の共生」の二項対立は解体されなければならない。なぜなら現代とは、非‐人間のアクターが人間に対して大規模な「戦争」を仕掛けており、それゆえ人間と非‐人間との交渉と妥協なくしては人間どうしの共生も存続しえない人新世であるからだ。

5――共生に「外部」はない

■クリティカル・ゾーンとテレストリアル

前田幸男はディペッシュ・チャクラバルティを参照しつつ「世界（the world）」「グローバル（the global）」「地球（the Earth）」「惑星（the planet）」という四つの諸現実《リアリティーズ》との関わり方を整理している（前田二〇二三：二五四‐二五六）。「世界」とは私たちが相互／主観的に経験する現実のあり方であり、先述したように近代主義では、「世界」のなかで行為主体性をもつのは人間のみであるという人間（社会）／自然の二分法が自明視されてきた。「グローバル」とは、人間の相互作用、とりわけ経済活動が物理的に地球全体に波及していく状況（グローバル化）を形容しているが、そこにおいても人間

（社会）／自然の二分法は堅持されている。つまり近代における「世界」「グローバル」という現実との関わり方においては、「自然」は人間にとっての「外部」として認識されている。

一方、「地球」とはこの場合「クリティカル・ゾーン（地球表面）」のことを意味する。クリティカル・ゾーンとは、大気圏から水が浸透する地下層までの、人間を含む生物が生存可能な空間（ハビタブル・ゾーン）のことである。このクリティカル・ゾーンは、人間、非‐人間を含むあらゆる物事の複雑で繊細な相互作用によって実現し、維持されている（前掲書：二三六）。そして「惑星」とは、それなくして人間は生存できないが、人間が生存しようがしまいが成立している惑星としての地球の活動のことである。

SF映画に出てくるような超破壊兵器で地球が粉々にならない限り、惑星としての地球は人類が滅びようが栄えようが、膨張した太陽に飲み込まれる遠い未来まで存在し続けるだろう。だがスペース・コロニーや他の天体への人類の移住がまだ実現していない以上、人類が住まなくなった後の惑星地球のことについて考えるのは人間にとってあまり意味はなさそうである。ラトゥールにいわせれば、そのように人間の生命と切り離された単なる球体（Globe）として地球を眺めるという発想自体が、人間と自然を切り離せると誤認している（ラトゥール 二〇二三：一九四‐二一三）。今日、重要になってきているのは「地球」、すなわちクリティカル・ゾーンにおける人間と非‐人間の関わり方である。別の言い方をすれば、私たちの現実としての「世界」を、人間と非‐人間の相互作用としての「地球」として経験する、ということである。

クリティカル・ゾーン全体に及ぶ、エージェンシー（行為能力）をもったアクター／アクタントとしての人間と非-人間の相互に依存するネットワークをラトゥールは「テレストリアル（Terrestrial）」と呼ぶ。テレストリアルにおいては「自然」と「文化（社会）」という二分法は意味をなさない。「私たちは地上との絆に縛られた存在だ。私たちはテレストリアルのただなかにいるテレストリアルである」（ラトゥール 二〇一九a：一三三）。多現実／多自然主義の世界観のなかで私たちがうちたてるべき「共通（共有）世界」とラトゥールが考えるのがこのテレストリアルであるとするなら、前節で述べた「つながりとしての共生」とは「テレストリアルとしての共生」のことに他ならない。そしてテレストリアルとは人間がその一部であるネットワークそのものだとすれば、原理的にいって、私たちはそのなかのあらゆるアクターとつながっている。つまり「テレストリアルとしての共生」には「外部」というものが存在しない。外部が存在しないということは、私たちには「つながりとしての共生」から「退出する」という選択肢がないということである。

■ネットワークとメッシュワーク

ラトゥールは、自分の主張を「ネットワーク」という術語で表現することを躊躇していた（ラトゥール 二〇一九b：二四二-二五三）。ラトゥールにとっての「ネットワーク」とは「媒介子」の行為／作用の連鎖である。それゆえネットワークは道路網やインターネットのようにあらかじめ存在する（外在的な）ものではなく、アクターどうしのつながりをうまく記述するためのツールのようなものである。それは「レゾー」というフランス語に由来しており、「何らかの動的なエージェントが残す痕跡」からなり、物理的にたどり、経験的に記述することができる。そしてまだ記述されていない先は（その先にもつながりは続いているのだが）空白として記述される。ラトゥールはそれを「ワークネット」「アクション・ネット」などと表現することも提案している（前掲書：二五〇）。

インゴルドは、ANTによる「ネットワーク」の用法に違和感を表明した。しかし彼自身が提唱する「メッシュワーク」という概念には、ラトゥールのいう「ワークネット」と共通するところもある（インゴルド 二〇二一：二〇七‐二一〇）。インゴルドによれば、ネットワークというメタファーは論理的にいって「つながれた要素とそれらをつなぐ線とを区別する」。この場合、それらの要素はつながる以前からそれぞれ異なったものとして存在していたことになる。それに対してインゴルドは「物」と「物同士の関係」の区別を退け「物とは物同士の関係のことである」という、存在の関係論的理解を導入する（前掲書：一七三）。有機体は「ネットワークにおける節《ノード》というよりも、結び目からなる織物の結び目《ノット》である」（前掲書：一七四）。織物において、結び目とそれ以外の場所は同じ糸であり、区別できるものではない。糸も私たちの生の一部であり、私たちの生がたどる動きの線である。このような無数の線によって折り合わされた現実が、インゴルドのいうメッシュワークである。

インゴルドは無生物に行為主体性を与えようとするラトゥールに難色を示し、それらをメッシュワークにおける有機体の行為主体性を可能にする条件だとみなす（前掲書：二一九‐二三二）。にもかかわらずメッシュワークという概念は、「テレストリアルとしての共生」という視座と両立しうる。メッシュワークとして有機体をイメージするということは「生命が固定されたかたちをもち、絶対的な境界線の内側に含まれているものだという前提」（ガーゲンのいう「境界画定的存在」という想定）を否定するものでもあるからだ。「生命というものの境界は、そこを通り抜ける物質の連続的な流動によって初めて維持されるものとなる」「提案したいのは、一群の関係が織りなすメッシュワークにおける生命と成長の結びつきである有機体は、皮膚によって限定されないということである。有機体もまた漏れ出す」(前掲書：二一〇-二一一、強調は原文)。「テレストリアルとしての共生」とは、クリティカル・ゾーンの一部としての私たちのつながりをネットワークとして客観的に記述したものであると同時に、そこで私たちが生き、他者とつながってきた経験としてのメッシュワークでもある。つまり私たちのネットワーク／メッシュワークとは、ジェームズ・ラブロックのいう「ガイア」の一部であるのだ。ラトゥールはガイア、あるいはクリティカル・ゾーンを、周囲の環境を変える力をもつ存在としての人間以外のあらゆる生物や無生物のアクターが連関した集合体として理解する。それを諸アクターとの交渉と妥協を通じて、人間にとって生存可能なものとして維持していくことこそが、ラトゥールが最終的に目指した「共通世界」を「つかみ取る」ことである。「新気候体制」に突入した現代において、このような政治が最重要課題となっている(ラトゥール 二〇二三)。

■「トランプ主義」と「グノーシス主義」

にもかかわらず、気候変動問題の存在を否定したり、誇張されていると疑ったり、あるいは無関心な人々がまだまだ多い。先述したように、ラトゥールはその背後に、気候変動問題の存在を否定したり、事実をあいまいにして人々をそれに対して無関心なままにしておこうとする「蒙昧主義」のエリートたちの存在を見る。しかし、気候変動懐疑論・否定論を唱えるエリートたちも、実は

「新気候体制」の到来に気がついている、とラトゥールはいう。それを知りながらも気候変動問題の存在を否定し、自分たちが「勝ち逃げ」するために時間を稼ごうとする動きを、彼は「トランプ主義」と名づける（この呼び方は象徴的なものであり、ドナルド・トランプとその支持者だけが「トランプ主義者」であるわけではない）。トランプ主義者は、地球上に住むすべての人々の近代化を達成できるだけの余地が、すでに地球には存在しないことを認識している。

……彼らは、自分たちと他の九〇億の人々をシェアできるほど地球（world）は広くないことを知っている。だからこう叫んだ。「規制緩和だ。地中に残っている資源がまだあるなら急いで汲み上げよう。掘って掘って掘りまくろう。……最後には私たちが勝利する。私たちと私たちの子孫に三〇年か四〇年の猶予があればそれでよいのだ。大洪水はその後にやって来る。その頃にはどうせ私たちは死に絶えている」。（ラトゥール二〇一九a：六三）

つまり、ラトゥールのいう「トランプ主義」とは、この世界に「外部」などないことにほんとうは気づいていながら、あたかも「この世界の外側へ」（ラトゥール二〇一九a：五九）逃れることが可能であるかのようにふるまうことである。だが「大洪水」はほんとうに「私たち」が生きているうちにやってこないのか。あるいは「私たちの子孫」とはそもそも、どこまでの範囲をいうのか。自分の子どもや孫が気候危機の凄惨な時代を生きることはトランプ主義者もさすがに望んでいないだろうが、自分たちの子どもや孫にもその子どもや孫がおり、その子どもや孫に苦しい時代を生きさせることになったとき、自分たちの子どもや孫が非難され、後悔と自責の念に駆られるかもしれないこと、その原因を他ならぬ自分たちがつくっていることにはトランプ主義者の想像力は及んでいないない。あるいは、気づかないふりをしているだけなのだろうか。

だがラトゥールは、自分のことを近代人だと思っている人々の示す気候危機への冷淡さにはより根本的な理由があるという。それは、彼・彼女らがキリスト教に影響されて歴史的に内在化してきた世界観である。近代人たちは地球を人間とは切り離された「自然」とみなし、「グローブ」という「外部」として俯瞰的に眺めるまなざしを内在化してきた。それに加えて、肉体や物質を悪とみなし、そこから抜け出ることで人は救済されるという「グノーシス主義」的なニヒリズム（丸橋 二〇〇四）も影響力を強めてきた。その結果、近代人はテレストリアルと自分自身との連関を実感することができなくなってしまった。また近代的時間の観念は不可逆的で、近代社会の繁栄はすでに実現し今後も続いていく（「歴史の終わり」）とされるため、その先に黙示録的な結末が待ち受けていることを近代人は想像することができない。その結果、破滅的な未来を予見するエコロジーの主張に対して、彼・彼女らはニヒリスティックに無関心を決め込むのである（ラトゥール 二〇二三：二八三−三三三）。

西洋人に対して、あるいは最近になって多かれ少なかれ暴力的に西洋化を強いられた人々に対して、「その時は来た」「あなた方の世界は終焉を迎えた」「あなた方は生活方法を変えねばならない」と告げても、全面的な無理解の感覚を彼らに呼び起こすだけだろう。彼らにとって、黙示録〔世界の終わり〕はもう起きているのだから。彼らはすでに反対側へと渡ってしまった。向こう側 the beyond の世界は成就された――ともかく裕福になった人々にとってはそうだ。彼らはすでに境界を越えた。境界が歴史性に終わりをもたらすのである。

彼らは熟知しているし、聞いてもいる。ただ心の奥底でそれを信じていない。私たちはその態度にこそ、気候変動懐疑主義の起源を求めねばならない。

（ラトゥール 二〇一三：三一四‐三一五、強調は原文、〔 〕は訳者）

■予防原則

他の先進諸国と比較して、日本では気候変動問題への関心が低いというデータがある*3。その理由としてさまざまな要因が指摘されているが、「トランプ主義」的勝ち逃げ論、人間から切り離された自然というグローブ的世界観、グノーシス主義に由来する破滅的未来へのニヒリズムといったラトゥールの主張にも検討する価値はある。それに加えて長期にわたる経済の停滞、格差の拡大、少子高齢化と人口減少といった趨勢が、「一般化された飼いならし」と統治的帰属の感覚を衰退させ、その反発としての経済成長への願望と、それを阻害するとみなされるエコロジー的思想への反感や無関心を助長しているとも考えられる。だがそんな日本においても危機的状況を真面目に受け止め、それに対処していこうとする人々はいる。本章で強調してきたのは、それは単なる「地球環境問題解決に向けた『自然との共生』の取り組み」にとどまらず、これまで無関係と思われていた他の領域における「共生」の取り組みとも交差しているということである。すでに論じたように、他者を

「自然」として非‐人間化して「飼いならす」思考は、レイシズムを正当化し誘発する思考そのものである。そして地球環境問題が深刻化していくにつれ、マジョリティの人々は「一般化された飼いならし」と統治的帰属の衰退の感覚をますます経験していくだろう。そのとき、「外部」としての「自然」の存在をいまだに信じるふりをしている人々は、残されたわずかな資源や機会を独占して「この世界の外側へ」と勝ち逃げしようとし、そのために邪魔な他者を非‐市民化／非‐人間化して排除しようとする。こうしてマイノリティへの排外主義が激化していく。

それと同時に、誰が勝ち逃げできる「真のマジョリティ」なのか、ということを認定するための「テスト」としての同化主義（第4章参照）もまた苛烈になる。しかし本書でみてきたように誰もがマイノリティ、移民、難民になりうる以上、排外主義と同化主義の激化とは誰もが誰かを排除する状況の激化を意味する。気候変動論者が予測する破滅的な未来が仮に訪れなかったとしても、近代主義の世界観はもうすでに十分過ぎるほど、そしてこれからさらに、私たちの世界を生きづらいものにしようとしている。

そこにはまず国外からの移民がいる。彼らは計り知れない悲劇と引き換えに自国を後にし、

＊3　江守正多「ＩＰＣＣのメッセージと日本人の無関心」（https://news.yahoo.co.jp/expert/articles/45930f569c2341b3f5a82c2b2f39fde4d7457343）二〇二四年八月四日閲覧。

国境を越えてやって来る。加えて国内からの移民〔＝移住者〕を考えなければならない。彼らは元いた場所〔＝国〕に居住し続けるものの、国から見捨てられるというドラマを生きていく。耐えがたさに差はあるものの同じ一つの体験である。移民とは自分の土地を奪われる試練のことで、誰にも訪れうる試練である。

（ラトゥール 二〇一九a：二〇、強調は原文、〔 〕は訳者）

ここでラトゥールがいう「移民」は、第8章で論じられた意味での「難民」であり、それゆえ「私たちすべて」のことでありうる。二〇二三年、世界の平均気温が観測史上最高となる見通しが伝えられた際、国連のグテーレス事務総長はそれを「地球沸騰化」と表現した。この「災害級」の酷暑がこれからも続くようなら、「気候難民」とは近い将来の私たち自身の姿なのかもしれない。エアコンを所持し稼働させるだけの経済力がない人々は「エアコン難民」となっていくだろう。その余裕はあったとしても、少なくとも夏の間はいま住んでいる場所を離れて、まだ比較的気温が低い場所に「避暑」ではなく「避難」しなければならなくなるかもしれない。

すでに誰もが体感できるほどになってしまった気候変動の影響を奇貨として、私たちは近代主義の世界観を刷新していかなければならない。つまり私たちは「予防のための黙示録の利用」をしなければならない（ラトゥール 二〇二三：三三二）。ただしそれは「ピンチはチャンス」と煽り立てて人々を再び思考停止に陥らせる「ショック・ドクトリン」（クライン 二〇一一）としてではなく、これまでの私たちのどこが間違っていたのかという反省《リフレクション》のうえに、非-人間を含めたより望ましい「つながりとしての共生」のあり方を模索し、少しでもそこに近づけるように自分にできることをするという対話のエートスによって、行われなければならない。

それでは遅過ぎるのかもしれないし、あるいは気候変動懐疑論・否定論者たちのいうとおり、破滅など起きないのかもしれない。いずれにせよ確かなのは、変化を起こしたほうが起こさなかったときより、エコロジーという関連からも社会的公正の実現という観点からも、私たちの世界はより生きやすくなるということだ（ヒッケル 二〇二三）。それは、いままで多民族・多文化の共生などと呼ばれてきた人間どうしの共生と、自然との共生などと呼ばれてきた人間と非-人間との共生をつなぎなおす「テレストリアルとしての共生」であり、ラトゥールのいう「ガイアの人民」として大地に根差して非-人間と共に生きること（ラトゥール 二〇二三：三二七）が、これまで非-人間化されてきたマイノリティの人々と共に生きなおすことでもあるのに気づくことであり、それらさまざまな他者たちと共に「共通世界」をうちたてることである。では、どのようにしたらそこに近づいていけるのだろうか。

終章

より良くつながる／生きるための政治

前章で述べたように、ラトゥールにとって「共通世界」はすでにある所与の存在ではなく、交渉・協働のなかから共に構成され続けるものである。つまり連関としての世界はすでに存在するが、予定調和的に「共生（symbiosis）」するものではなく、つながっている人々が「共に生きようとする（living together）」ことで組みなおされていく。そうだとすると、本書で「つながりとしての共生」と呼んでいるものは、それを実現するための政治的な営みを含まざるを得ない。ここでいう「政治」とは、国家レベルの統治にとどまらない。それは人々が誰／何とどのようにつながりたいのか、つながるべきなのかを、日常的な場面で話し合い、決めていく実践という意味でもある。そのような意味での政治は、いわば私たちの「くらし」そのものである。

人類学者の松村圭一郎は、国家に全面的に依存せず、その体制のなかに留まりつつも、生活者としての共同性を通じて困難を乗り越える力を高めていこうとする人々の営みを「くらしのアナキズム」と呼ぶ。

政治と暮らしが連続線上にあることを自覚する。政治を政治家まかせにしてもなにも変わらない。政治をぼくらの手の届かないものにしてしまった固定的な境界を揺さぶり、越境し、自分たちの日々の生活が政治そのものであると意識する。生活者が政治を暮らしのなかでみずからやること。それが「くらしのアナキズム」の核心にある。（松村二〇二一：六二）

アナキズム人類学の旗手であったデヴィッド・グレーバーによれば、「平等志向の意思決定プロセス」としての「民主主義的実践」は、これまで人間が暮らしてきたあらゆる時空に存在してきた（グレーバー二〇二〇）。第1章で批判したように、先進諸国で公定言説化しているリベラルな多文化主義は、民主主義や多元主義、寛容といった「リベラルな価値観」が「西洋」に起源をもつか、少なくとも「西洋的」であることを自明の前提としていた。しかしグレーバーにいわせれば、こうした実践は「何か特定の『文明』や文化や伝統に固有のものではない。民主主義的実践は、人間の生活が強制力を備えた制度構造の外部で営まれるどんな場所にでも出現するものなのだ」（前掲書：一四）。こうした価値観は本来、ある文化的伝統の内部からではなく、異なる集団に属する人々が出会い交流する過程、つまり「あいだの空間（spaces in between）」から生じてくる（前掲書：六八－六九）。しかし近代世界システムの拡大とそこで支配されてきた民衆からの自律と自己決定の要求に直面した西欧・北米の諸国家の統治エリートたちは、植民地化された先住民族を含むさまざまな人々が行っていた草の根の、しばしば文字化された記録に残されていない民主主義的実践の影響を受けつつ、それを自分自身の哲学的伝統のなかに取り込むことによって自らの国家統治を正当化した。こうして「民主主義」の起源は古代ギリシアにあり、その最大の継承者が自分たち「西洋」なのである、という伝統が創造され、強い影響力をもつことになったのだとグレーバーは主張する。

そうだとすると、自由民主主義的な価値観を「共有／強要」しなければ社会は分裂してしまう、というリベラルな多文化主義の擁護と、その背後にあるマイノリティの差異の承認を制限したいというマジョリティの願望は、西洋近代に自己同一化することでマジョリティ性の優位を保持したいという欲望の反映に過ぎないことになる。だから、そうしたマジョリティ性の優位を否定したからといって民主主義や多様性、寛容といった諸価値を否定しなければならないわけでもない。これまでマジョリティが支配してきた民主主義とはやや異なるものであったとしても、移民やマイノリティと新たにつながったり、つながりなおしたりする「あいだの空間」から、民主主義、多様性、寛容といった諸価値を「組み立てなおす」ことは可能なのだ。

このように、人々のつながりを再び「組み立てる《アッセンブリ》」こと、すなわち集会と熟議の自由に、現代における民主主義とマイノリティとの共生の可能性を見出そうとする議論は少なくない。たとえばジュディス・バトラーはハンナ・アーレントを参照しつつ「誰と地球上で共生する〔cohabit〕かを選択できる特権など誰にもない」と主張する。なぜなら「もし私たちが誰と地球上で共生すべきかを決定すべきだとすれば、人類のどの部分が生き、人類のどの部分が死ぬことになるのかを決めることになるだろう」。それはすなわち、私たちにジェノサイド（大量殺戮）を行う特権があるということになる。「その選択が私たちに禁じられているならば、それが意味するのは、私たちには既に存在する人々と共に生きる義務があるということである（バトラー 二〇一八：一四七）。この共生の倫理から、私たちすべてが脅かされている不安定性や生きづらさを乗り越えるための連帯の政治の必要性が導きだされる。

本書で論じてきたように、人間は本来、不安定《プレカリアス》な状態に置かれた傷つきやすい《ヴァルネラブル》存在である。現代の社会変動、とりわけ新自由主義とグローバリズム、頻発する戦争や環境破壊は、人々の身体の生存の条件をさらに揺るがしている。バトラーはこうした身体のはかなさの共有が、それを不平等に配分されたマイノリティと呼ばれる人々との連帯の条件になると主張する。人々の生と身体は、確かに不安定で傷つきやすい。だがそれと同時に、私たちの身体は決して個々に分断されてはいない。

もし私たちが、身体とは何かの一部をなすのは（これはさしあたり存在論的主張である）、他者の身体と支援のネットワークに対する身体の依存性である、ということを受け容れるなら、そのとき私たちは、個々の身体を互いにまったく別個のものと捉えることは完全に正しいわけではない、と示唆していることになる。（バトラー 二〇一八：一七〇）

私たちの生、私たちの身体は、相互に依存しあう弱いものである（バトラー 二〇一八：一五六）。だからこそ人々が集う「現れの空間」としての「集会《アッセンブリ》」が重要になってくるとバトラーはいう。デモや街頭占拠といった集会の場においては、主義主張や大義・理想だけではなく、弱さや不完全さを抱えた生身の人間どうしが出会い、つながる。そのような人々の身体と生存に向けた連帯によって基礎づけられる集会こそが、民主主義において人民主権が行使されるアナキズム的間隙をもたらす（前掲書：二一二）。

そして、この相互作用のネットワーク／メッシュワークは人間どうしのあいだに限定されるものではないことをバトラーも理解している。「いかなる自己もいかなる人間も、人間的動物の領域を超える生の生物学的ネットワークとこのつながりなしで生きることはできない」（前掲書：六〇）。そして「私たちは他の人間たち、生の過程、非生物的条件、生のための媒介へのその構成的な諸関係の概念の外部で身体の可傷性を理解することはできない」（前掲書：一七〇）。それゆえ、人間の生と身体の不安定さと傷つきやすさを乗り越えるためのアセンブリは、たとえばマイノリティの反差別・権利要求へのマジョリティの連帯といった人間どうしの関係性の問題だけではなく、気候変動や環境破壊といったエコロジーの問題にも目を向け、そこでの取り組みともつながる必要がある。

こうして、バトラーのいう共生の政治はテレストリアル的な場所へと拡張される。インゴルドが述べるように、場所とは、さまざまな行為主体の動きの線が互いに結びつくことで織り成されるメッシュワークである（インゴルド 二〇二一：三五二）。そこで生きられる「すべての生は基本的に多重構造であり、同時に走る多くの線が絡み合っており、この意味において社会的なものなのだ」。この生のプロセスは、さまざまな行為主体が動き、たえまなく出会う「共在性（togetherness）」の原理によって特徴づけられる。私たちはこの原理を回避することはできない（前掲書：五〇九－五一〇）。そして地理学者のドリーン・マッシーが指摘したように、非‐人間もまた人間と同じように、その空間に何の必然性もなく「共に投げ込まれている（throwntogetherness）」（マッシー 二〇一四）。そうした人間と非‐人間のあいだの交渉によって生成された場所であるテレストリアルにおいて、私たちには多様な人間と非‐人間と共に「この先も一緒にうまくやってい」くための応答責任を負っている（前掲書：二六九）。

その応答責任を果たすために、民主主義に非‐人間のアクターの「声」を反映させる模索が行われている（前田 二〇二三：一九二‐二一六）。もちろん、人間の言語を解さないどころか、生物ですらないかもしれない非‐人間たちの「声」を代弁することなど不可能だという反論はありうる。非‐人間たちの「声」を代弁すると称する人間たちは、結局自分たちの都合の良いようにその「声」を曲解・捏造するだけなのかもしれない。しかし考えてみれば、人間どうしの代表制民主主義であっても、人民の「声」がその代表によって議会で完全に代弁されているなどということはない（そうでなければ、議会における私たちの代表者たちが汚職や裏金づくりに勤しんでいるはずがない！）。とりわけ「多数派の支配《マジョリティ・ルール》」としてのデモクラシーにおいて、マイノリティと呼ばれる人々の「声」は「少数意見」としてしばしば軽んじられ、ときには「サバルタン」として沈黙させられてきた（塩原 二〇一二b）。それでも、私たちの社会はマイノリティの声を少しでも多く意思決定に反映させるために、代表制民主主義や熟議のあり方を工夫しようとしてきた。私たちが非‐人間のアクターを代弁するあり方についても、同じことがいえるのではないか。

もちろん、非‐人間たちを完璧に代表／代弁することなど不可能である。それでもラトゥールが主張するように、適切な制度的・科学的手続きを踏まえたうえで非-人間のアクターたちの「代表」となった人間たちが、他のさまざまな人間集団の「代表者」たちとの「共通世界」を構築し維持していくための「議会」を運営しようとすることはできる（ラトゥール 二〇二三：三八八-四四三）。それは「政治的な声をあげない、あげることができない、もしくはあげようともしない物事を承認する政治」としての「コスモポリティックス」である（前田 二〇二三：七二）。もちろん、人民やマイノリティの意思をより良く代弁するための絶えざる実践と制度改革が不可欠なように、非-人間のアクターをより良く代弁するための絶えざる実践と制度改革が求められている。たとえばマイノリティの声をより反映する政治的意思決定の前提となるのは、マイノリティの権利を法的に承認することである。それと同様に、大地や川といった非-人間に法人格を付与し、その権利を憲法や法で保障することが一部の国々ではすでに実現している（前掲書：三〇二-三一〇）。

したがって、マイノリティとの共生のために人間どうしのつながりをより良いものにするために私たちがすべきことと、人新世の時代の地球で人間が生き残るために非-人間とのつながりをより良いものにするために私たちがすべきことは、方向性としてはよく似ているのだ。それは言語として伝わってくるかもしれないし他のさまざまな媒体を通じて届くかもしれない他者たちの声に気づき、耳をすますことから始まるのである。多文化社会におけるマイノリティとの共生において、他者の声を「聴くこと」の重要性を社会学者のレス・バックは強調している（バック 二〇一四）。といっても、マイノリティの声を聴くことに特別な技術は必要ない。あえていえば、必要なのは誰の内面にも眠っているはずの「センス」を呼び覚ますことかもしれない。それは一九五〇年代にC・W・

ミルズが指摘していた「社会学的想像力（sociological imagination）」を磨くことである（ミルズ 二〇一七）。すなわち、一見すると無関係に見える個人の私的連関と社会構造のつながりを「省察する力と感じ取る力とによって」把握し、新たな価値観と発想を獲得するとともに「物事に驚く力（capacity for astonishment）」を回復させていく営みである（塩原 二〇一七b：一三）。

前田も、レイチェル・カーソンのいう「センス・オブ・ワンダー」、すなわち「驚きと不思議に開かれた感受性」（カーソン 二〇二四：二二）の涵養こそが、非‐人間との共生に向けた営みにとって不可欠であるという（前田 二〇二三：三二五）。これまで私たちは、人間と人間とのつながりに驚く力と、人間と非‐人間とのつながりに驚くセンスを、あたかも別物であるかのように考えがちであった。前者は「社会問題」に関する、後者は「環境問題」に関する、「意識高い系」の人々であると。しかし人新世という時代状況のなか、このふたつの「驚く力／センス」が実は同じものであるし、同じものだと考えるべきなのだということを、私たちは次第に理解しはじめている。第11章でも述べたように、私は以前、「他者に対する想像力」を「個人が知識を活用しながら自らの限界や制限を押し広げて、他者を理解しようとする努力」であり、そのようにして他者について「感じながら考えること」であると定義した。この「他者」には人間だけではなく非‐人間も含まれるのだということを、ここで強調しておきたい。

こうした想像力とともに他者と対話していく過程そのもの、それを希求する人間の意志、そして、それを私たちが探求することの責任として「共生」概念を再構築することを最後に提案したい。すなわち共生とは「その場所に居合わせた人間あるいは非‐人間の『他者』との関係性を、その他者との共約不可能な（incommensurability）差異を前提とした相互作用としての対話によって維持しつつ、それをお互いにとってより公正で望ましいあり方に変えていこうとする営みあるいは価値志向」である（塩原 二〇二三 a）。第11章で述べたように、対話が生きることそのものを意味するのであれば、共に生きることとは、自分自身とつながって《ネットワーク》おり、また自分自身の一部《メッシュワーク》でもある他者たちと、それぞれが異なる世界《リアリティ》を生きていることを承認しつつ、同じ大地《テレストリアル》の上で、より良い対話の関係を築こうとすることである。

　こうして言葉にしてみれば、とてもシンプルなことである。わざわざ言葉にしなかっただけで、読者のみなさんにもわかっていたはずだ。今日、私たちはますます不安定で生きづらい現実を経験するようになっている。そして私たちの根本的な生存の条件としてのクリティカル・ゾーンが急速に変化していることを、それぞれの身体を通じて感じている。ニヒリズムを乗り越えてその経験と体感に素直になれば、あらゆる人々が、それぞれにとっての共生に向けて、自覚していようがいまいが、自分ができることを現に行っていることに気づく。生きるということは他者とつながること、共生することなのだから。あなたがまだ生きているのなら、あなたは自分で思っているよりもずっと、けっこううまく共生できているのだ。共生なんて偽善だ、きれいごとだ、とシニカルにふるまっている自分に、もうそろそろ飽きてきた頃なのではないか。より良くつながる／生きることとは、きれいなものを夢見て、それに向けて着実に歩んでいくこと、そこにつながる道《ルート》を実存的に移動していくことだ。

　その次に私たちがするべきことは、もう少しだけ想像力を発揮して、自分にとっての共生と他者にとっての共生をさらに重ね合わせ、つなげていく「政治」である。モーリス＝スズキは、一九世紀末から現代までの日本で続いてきた、市井の人々が身近な生活のなかで自分たちにとっての現実を変革し、相対的に自律した自分たちの居場所を創造していく「インフォーマル・ライフ・ポリティクス（informal life politics）」の実践の系譜を描き出した（Morris-Suzuki 2020）。それは松村のいう「くらしのアナキズム」と同じように、社会運動の形をとるわけでは必ずしもないが、しばしば国境を越えて緩やかにつながり、広がっていくグラスルーツの取り組みであった。いまは亡きグレーバーが述べたように、そもそも民主主義とはそういうものだったのだとすれば、私たちは気負わず、できる範囲で、それを続ければよい。

では具体的に何から始めたらよいのかなどと、私に尋ねないでほしい。あなたがその気になりさえすれば、スマホでちょっと調べれば、あなたにとって関心があって現実的な「つながる先」は、すぐに見つかるはずだ。ただ、その「その気になること」、つまり「発想の転換」が、誰にとっても案外難しい。少しでもその助けになろうと書いたのが、この本なのだ。もちろん最後の最後で「人々の意識が変われば、すべて解決する」などといいたいわけではない。ここでいう「発想の転換」とは、私たちの身近にある、民主主義的でインフォーマルかもしれない「政治」に気づき、そこにつながることで、困難をもたらしている「システム」そのものを変えていこうと、真面目に考えてみることだ（江守二〇二四）。自分にそんなことが可能だとは思えないかもしれない。でもイマニュエル・ウォーラーステインの遺した言葉に従って、あなたのその小さな取り組みの先にあるネットワーク／メッシュワークが引き起こす波及効果を信じてみよう。

一方で、バタフライ効果という言葉があります。世界のどこかでチョウが羽ばたくと、地球の反対側で気候に影響を与えるという理論です。それと同じで、どんなに小さな行動も未来に影響を与えることができます。私たちはみんな、小さなチョウなのだと考えましょう。つまり、誰もが未来を変える力を持つのです。良い未来になるか、悪い未来になるかは五分五分だと思います。これは楽観的でしょうか、それとも悲観的でしょうか。[*1]

「どうしたら共生できるか」と問うのではなく、すでに私たちが共生している場所を再発見する。気負わず、気長に、楽観的に、でも真面目に、それを守り、育み続ける。本書が提案したかったのは、そんなささやかな発想の転換、すなわち「共生の思考法」である。

＊1 「（インタビュー）トランプ大統領と世界 米社会学者、イマニュエル・ウォーラーステインさん」『朝日新聞』二〇一六年一一月一一日朝刊。

引用・参照文献

明石純一 二〇一〇『入国管理政策――「1990年体制」の成立と展開』ナカニシヤ出版
アガンベン、ジョルジョ 二〇〇七『例外状態』(上村忠男・中村勝己訳)未來社
安達智史 二〇一三『リベラル・ナショナリズムと多文化主義――イギリスの社会統合とムスリム』勁草書房
有田芳生 二〇一三『ヘイトスピーチとたたかう!――日本版排外主義批判』岩波書店
アルチュセール、ルイ 二〇一〇『再生産について――イデオロギーと国家のイデオロギー諸装置』(下)(西川長夫ほか訳)平凡社ライブラリー
アレント、ハンナ 二〇一八『政治の約束』(ジェローム・コーン編・高橋勇夫訳)ちくま学芸文庫
アンダーソン、ベネディクト 二〇〇七『定本 想像の共同体――ナショナリズムの起源と流行』(白石隆・白石さや訳)書籍工房早山
安藤真起子 二〇二二「弱くしなやかなつながりのなかで」鈴木江理子・児玉晃一編『入管問題とは何か――終わらない〈密室の人権侵害〉』明石書店、一八七―一九一頁
飯笹佐代子 二〇二〇「庇護希望者と国境管理――ボートピープルをめぐって」関根政美ほか編『オーストラリア多文化社会論――移民・難民・先住民族との共生をめざして』法律文化社、一七七―一九二頁
五十嵐泰正・明石純一編 二〇一五『「グローバル人材」をめぐる政策と現実』〈移民・ディアスポラ研究4〉明石書店

石田賢示・龔順 二〇二一「社会的活動から見た社会統合――移民と日本国籍者の比較を通した検討」永吉希久子編『日本の移民統合――全国調査から見る現況と障壁』明石書店、一四〇-一六〇頁
市野川容孝 二〇一三「社会学から考える『共生』」鈴木晃仁編『【対話】共生』〈生命の教養学Ⅷ〉慶應義塾大学出版会、一四一-二四五頁
市野川容孝・小森陽一 二〇〇七『難民』岩波書店
井手英策ほか 二〇一六『分断社会を終わらせる――「だれもが受益者」という財政戦略』筑摩選書
伊藤昌亮 二〇一九『ネット右派の歴史社会学――アンダーグラウンド平成史1990-2000年代』青弓社
井上達夫 一九八六『共生の作法――会話としての正義』創文社
井上達夫ほか 一九九二『共生への冒険』毎日新聞社
指宿昭一 二〇二三「ウィシュマさん死亡事件」加藤丈太郎編『入管の解体と移民庁の創設――出入国在留管理から多文化共生への転換』〈移民・ディアスポラ研究10〉明石書店、二三-三四頁
伊豫谷登士翁 二〇一九「移動はどのような場所を創り出してきたのか」伊豫谷登士翁ほか編『応答する〈移動と場所〉――21世紀の社会を読み解く』ハーベスト社、二-一二頁
イリイチ、イヴァン 二〇一五『コンヴィヴィアリティのための道具』（渡辺京二・渡辺梨佐訳）ちくま学芸文庫
岩渕功一 二〇二一「多様性との対話」岩渕功一編『多様性との対話――ダイバーシティ推進が見えなくするもの』青弓社、一一-三五頁
岩渕功一編 二〇一〇『多文化社会の〈文化〉を問う――共生／コミュニティ／メディア』青弓社
――編 二〇二一『多様性との対話――ダイバーシティ推進が見えなくするもの』青弓社
インゴルド、ティム 二〇二一『生きていること――動く、知る、記述する』（柴田崇ほか訳）左右社
ヴィヴィオルカ、ミシェル 二〇〇七『レイシズムの変貌――グローバル化がまねいた社会の人種化、文化の断片化』（森千香子訳）明石書店
―― 二〇〇九『差異――アイデンティティと文化の政治学』（宮島喬・森千香子訳）法政大学出版局

植田晃次・山下仁編 二〇〇六『「共生」の内実――批判的社会言語学からの問いかけ』三元社
上野千鶴子編 二〇〇一『構築主義とは何か』勁草書房
上村英明ほか編 二〇一三『市民の外交――先住民族と歩んだ30年』法政大学出版局
NHK「無縁社会プロジェクト」取材班編 二〇一〇『無縁社会――〝無縁死〟三万二千人の衝撃』文藝春秋
エバーハート、ジェニファー 二〇二〇『無意識のバイアス――人はなぜ人種差別をするのか』（山岡希美訳）明石書店
江守正多 二〇二四「わたしたちに何ができるか？」東京大学気候と社会連携研究機構編『気候変動と社会――基礎から学ぶ地球温暖化問題』東京大学出版会、二二一〇‐二二三頁
大澤真幸ほか 二〇一四『ナショナリズムとグローバリズム――越境と愛国のパラドックス』新曜社
大治朋子 二〇二〇『歪んだ正義――「普通の人」がなぜ過激化するのか』毎日新聞出版
大谷千晴 二〇二二「いじめの克服における教育の対応」荒牧重人ほか編『外国人の子ども白書――権利・貧困・教育・文化・国籍と共生の視点から〔第2版〕』明石書店、二一〇‐二一一頁
大西広之 二〇二三「日本における出入国在留管理組織人事の現状と課題」加藤丈太郎編『入管の解体と移民庁の創設――出入国在留管理から多文化共生への転換』〈移民・ディアスポラ研究10〉明石書店、八一‐九一頁
岡崎広樹 二〇二二『外国人集住団地――日本人高齢者と外国人の若者の〝ゆるやかな共生〟』扶桑社新書
岡本智周・丹治恭子編 二〇一六『共生の社会学――ナショナリズム、ケア、世代、社会意識』太郎次郎社エディタス
小熊英二 一九九五『単一民族神話の起源――〈日本人〉の自画像の系譜』新曜社
尾﨑俊哉 二〇一七『ダイバーシティ・マネジメント入門――経営戦略としての多様性』ナカニシヤ出版
オング、アイファ 二〇一三『《アジア》、例外としての新自由主義――経済成長は、いかに統治と人々に突然変異をもたらすのか？』（加藤敦典ほか訳）作品社
外国人差別ウォッチ・ネットワーク編 二〇〇四『外国人包囲網――「治安悪化」のスケープゴート』現代人文社
ガーゲン、ケネス・J 二〇〇四『あなたへの社会構成主義』（東村知子訳）ナカニシヤ出版
―― 二〇二〇『関係からはじまる――社会構成主義がひらく人間観』（鮫島輝美・東村知子訳）ナカニシヤ出版

ガーゲン、ケネス・J／ガーゲン、メアリー 二〇一八『現実はいつも対話から生まれる――社会構成主義入門』（小金輝彦ほか訳）ディスカヴァー・トゥエンティワン
笠井賢紀・工藤保則編 二〇二〇『共生の思想と作法――共によりよく生き続けるために』法律文化社
風巻浩・金迅野 二〇二三『ヘイトをのりこえる教室――ともに生きるためのレッスン』大月書店
カースルズ、スティーブン／ミラー、マーク・J 二〇一一『国際移民の時代〔第4版〕』（関根政美・関根薫監訳）名古屋大学出版会
カーソン、レイチェル（森田真生訳・著）二〇二四『センス・オブ・ワンダー』筑摩書房
加藤丈太郎 二〇二二『日本の「非正規移民」――「不法性」はいかにつくられ、維持されるか』明石書店
加藤丈太郎編 二〇二三『入管の解体と移民庁の創設――出入国在留管理から多文化共生への転換』〈移民・ディアスポラ研究10〉明石書店
栢木清吾 二〇一九「差別感情にふれる」ケイン樹里安・上原健太郎編『ふれる社会学』北樹出版、一〇三-一一〇頁
河合優子 二〇二三『日本の人種主義――トランスナショナルな視点からの入門書』青弓社
河合優子編 二〇一六『交錯する多文化社会――異文化コミュニケーションを捉え直す』ナカニシヤ出版
川上郁雄 二〇二一『「移動する子ども」学』くろしお出版
川村千鶴子ほか編 二〇〇九『移民政策へのアプローチ――ライフサイクルと多文化共生』明石書店
姜尚中 一九九六『オリエンタリズムの彼方へ――近代文化批判』岩波書店
姜尚中ほか 二〇〇二『思考をひらく――分断される世界のなかで』岩波書店
上林千恵子 二〇一七「高度外国人材受入政策の限界と可能性――日本型雇用システムと企業の役割期待」小井土彰宏編『移民受入の国際社会学――選別メカニズムの比較分析』名古屋大学出版会、二七九-三〇九頁
岸政彦 二〇一三『同化と他者化――戦後沖縄の本土就職者たち』ナカニシヤ出版
岸政彦ほか 二〇一六『質的社会調査の方法――他者の合理性の理解社会学』有斐閣
岸見太一 二〇二四「入管行政における認識的不正義」佐藤邦政ほか編『認識的不正義ハンドブック――理論から実践

まで』勁草書房、二三七‐二五〇頁
北原モコットゥナシ 二〇二三『アイヌもやもや――見えない化されている「わたしたち」と、そこにふれてはいけない気がしてしまう「わたしたち」の。』303BOOKS
吉川徹 二〇〇九『学歴分断社会』ちくま新書
ギデンズ、アンソニー 二〇一五『社会の構成』（門田健一訳）勁草書房
貴戸理恵 二〇二二『「生きづらさ」を聴く――不登校・ひきこもりと当事者研究のエスノグラフィ』日本評論社
木下洋一 二〇二三「入管の恣意的な判断」加藤丈太郎編『入管の解体と移民庁の創設――出入国在留管理から多文化共生への転換』〈移民・ディアスポラ研究10〉明石書店、九五‐一一七頁
木原盾 二〇二一「誰が永住を予定しているのか――日本で暮らす移民の滞在予定」永吉希久子編『日本の移民統合――全国調査から見る現況と障壁』明石書店、二〇八‐二三一頁
金泰明 二〇〇五「共生論の原理的考察・序論――黒川紀章の『新共生の思想』批判」『アジア太平洋レビュー』二号、三九‐五七頁
金朋央 二〇一八「街中で見かける、外国人への執拗な職務質問」『Mネット』一九八号、八‐九頁
木村護郎クリストフ 二〇一六『節英のすすめ――脱英語依存こそ国際化・グローバル化対応のカギ！』萬書房
木村友祐 二〇二二「誰がどのように苦しんでいるのか――人間像をめぐって」鈴木江理子・児玉晃一編『入管問題とは何か――終わらない〈密室の人権侵害〉』明石書店、一九二‐二二六頁
キムリッカ、ウィル 二〇一二『土着語の政治――ナショナリズム・多文化主義・シティズンシップ』（岡﨑晴輝ほか監訳）法政大学出版局
―― 二〇一八『多文化主義のゆくえ――国際化をめぐる苦闘』（稲田恭明・施光恒訳）法政大学出版局
クライン、ナオミ 二〇一一『ショック・ドクトリン――惨事便乗型資本主義の正体を暴く』（上・下）（幾島幸子・村上由見子訳）岩波書店
クリネンバーグ、エリック 二〇二一『集まる場所が必要だ――孤立を防ぎ、暮らしを守る「開かれた場」の社会学』

（藤原朝子訳）英治出版
グレーバー、デヴィッド 二〇二〇『民主主義の非西洋起源について――「あいだ」の空間の民主主義』（片岡大右訳）以文社
グレーバー、デヴィッド／ウェングロウ、デヴィッド 二〇二三『万物の黎明――人類史を根本からくつがえす』（酒井隆史訳）光文社
桑野隆 二〇二一『生きることとしてのダイアローグ――バフチン対話思想のエッセンス』岩波書店
ケイン樹里安 二〇一九「『ハーフ』にふれる」ケイン樹里安・上原健太郎編『ふれる社会学』北樹出版、九五‐一〇一頁
ゲルナー、アーネスト 二〇〇〇『民族とナショナリズム』（加藤節監訳）岩波書店
小泉康一 二〇二四『難民・強制移動研究入門――難民でも移民でもない、危機移民があふれる世界の中で』明石書店
小泉康一・川村千鶴子編 二〇一六『多文化「共創」社会入門――移民・難民とともに暮らし、互いに学ぶ社会へ』慶應義塾大学出版会
小井土彰宏編 二〇一七『移民受入の国際社会学――選別メカニズムの比較分析』名古屋大学出版会
國分功一郎 二〇二二『スピノザ――読む人の肖像』岩波新書
国立社会保障・人口問題研究所 二〇二三「日本の将来推計人口（令和5年推計）結果の概要」国立社会保障・人口問題研究所
国連開発計画（UNDP）二〇二二『人新世の脅威と人間の安全保障――さらなる連帯で立ち向かうとき〔2022年特別報告書〕』（星野俊也監訳）日経BP
国連難民高等弁務官（UNHCR）駐日事務所 二〇一五『難民認定基準ハンドブック――難民の地位の認定の基準及び手続に関する手引き〔改訂版〕』国連難民高等弁務官（UNHCR）駐日事務所
児玉晃一 二〇二二「どうすれば現状を変えられるのか――司法によるアプローチを中心に」鈴木江理子・児玉晃一編『入管問題とは何か――終わらない〈密室の人権侵害〉』明石書店、二三一‐二六五頁

――二〇二四『2023年改定入管法解説』現代人文社
ゴードン、ミルトン・M 二〇〇〇『アメリカンライフにおける同化理論の諸相――人種・宗教および出身国の役割』(倉田和四生・山本剛郎訳編) 晃洋書房
小林真生 二〇二三「レイシズムを根底にもつ入管の課題――名古屋入管収容者死亡事件を手掛かりに」加藤丈太郎編『入管の解体と移民庁の創設――出入国在留管理から多文化共生への転換』〈移民・ディアスポラ研究10〉明石書店、二一九‐二三九頁
コリンズ、パトリシア・ヒル 二〇二四『インターセクショナリティの批判的社会理論』(湯川やよいほか訳) 勁草書房
コリンズ、パトリシア・ヒル／ビルゲ、スルマ 二〇二一『インターセクショナリティ』(下地ローレンス吉孝監訳・小原理乃訳) 人文書院
是川夕 二〇一八「日本における国際人口移動転換とその中長期的展望――日本特殊論を超えて」『移民政策研究』一〇号、一一三‐一二八頁
近藤敦 二〇一九『多文化共生と人権――諸外国の「移民」と日本の「外国人」』明石書店
齋藤純一 二〇〇八『政治と複数性――民主的な公共性にむけて』岩波書店
斎藤貴男 二〇〇六『分断される日本』角川書店
斎藤環(著・訳) 二〇一五『オープンダイアローグとは何か』医学書院
坂倉杏介ほか 二〇二〇『コミュニティマネジメント――つながりを生み出す場、プロセス、組織』中央経済社
佐藤裕 二〇一八『〔新版〕差別論――偏見理論批判』明石書店
佐藤郡衛 二〇〇五「ひとを分ける、ひとをつなぐとは」佐藤郡衛・吉谷武志編『ひとを分けるものつなぐもの――異文化間教育からの挑戦』ナカニシヤ出版、一‐五頁
澤井敦 二〇一六「『存在論的不安』再考――アンソニー・ギデンズの『不安の社会学』をめぐって」『法学研究』八九巻二号、一三七‐一六二頁
サンスティーン、キャス 二〇二三『同調圧力――デモクラシーの社会心理学』(永井大輔・髙山裕二訳) 白水社

塩原良和 二〇〇五『ネオ・リベラリズムの時代の多文化主義――オーストラリアン・マルチカルチュラリズムの変容』三元社

――二〇〇八「多文化主義国家オーストラリア日本人永住者の市民意識――白人性・ミドルクラス性・日本人性」関根政美・塩原良和編『多文化交差世界の市民意識と政治社会秩序形成』慶應義塾大学出版会、一四三‐一六一頁

――二〇一二a「多文化主義」大澤真幸ほか編集委員『現代社会学事典』弘文堂、八六〇頁

――二〇一二b『共に生きる――多民族・多文化社会における対話』弘文堂

――二〇一五「グローバル・マルチカルチュラル・ミドルクラスと分断されるシティズンシップ」駒井洋監修・五十嵐泰正・明石純一編『「グローバル人材」をめぐる政策と現実』〈移民・ディアスポラ研究4〉明石書店、二二二‐二三七頁

――二〇一六「在豪日本人永住者と多文化主義――シドニーにおける日本語コミュニティ言語教育の発展」長友淳編『オーストラリアの日本人――過去そして現在』法律文化社、一一八‐一三三頁

――二〇一七a『分断するコミュニティ――オーストラリアの移民・先住民族政策』法政大学出版局

――二〇一七b『分断と対話の社会学――グローバル社会を生きるための想像力』慶應義塾大学出版会

――二〇一七c「越境的想像力に向けて」塩原良和・稲津秀樹編『社会的分断を越境する――他者と出会いなおす想像力』青弓社、二二五‐四九頁

――二〇一九「分断社会における排外主義と多文化共生――日本とオーストラリアを中心に」『クァドランテ』二一号、一〇七‐一一九頁

――二〇二〇「移民・難民の受け入れと支援」関根政美ほか編『オーストラリア多文化社会論――移民・難民・先住民族との共生をめざして』法律文化社、一四五‐一五八頁

――二〇二一「多文化共生がヘイトを超えるために」岩渕功一編『多様性との対話――ダイバーシティ推進が見えなくするもの』青弓社、五九‐六七頁

――二〇二二「多文化共生から、違う世界に生きる人々との共生へ」『群像』七七巻一二号、二九五‐三〇〇頁

――二〇二三a「共生と分断」日本平和学会編『平和学事典』丸善出版、四四二‐四四五頁
――二〇二三b「多文化主義／多文化共生の変容とオルタナティブの模索」岸政彦ほか編『宗教・エスニシティ』〈岩波講座　社会学3〉岩波書店、一〇九‐一二八頁
――二〇二三c「『移民』と日本社会――共生に向けた発想の転換のために」『三色旗』八四九号、二五‐三二頁
渋谷真樹二〇〇五「ある『帰国子女』の進路選択過程からみる位置取りの政治――それをまなざす研究者のまなざしをまなざしつつ」佐藤郡衛・吉谷武志編『ひとを分けるものつなぐもの――異文化間教育からの挑戦』ナカニシヤ出版、六一‐八九頁
清水睦美ほか二〇二一『日本社会の移民第二世代――エスニシティ間比較でとらえる「ニューカマー」の子どもたちの今』明石書店
下地ローレンス吉孝二〇一八『「混血」と「日本人」――ハーフ・ダブル・ミックスの社会史』青土社
――二〇二一『「ハーフ」ってなんだろう？――あなたと考えたいイメージと現実』平凡社
周香織二〇二二「支援者としていかに向き合ってきたか――始まりは偶然から」鈴木江理子・児玉晃一編『入管問題とは何か――終わらない〈密室の人権侵害〉』明石書店、一四二‐一八六頁
出入国在留管理庁監修二〇二四『生活・就労ガイドブック――日本で生活する外国人の方へ』出入国在留管理庁
出入国在留管理庁調査チーム二〇二一「令和3年3月6日の名古屋出入国在留管理局被収容者死亡事案に関する調査報告書」出入国在留管理庁
ショーン、ドナルド・A二〇〇七『省察的実践とは何か――プロフェッショナルの行為と思考』（柳沢昌一・三輪建二監訳）鳳書房
スー、デラルド・ウィン二〇二〇『日常生活に埋め込まれたマイクロアグレッション――人種、ジェンダー、性的指向：マイノリティに向けられる無意識の差別』（マイクロアグレッション研究会訳）明石書店
杉本良夫／マオア、ロス一九九五『日本人論の方程式』ちくま学芸文庫
鈴木晃仁二〇一三「二つの『共生』」鈴木晃仁編『【対話】共生』〈生命の教養学Ⅷ〉慶應義塾大学出版会、一‐六頁

鈴木晃仁編 二〇一三『【対話】共生』〈生命の教養学Ⅷ〉慶應義塾大学出版会
鈴木江理子 二〇二二「入管収容施設とは何か――『追放』のための暴力装置」鈴木江理子・児玉晃一編『入管問題とは何か――終わらない〈密室の人権侵害〉』明石書店、一五-五〇頁
鈴木江理子・児玉晃一編 二〇二二『入管問題とは何か――終わらない〈密室の人権侵害〉』明石書店
鈴木弥香子 二〇二三『新しいコスモポリタニズムとは何か――共生をめぐる探究とその理論』晃洋書房
スミス、アントニー・D 一九九九『ネイションとエスニシティ――歴史社会学的考察』（巣山靖司ほか訳）名古屋大学出版会
関根政美 一九八九『マルチカルチュラル・オーストラリア――多文化社会オーストラリアの社会変動』成文堂
―― 一九九四『エスニシティの政治社会学――民族紛争の制度化のために』名古屋大学出版会
―― 二〇〇〇『多文化主義社会の到来』朝日選書
千田有紀 二〇〇一「構築主義の系譜学」上野千鶴子編『構築主義とは何か』勁草書房、一-四一頁
徐京植 二〇〇二『半難民の位置から――戦後責任論争と在日朝鮮人』影書房
総務省 二〇二〇「多文化共生の推進に関する研究会報告書――地域における多文化共生の更なる推進に向けて」総務省
平英美・中河伸俊編 二〇〇〇『構築主義の社会学――論争と議論のエスノグラフィー』世界思想社
高橋源一郎・辻信一 二〇二一『「あいだ」の思想――セパレーションからリレーションへ』大月書店
高橋徹 二〇二二「入管で何が起きてきたのか――密室を暴く市民活動」鈴木江理子・児玉晃一編『入管問題とは何か――終わらない〈密室の人権侵害〉』明石書店、九三-一三六頁
髙谷幸編 二〇一九『移民政策とは何か――日本の現実から考える』人文書院
滝朝子 二〇二三「入管収容における性差別主義と多様な性の迫害」加藤丈太郎編『入管の解体と移民庁の創設――出入国在留管理から多文化共生への転換』〈移民・ディアスポラ研究10〉明石書店、五五-六五頁
滝澤三郎 二〇一七「日本の難民受け入れの歴史（インドシナ難民の受け入れ）」滝澤三郎・山田満編『難民を知るため

の基礎知識――政治と人権の葛藤を越えて』明石書店、二八七‐二九四頁
武川正吾二〇〇七『連帯と承認――グローバル化と個人化のなかの福祉国家』東京大学出版会
――二〇一二『政策志向の社会学――福祉国家と市民社会』有斐閣
竹田いさみ二〇〇〇『物語 オーストラリアの歴史――多文化ミドルパワーの実験』中公新書
田中宝紀二〇二一『海外ルーツの子ども支援――言葉・文化・制度を超えて共生へ』青弓社
田中俊之二〇一九『男子が10代のうちに考えておきたいこと』岩波書店
田辺俊介二〇一八「現代日本社会における排外主義の現状――計量分析による整理と規定要因の検討」樽本英樹編『排外主義の国際比較――先進諸国における外国人移民の実態』ミネルヴァ書房、二五九‐二八七頁
田巻松雄二〇二三「日系ブラジル人Tの収容と強制送還」加藤丈太郎編『入管の解体と移民庁の創設――出入国在留管理から多文化共生への転換』〈移民・ディアスポラ研究10〉明石書店、六六‐七八頁
樽本英樹二〇一八「外国人・移民と排外主義」樽本英樹編『排外主義の国際比較――先進諸国における外国人移民の実態』ミネルヴァ書房、一‐二二頁
チャクラバルティ、ディペシュ二〇二三『人新世の人間の条件』(早川健治訳)晶文社
津田正太郎二〇一六『ナショナリズムとマスメディア――連帯と排除の相克』勁草書房
堤林剣・堤林恵二〇二一『「オピニオン」の政治思想史――国家を問い直す』岩波新書
ディアンジェロ、ロビン二〇二一『ホワイト・フラジリティ――私たちはなぜレイシズムに向き合えないのか?』(貴堂嘉之監訳・上田勢子訳)明石書店
デランダ、マヌエル二〇一五『社会の新たな哲学――集合体、潜在性、創発』(篠原雅武訳)人文書院
暉峻淑子二〇一七『対話する社会へ』岩波新書
土井隆義二〇〇八『友だち地獄――「空気を読む」世代のサバイバル』ちくま新書
トゥアン、イーフー一九九一『モラリティと想像力の文化史――進歩のパラドクス』(山本浩訳)筑摩書房
統計数理研究所国民性調査委員会二〇二一「日本人の国民性 第14次全国調査 結果の概要」統計数理研究所

徳田剛 二〇二〇『よそ者／ストレンジャーの社会学』晃洋書房
長友淳 二〇一五「ライフスタイル移住の概念と先行研究の動向――移住研究における理論的動向および日本人移民研究の文脈を通して」『国際学研究』四巻一号、二三-三二頁
長松奈美江 二〇二一「移民のメンタルヘルス――移住後のストレス要因と社会関係に注目して」永吉希久子編『日本の移民統合――全国調査から見る現況と障壁』明石書店、一六三-一八五頁
永吉希久子 二〇一六「日本の排外意識に関する研究動向と今後の展開可能性」『東北大学文学研究科研究年報』六六号、八九-一一〇頁
―― 二〇一八「福祉国家は排外主義を乗り越えるか――福祉愛国主義と社会保障制度」樽本英樹編『排外主義の国際比較――先進諸国における外国人移民の実態』ミネルヴァ書房、一四九-一七六頁
―― 二〇二〇『移民と日本社会――データで読み解く実態と将来像』中公新書
―― 二〇二一「移民の統合を考える」永吉希久子編『日本の移民統合――全国調査から見る現況と障壁』明石書店、三-二八頁
日本経済団体連合会 二〇二二「Innovating Migration Policies――2030年に向けた外国人政策のあり方」日本経済団体連合会
野口道彦・柏木宏編 二〇〇三『共生社会の創造とNPO』明石書店
ハーヴェイ、デヴィッド 二〇〇七『新自由主義――その歴史的展開と現在』（渡辺治監訳・森田成也ほか訳）作品社
バウマン、ジークムント 二〇〇一『リキッド・モダニティ――液状化する社会』（森田典正訳）大月書店
バウマン、ジグムント 二〇一〇『グローバリゼーション――人間への影響』（澤田眞治・中井愛子訳）法政大学出版局
バーガー、ピーター／ルックマン、トーマス 二〇〇三『現実の社会的構成――知識社会学論考』（山口節郎訳）新曜社
ハージ、ガッサン 二〇〇三『ホワイト・ネイション――ネオ・ナショナリズム批判』（保苅実・塩原良和訳）平凡社
―― 二〇二二『オルター・ポリティクス――批判的人類学とラディカルな想像力』（塩原良和・川端浩平監訳・前川真裕子ほか訳）明石書店

橋本直子 二〇二四『なぜ難民を受け入れるのか――人道と国益の交差点』岩波新書
バック、レス 二〇一四『耳を傾ける技術』(有元健訳) せりか書房
バトラー、ジュディス 二〇一八『アセンブリ――行為遂行性・複数性・政治』(佐藤嘉幸・清水知子訳) 青土社
花崎皋平 二〇〇一『アイデンティティと共生の哲学〔増補〕』平凡社ライブラリー
―― 二〇〇二『〈共生〉への触発――脱植民地・多文化・倫理をめぐって』みすず書房
バフチン、ミハイル 二〇一三『ドストエフスキーの創作の問題――付:より大胆に可能性を利用せよ』(桑野隆訳) 平凡社ライブラリー
バリバール、エティエンヌ/ウォーラーステイン、イマニュエル 一九九五『人種・国民・階級――揺らぐアイデンティティ』(若森章孝ほか訳) 大月書店
坂東雄介 二〇一六「オーストラリアにおける市民権の取得と喪失に関する法制度――2007年オーストラリア市民権法を中心に」『商学討究』六七巻二/三号、二三五-二八一頁
樋口直人 二〇一四『日本型排外主義――在特会・外国人参政権・東アジア地政学』名古屋大学出版会
―― 二〇二〇「多文化共生と排外主義――排外主義との対峙をめぐる2つの理論」『理論と動態』一三号、五一-六七頁
ヒッケル、ジェイソン 二〇二三『資本主義の次に来る世界』(野中香方子訳) 東洋経済新報社
平野雄吾 二〇二三「『無法』地帯と暴力――入管収容における暴行、懲罰の実態」加藤丈太郎編『入管の解体と移民庁の創設――出入国在留管理から多文化共生への転換』〈移民・ディアスポラ研究10〉明石書店、四四-五四頁
福永玄弥 二〇二二「フェミニストと保守の奇妙な〈連帯〉――韓国のトランス排除言説を中心に」『ジェンダー史学』一八号、七五-八五頁
フーコー、ミシェル 二〇〇八『生政治の誕生――コレージュ・ド・フランス講義1978-1979年度』〈ミシェル・フーコー講義集成8〉(慎改康之訳) 筑摩書房
藤川隆男 二〇〇五「白人研究に向かって――イントロダクション」藤川隆男編『白人とは何か?――ホワイトネス・

スタディーズ入門』刀水書房、三一一四頁
藤川隆男編 二〇〇四『オーストラリアの歴史――多文化社会の歴史の可能性を探る』有斐閣
ブチャーニー、ベフルーズ 二〇二四『山よりほかに友はなし――マヌス監獄を生きたあるクルド難民の物語』(オミド・トフィギアン英訳、一谷智子・友永雄吾監修・監訳・土田千愛ほか訳)明石書店
フリッカー、ミランダ 二〇二三『認識的不正義――権力は知ることの倫理にどのようにかかわるのか』(佐藤邦政監訳・飯塚理恵訳)勁草書房
古沢広祐 二〇二四『今さらだけど「人新世」って?――知っておくべき地球史とヒトの大転換点』WAVE出版
ブルデュー、ピエール 二〇二〇『ディスタンクシオン――社会的判断力批判〔普及版〕』(Ⅰ・Ⅱ)(石井洋二郎訳)藤原書店
ブルデュー、ピエール/パスロン、ジャン゠クロード 一九九一『再生産――教育・社会・文化』(宮島喬訳)藤原書店
ブルーベイカー、ロジャース 二〇一六『グローバル化する世界と「帰属の政治」――移民・シティズンシップ・国民国家』(佐藤成基ほか編訳)明石書店
フレイザー、ナンシー 二〇〇三『中断された正義――「ポスト社会主義的」条件をめぐる批判的省察』(仲正昌樹監訳・ギブソン松井佳子ほか訳)御茶の水書房
―― 二〇一三『正義の秤(スケール)――グローバル化する世界で政治空間を再想像すること』(向山恭一訳)法政大学出版局
フレイザー、ナンシー/ホネット、アクセル 二〇一二『再配分か承認か?――政治・哲学論争』(加藤泰史監訳・高畑祐人ほか訳)法政大学出版局
ベック、ウルリッヒ 二〇〇八『ナショナリズムの超克――グローバル時代の世界政治経済学』(島村賢一訳)NTT出版
法務総合研究所 二〇二四『令和6年版 犯罪白書――女性犯罪者の実態と処遇』法務総合研究所
ボヌイユ、クリストフ/フレソズ、ジャン゠バティスト 二〇一八『人新世とは何か――〈地球と人類の時代〉の思想

史』（野坂しおり訳）青土社
ポルテス、アレハンドロ／ルベン・ルンバウト 二〇一四『現代アメリカ移民第二世代の研究――移民排斥と同化主義に代わる「第三の道」』（村井忠政訳者代表・房岡光子ほか訳）明石書店
本田由紀 二〇一四『社会を結びなおす――教育・仕事・家族の連携へ』岩波ブックレット
本田由紀編 二〇一五『現代社会論――社会学で探る私たちの生き方』有斐閣
前田幸男 二〇二三『「人新世」の惑星政治学――ヒトだけを見れば済む時代の終焉』青土社
マッシー、ドリーン 二〇一四『空間のために』（森正人・伊澤高志訳）月曜社
松田素二編 二〇二一『集合的創造性――コンヴィヴィアルな人間学のために』世界思想社
マーシャル、トーマス・H／ボットモア、トム 一九九三『シティズンシップと社会的階級――近現代を総括するマニフェスト』（岩崎信彦・中村健吾訳）法律文化社
マシューズ、ジョエル 二〇一七「コロニアル・クリミナリティの系譜学――韓国・朝鮮人への蔑称から探る『継続する植民地主義』」（鈴木弥香子訳）塩原良和・稲津秀樹編『社会的分断を越境する――他者と出会いなおす想像力』青弓社、一三一－一五二頁
町村敬志 二〇一五「グローバルシティ東京と『特区』構想――『国家戦略特区』の隠れた射程を考える」五十嵐泰正・明石純一編『「グローバル人材」をめぐる政策と現実』〈移民・ディアスポラ研究４〉明石書店、一九〇－二〇四頁
松尾知明 二〇一〇「問い直される日本人性――白人性研究を手がかりに」渡戸一郎・井沢泰樹編『多民族化社会・日本――〈多文化共生〉の社会的リアリティを問い直す』明石書店、一九一－二〇九頁
松原隆一郎 二〇〇五『分断される経済――バブルと不況が共存する時代』日本放送出版協会
松村圭一郎 二〇二一『くらしのアナキズム』ミシマ社
馬渕仁 二〇〇二『「異文化理解」のディスコース――文化本質主義の落とし穴』京都大学学術出版会
―― 二〇一〇『クリティーク多文化、異文化――文化の捉え方を超克する』東信堂
馬渕仁編 二〇一一『「多文化共生」は可能か――教育における挑戦』勁草書房

丸橋静香 二〇〇四「環境教育の基礎概念としての『未来世代への責任』――ハンス・ヨナスの未来倫理の検討」『島根大学教育学部紀要（教育科学）』三八号、一一―一七頁
ミード、ジョージ・H 一九九五『精神・自我・社会』〈デューイ＝ミード著作集6〉（河村望訳）人間の科学社
南川文里 二〇一六『アメリカ多文化社会論――「多からなる一」の系譜と現在』法律文化社
宮地毅 二〇一八「地方自治体と外国人住民――外国人政策について考える」総務省『地方自治法施行70周年記念自治論文集』総務省、八九一―九一〇頁
宮島喬 二〇二一『多文化共生の社会への条件――日本とヨーロッパ、移民政策を問いなおす』東京大学出版会
―― 二〇二二『「移民国家」としての日本――共生への展望』岩波新書
ミルズ、C・ライト 二〇一七『社会学的想像力』（伊奈正人・中村好孝訳）ちくま学芸文庫
望月優大 二〇一九『ふたつの日本――「移民国家」の建前と現実』講談社現代新書
モーリス－スズキ、テッサ 二〇〇四『自由を耐え忍ぶ』（辛島理人訳）岩波書店
―― 二〇〇二『批判的想像力のために――グローバル化時代の日本』平凡社
モーリス＝スズキ、テッサ 二〇二三「冷戦と戦後入管体制の形成」（伊藤茂訳）加藤丈太郎編『入管の解体と移民庁の創設――出入国在留管理から多文化共生への転換』〈移民・ディアスポラ研究10〉明石書店、一二七―一四四頁
安田浩一 二〇二三『なぜ市民は〝座り込む〟のか――基地の島・沖縄の実像、戦争の記憶』朝日新聞出版
山崎望編 二〇一五『奇妙なナショナリズムの時代――排外主義に抗して』岩波書店
山野上麻衣 二〇二二「アメリカ移民第二世代研究の同化理論における文化概念の位置」『年報社会学論集』三五号、九二―一〇三頁
山本薫子 二〇一〇「在留特別許可制度における結婚の手段的側面とロマンチック・ラブの矛盾」近藤敦ほか編『非正規滞在者と在留特別許可――移住者たちの過去・現在・未来』日本評論社、九三―一〇九頁
山本直子 二〇二四『「多文化共生」言説を問い直す――日系ブラジル人第二世代・支援の功罪・主体的な社会編入』明石書店

山脇啓造・上野貴彦編 二〇二二『多様性×まちづくり インターカルチュラル・シティ――欧州・日本・韓国・豪州の実践から』明石書店
湯浅誠 二〇一七『「なんとかする」子どもの貧困』角川新書
吉富志津代 二〇〇八『多文化共生社会と外国人コミュニティの力――ゲットー化しない自助組織は存在するか?』現代人文社
吉野耕作 一九九七『文化ナショナリズムの社会学――現代日本のアイデンティティの行方』名古屋大学出版会
―― 二〇〇五「ネーションとナショナリズムの社会学」梶田孝道編『新・国際社会学』名古屋大学出版会、四三-六四頁
ラッタンシ、アリ 二〇二一『14歳から考えたい レイシズム』(久保美代子訳)すばる舎
ラトゥール、ブルーノ 二〇〇八『虚構の「近代」――科学人類学は警告する』(川村久美子訳)新評論
―― 二〇一九a『地球に降り立つ――新気候体制を生き抜くための政治』(川村久美子訳)新評論
ラトゥール、ブリュノ 二〇一九b『社会的なものを組み直す――アクターネットワーク理論入門』(伊藤嘉高訳)法政大学出版局
―― 二〇二〇『諸世界の戦争――平和はいかが?』(工藤晋訳)以文社
ラトゥール、ブルーノ 二〇二三『ガイアに向き合う――新気候体制を生きるための八つのレクチャー』(川村久美子訳)新評論
―― 二〇二四『私たちはどこにいるのか――惑星地球のロックダウンを知るためのレッスン』(川村久美子訳)新評論
梁英聖 二〇二〇『レイシズムとは何か』ちくま新書
渡戸一郎編集代表・塩原良和ほか編 二〇一七『変容する国際移住のリアリティ――「編入モード」の社会学』ハーベスト社
Allison, Anne, 2013, *Precarious Japan*, Durham: Duke University Press.
Cantle, Ted, 2012, *Interculturalism: The New Era of Cohesion and Diversity*, Basingstoke: Palgrave Macmillan.

Cohen, Elizabeth F., 2009, *Semi-Citizenship in Democratic Politics*, New York: Cambridge University Press.

Department of Home Affairs, Australian Government, 2020, "Australian Citizenship: Our Common Bond," Australian Government.

Elliott, Anthony, 2022, *Contemporary Social Theory: An Introduction* (3rd ed.), Abingdon: Routledge.

Elliott, Anthony and Charles Lemert, 2006, *The New Individualism: The Emotional Costs of Globalization*, London: Routledge.

Fleras, Augie, 2009, *The Politics of Multiculturalism: Multicultural Governance in Comparative Perspective*, New York: Palgrave Macmillan.

Hage, Ghassan, 2017, *Is Racism an Environmental Threat?* Malden, Mass.: Polity Press.

——., 2021, *The Diasporic Condition: Ethnographic Explorations of the Lebanese in the World*, Chicago: University of Chicago Press.

Hamano, Takeshi, Yoshikazu Shiobara and Miho Kobayashi, 2023, "Creating Places of Belongings through the Maintenance of Community Languages: Experiences of Japanese Second-Generation Youths and Their Parents in Australia,"『オーストラリア研究』36: 17-36.

Higuchi, Naoto, 2014, "Global Economic Crisis and the Fate of Brazilian Workers in Japan,"『社会科学研究』28: 185-207.

Hollifield, James F., 2004, "The Emerging Migration State," *International Migration Review* 38(3): 885-912.

IOM (International Organization for Migration), 2024, *World Migration Report 2024*, IOM.

——., 2019, *Glossary on Migration*, IOM.

Iwabuchi, Koichi *et al.* (eds.), 2016, *Multiculturalism in East Asia: A Transnational Exploration of Japan, South Korea and Taiwan*, London/New York: Rowman & Littlefield.

Johnson, Heather L., 2014, *Borders, Asylum and Global Non-Citizenship: The Other Side of the Fence*, Cambridge: Cambridge University Press.

Joppke, Christian, 2017, *Is Multiculturalism Dead?: Crisis and Persistence in the Constitutional State*, Cambridge/Malden, MA: Polity Press.

——., 2021, *Neoliberal Nationalism: Immigration and the Rise of the Populist Right*, Cambridge: Cambridge University Press.

Kawai, Yuko, 2020, *A Transnational Critique of Japaneseness: Cultural Nationalism, Racism, and Multiculturalism in Japan*, Lanham: Lexington Books.

Lemert, Charles *et al.* (eds.), 2010, *Globalization: A Reader*, London/New York: Routledge.

Liu-Farrer, Gracia, 2020, *Immigrant Japan: Mobility and Belonging in an Ethno-Nationalist Society*, Ithaca: Cornell University Press.

McNevin, Ann, 2011, *Contesting Citizenship: Irregular Migrants and New Frontiers of the Political*, New York: Columbia University Press.

Morris-Suzuki, Tessa, 2020, *Japan's Living Politics: Grassroots Action and the Crises of Democracy*, Cambridge: Cambridge University Press.

Ong, Aihwa,1999, *Flexible Citizenship: The Cultural Logics of Transnationality*, Durham: Duke University Press.

Rose, Nikolas, 1999, *Powers of Freedom: Reframing Political Thought*, Cambridge/New York/Tokyo: Cambridge University Press.

Rosignoli, Francesca, 2022, *Environmental Justice for Climate Refugees*, New York: Routledge.

Sato, Yuna, 2021, "'Others' among 'Us': Exploring Racial Misidentification of Japanese Youth," *Japanese Studies* 41(3): 303-321.

——., 2025, Boundary-Making of Mixedness in an Ethno-Nationalist Society: Causes and Consequences of Hāfu Categorisation in Japan, Ph.D. Thesis, Graduate School of Human Relations, Keio University / University of South Australia.

Shiobara, Yoshikazu, 2019, "Social Division and Exclusionism in Contemporary Japan," in Yoshikazu Shiobara *et al.* (eds.), *Cultural and Social Division in Contemporary Japan: Rethinking Discourses of Inclusion and Exclusion*, Abingdon / New York: Routledge, pp.3-23.

——., 2020, "Genealogy of tabunka kyōsei: A Critical Analysis of the Reformation of the Multicultural Co-living Discourse in Japan," *International Journal of Japanese Sociology* 29(1): 22-38.

——., 2024, "The Changing Implications of 'Tabunka Kyōsei in Regional Societies': The Confused Reformation of Official

Concepts of Multicultural Co-Living in Japan in the 2010s," *Japanese Studies* 44(2): 229-248.

Shiobara, Yoshikazu *et al.* (eds.), 2020, *Migration Policies in Asia*, London: Sage.

Trounson, Justin S. *et al.*, 2015, "Australian Attitudes towards Asylum Seekers: Roles of Dehumanization and Social Dominance Theory," *Social Behavior and Personality: An International Journal* 43(10): 1641-1655.

Urry, John, 2014, "The Super-Rich and Offshore Worlds," in Thomas Birtchnell and Javier Caletrío (eds.), *Elite Mobilities*, London: Routledge, pp.226-240.

初出一覧

塩原良和 二〇二二「多文化共生から、違う世界に生きる人々との共生へ」『群像』七七巻一二号、二九五-三〇〇頁〈第1章の一部、第10章の一部〉

塩原良和 二〇二三b「多文化主義/多文化共生の変容とオルタナティブの模索」岸政彦・稲場圭信・丹野清人編『宗教・エスニシティ』〈岩波講座 社会学3〉岩波書店、一〇九-一二八頁〈第1章の一部〉

塩原良和 二〇二三c「『移民』と日本社会――共生に向けた発想の転換のために」『三色旗』〈慶應義塾大学通信教育部〉八四九号、二五-三二頁〈第9章の一部〉

※いずれも元の原稿の一部を大幅に書きなおして使用した。使用箇所は本文中に注などで明記した。

ま行

や行

ら行

わ行

さ行

た行

な行

は行

わ行

◆人名索引

あ行

か行

や行

ら行

ま行

は行

な行

た行

さ行

か行

索　引

◆事項索引

【著者紹介】

塩原良和（しおばら・よしかず）

慶應義塾大学法学部教授。

慶應義塾大学大学院社会学研究科後期博士課程単位取得退学。博士（社会学）。日本学術振興会海外特別研究員（シドニー大学）、東京外国語大学外国語学部准教授などを経て現職。専門領域は国際社会学・社会変動論、多文化主義・多文化共生研究。主な著書に『分断するコミュニティ――オーストラリアの移民・先住民族政策』（法政大学出版局、2017年）、『分断と対話の社会学――グローバル社会を生きるための想像力』（慶應義塾大学出版会、2017年）、『共に生きる――多民族・多文化社会における対話』（弘文堂、2012年）、『変革する多文化主義へ――オーストラリアからの展望』（法政大学出版局、2010年）、『ネオ・リベラリズムの時代の多文化主義――オーストラリアン・マルチカルチュラリズムの変容』（三元社、2005年）、*Cultural and Social Division in Contemporary Japan: Rethinking Discourses of Inclusion and Exclusion* (co-edited, Routledge, 2019)、主な訳書に『オルター・ポリティクス――批判的人類学とラディカルな想像力』（ガッサン・ハージ著、監訳、明石書店、2022年）など。

共生の思考法
──異なる現実が重なりあうところから

2025 年 4 月 30 日　初版第 1 刷発行

著　者　塩原良和
発行者　大江道雅
発行所　株式会社　明石書店
〒101-0021 東京都千代田区外神田 6-9-5
電話 03（5818）1171
FAX 03（5818）1174
振替　00100-7-24505
https://www.akashi.co.jp/
装幀　北尾崇（HON DESIGN）
印刷　株式会社文化カラー印刷
製本　協栄製本株式会社

（定価はカバーに表示してあります）　ISBN978-4-7503-5924-3

オルター・ポリティクス

批判的人類学とラディカルな想像力

ガッサン・ハージ 著　塩原良和、川端浩平 監訳
前川真裕子、稲津秀樹、髙橋進之介 訳
齋藤剛 解説

■四六判／並製／432頁　◎3200円

他者の排除や否認へ向かうナショナリズム、レイシズム、植民地主義などの現代世界の諸相を診断。あらゆる二元論を乗り越え、他者に開かれた、所与の空間の外部をラディカルに探求する。「他者と共に在る」ために、新たな理論的地平をひらく画期的思考実践。

●内容構成●

日本語版への序文　あらゆることの、もうひとつの植民地化のために
序章
Part I　後期入植者状況のグローバル化／「ドツボにはまる」ことについて
Part II　批判的人類学の思考とラディカルな政治的想像界の現在／アラブの社会科学と批判をめぐるふたつの伝統
Part III　民族誌と政治的な感情について／オルター・ポリティカルな理性とアンチ・ポリティカルな感情
Part IV　自己陶酔的な被害者意識について／占領されざるもの／反レイシズムをリコールする／ユートピア的思想という現実に住まうということ／もうひとつの帰属のあり方
解説　もうひとつの思考と政治に向けて
訳者あとがき　夢見る知識人の複数的思考

「多文化共生」言説を問い直す
日系ブラジル人第二世代・支援の功罪・主体的な社会編入
山本直子著　◎4200円

日常生活に埋め込まれたマイクロアグレッション
人種、ジェンダー、性的指向：マイノリティに向けられる無意識の差別
デラルド・ウィン・スー著　マイクロアグレッション研究会訳　◎3500円

ホワイト・フラジリティ　私たちはなぜレイシズムに向き合えないのか？
ロビン・ディアンジェロ著　貴堂嘉之監訳　上田勢子訳　◎2500円

無意識のバイアス　人はなぜ人種差別をするのか
ジェニファー・エバーハート著　山岡希美訳　高史明解説　◎2600円

グローバル化する世界と「帰属の政治」　移民・シティズンシップ・国民国家
ロジャース・ブルーベイカー著　佐藤成基、髙橋誠一、岩城邦義、吉田公記編訳　◎4600円

入管の解体と移民庁の創設　出入国在留管理から多文化共生への転換
移民・ディアスポラ研究10
駒井洋監修　加藤丈太郎編著　◎3200円

入管問題とは何か　終わらない〈密室の人権侵害〉
鈴木江理子、児玉晃一編著　◎2400円

山よりほかに友はなし　マヌス監獄を生きたあるクルド難民の物語
ベフルーズ・ブチャーニー著　オミド・トフィギアン英訳
一谷智子、友永雄吾監修・監訳　土田千愛、朴伸次、三井洋訳　◎3000円

〈価格は本体価格です〉